了明虛妄。即夢幻泡影而可知。
推其根原。於我人衆壽而可見。
誠佛祖傳心之秘要。實菩薩轉教之真宗也。

顯一乘之奧旨　為萬法之淵源

銷釋金剛科儀會要註解

論不空之真空　見無相之實相

（宋）宗鏡禪師◎著述
（明）覺蓮大師◎重集

銷釋金剛科儀會要註解序

夫以法身為道，廣周沙界，細入微塵，非空非有，無內無外，悟之則為四聖，迷之則為六凡。是以

釋迦覲長庚而見諦，向鹿野苑室羅筏城祇園等處，將以斯道而覺有情，所以初談小教，次演空宗，八部般若次第宣說。今此經者，卽大般若部分所攝，始自善現伸請，終以大覺答問，以住斷降伏，共斷二十七疑，漸除二執，頓入一乘也。爰有宋宗鏡禪師者，乃應真之一數也。悲深智闊，學海汪洋，道微離微，辭雄理備，撮玄機於掌握，發妙義於言前，語中玉轉，珠囘句裏，釋天鑑地，得游戲之三昧，具無礙之辯才，鎔百煉之堅金，琢三陳之美玉。故將梁昭明所判三十二分金剛經，依文衍義，剖析精微，乃立科儀，發明經趣，總有七種規模。一、提綱。二、要旨。三、長行。四、結頌。五、頌經文。六、警世。七、結歸淨土。或博採經論，直註本經。或廣引他宗，申明旨趣。掃除知解，剪斷葛藤，為人天之正轍，作苦海之舟航者也。自宋迄今，四海盛行，見聞讀誦者廣，幽冥獲益者多，若病者遇善見之醫王，似貧者得如意之真寶。今此會要註解，適因無盡燈公瞻禮普陀，路過蘇州，

而處士許公敬愚等迎請，出本師大寧所解科儀註頌，意欲刊板流通，而燈公止曰：不可，此科儀京都善果達法師，先有集註，文辭廣博，卷已十軸，後學罔窺涯涘。次普恩桂法師，繼踵前註，集為說記二卷，悉以刊刻。雖然，文理幽深，間有宗趣事跡，搜討未備也。公欲金湯內教，須請智者校正重集，始可流行，由是特令澹齋張公。持帛千里而來，請予重集。予以，此經乃大乘教，被菩薩機，宗鏡乃聖位不測之人，方堪科註，我輩凡情淺識，豈敢當任斯事，柰以既為佛子，當報佛恩。若不說法度生，辜負先聖遺癊，所以會取諸家捷要之註，安於科儀本文之下，賁圖經義通曉，非敢胸臆強為，祇是述成而已！復命隱士吳公期號賓山，薰毫繕錄。工已周完，而寶坻縣紀陀信士孟准等，助財壽梓，以伸大寧先師遺志，用廣其傳，永圖不朽之意也。願見聞披覽者，昇慧日於中天，破昏衢於暗室，九有悉蒙津濟，三途咸獲菩提，以此功勛，祝一君之壽域，報四重之恩庥，仰佛日以增輝，庶法輪而常轉矣。

時

大明嘉靖三十年龍集辛亥四月

佛誕之辰少室山嗣祖沙門覺連沐手焚香拜序

銷釋金剛科儀會要註解九卷總目錄

經科會要註解九卷大全總目錄終

銷釋金剛科儀會要註解卷第一

姚秦三藏法師　鳩摩羅什　譯

隆興府百福院　宗鏡禪師　述

曹洞正宗嗣祖沙門　覺連　重集

銷釋金剛者，以喻釋喻名題也。金剛乃經題之喻，銷釋乃科題之喻。金剛，喻般若之堅利，能破煩惱。銷釋，喻科文之解判，能分事理。銷者煎銷也，釋者解釋也，如金在鑛，須假紅爐鉗鎚鍛煉，鑛去金存，方為真寶，使用自在。一切衆生，本有佛性，亦復如是。金喻衆生佛性，鑛喻無明煩惱。衆生佛性，隱在五蘊身中，被煩惱鑛重重封蔀。愚鈍衆生，不覺不知，本有真性，甘處貧窮，虛受輪轉。是故，佛祖出世，假設言教修證，權立地位階級，以智慧為爐，以三昧為火，以斷妄為鎚，碎五蘊山，破煩惱鑛，顯真金性，煉成法身至寶，普濟貧窮衆生，各獲性寶，得大受用。是故我佛最初成道，歎云：奇哉！奇哉！一切衆生，皆具如來智慧德相，但以妄想執著而不證得，我當敎以正道，令其永離妄想執著。自於身中得見如來廣大智慧，與佛無異也。科儀者，科者斷也，禾得斗而知其數，經得科而義自明。儀者法也，佛說此經，為一切衆生，斷妄明真之法。今科家，將此經中，文義事理，復取三敎聖人語言，合為一體，科判以成篇章，故立科儀以為題名。大意欲令衆生，知本有性，在日用間，但能見聞不昧，虛徹靈通，六根門頭，放光動地也。會要註解者，會取諸家捷要之註，安於每段經科之下，謂之註解，貴使文義易曉，豈敢胸臆自作，但集述前古之成文，撮為卷帙，用圖不朽之意也。卷者，言舒卷有規也。看則展舒。不看則卷收，故云卷也。第者次第也，一者首也，為衆卷之首也。

蓋聞，漢朝感夢，白馬西來，摩騰彰漢，化之初時。

此叙敎法初來之義也。蓋聞者，乃發文之端也。亦謙詞耳！言其不能詳細而知，祇是一蓋麤聞而述也。漢，卽國號也，然有西東二漢之別，今言漢者，卽東漢孝明顯宗皇帝，乃光武第四子。朝，卽朝廷也，是天子所居殿庭，而人臣朝覲之處也。感夢者，敍敎法初來之時，帝為能感，佛為所感，感應道交，結而成夢也。白馬西來者，卽永平七年，帝寢南宮，夢金人丈六，項佩圓光，胸題萬字，飛行殿庭，去來無礙。指其帝曰：立敎。旦集羣臣，令占所夢。時有通人傅毅奏曰：臣按周書異記云：「周昭王二十四年歲次甲寅，四月八日子時分，有五色祥光，貫太微宮中，然後徧於四方，作青紅色。爾時山川宮殿，普皆震動，江河泉井泛張流溢，時王問臣所以，有太史蘇由對曰：『此是西方，有大聖人生焉，已後千年，教法流於此土』王令鐫石，立在南郊，天祠之前，以年記之，至今一千七十餘年，陛下所夢者，將必是乎？」帝信以為然，即遣定遠將軍秦景，中郎將蔡愔，博士王遵等，一十八人，使往西域，訪求佛道。至天竺臨境，大月支國，遇摩騰、竺法蘭二梵僧，併優填王第四，以白氎畫釋迦像一軸，四十二章經、十住斷結經、佛本生經、法海藏經、佛本行經等，共六十萬言。馱於白馬，相伴東還。八年乙丑，蔡愔等，達於洛陽，摩騰入闕，獻經像，帝大悅，館於鴻臚寺。法蘭，復兼行化，而後至。十年丁卯，勅於洛陽城西，立白馬寺以居之，以白馬馱經，遂名白馬寺，此土三寶自此為始也。下結云：摩騰彰漢，化之初時。彰者明也，化者教也，今以佛之音聲，為教化之體也。此言化之初時，即是教化初來之時也。

羅什，感秦宗之代典，明明佛日，照破昏衢，朗朗慧燈，至今不滅，教之興也，其在斯焉。

此明般若，初興之始也。梵語羅什，此云童壽，雖童稚之年，而有耆宿之德，故云童壽。感秦宗之代典者，秦卽前秦國號，宗者主也，亦崇敬之義也。代，卽時代也，典卽墳典也。又秦有四秦，此正當前秦符堅主，建元十三年正月，太史奏曰：有德星現於外國野分，當有大智德人，入輔中國。爾時襄陽趙王國中，時人稱道安法師，為一聖人，習鑿齒，半聖人也。符堅，以十萬兵，攻襄陽遂得二人，謂左右曰：「吾以十萬雄師，祇得一箇半聖人耳！」左右問誰？曰：安一人，習半人也。安聞之，因言進曰：丘茲有羅什法師，善解大小宗乘，博通三藏，堅默識之。建元十八年，遣呂光率兵十萬，西伐丘茲。謂光曰：朕聞西域，有鳩摩羅什，深解法相，善曉陰陽，朕甚思之。賢哲者，國之大寶，若克丘茲，速迎還國。光軍未至，什謂丘茲王白純曰：有敵兵從東方來，勿抗其鋒。光兵至，純遂交戰。光破丘茲，殺純，立純弟白鎮為王。光與什東迴，至涼州，聞堅已被姚萇所害。光僭號關外，年稱大安，在位一十八年而卒。光之子紹，及纂併卒。光之姪呂隆為王，姚萇卒，子姚興立。弘始三年三月，有連理樹生於朝庭前，逍遙園中葱變為茝香草，五月遣隴西公碩德，擧兵西伐，呂隆軍大敗。九月，隆上表歸降，方得迎什入關。十二月二十日至長安，帝待以國師之禮，選諸方有才智沙門八百，中有四聖十哲，同譯經論三百八十卷，此經弘始五年，於長安草堂寺譯出華言。故云：羅什感秦宗之代典，明明佛日等者，此二句雙歎上文，讚美此經，如日之明以照晝，如燈之明以照夜。昏衢者，喻五陰煩惱之執情，障隱本有之佛日，遮蔽本有之慧燈，所以沉淪七趣，似長夜昏衢，不知不覺也。至今不滅者，自佛說此般若大敎，從漢秦兩代傳來，至于大宋理宗淳祐間，大興流布。故云，至今不滅也。敎之興也者，總結釋迦佛，一代敎法，興崇流通也。其在斯焉者，乃為指法之辭，斯者此也。敎之大興，在此漢秦兩代之時。故云：其在斯焉者也。

末法之代，至于今日，某甲，恭白十方賢聖，現坐道場。

此歎慶歸祈之辭也，歎則生逢末運，慶則欽遇斯經，歸投祈禱布欲冥加也。佛一代時敎，有正、像、末三運之別。正法一千年，像法一千年，末法一萬年。此言末法者，正當後五百歲，佛滅後二千五百年時，乃是科主歎而自慶。意云：正當末法惡世之中，今日得逢斯典，猶浮木盲龜之值，針鋒纖芥之投，不為輕忽小事也。雖自知自解。又恐來者難能，故制科文解釋，欲使學者。覩科文而明經旨。如暗逢燈也。將欲為文，亦恐凡情淺解，至理難臻，故祈三寶冥加密助。故曰：恭白十方也。某甲，科主自稱也。恭者敬也，白者陳也，此即三業虔誠也。十方賢聖，卽橫論，現坐道場，卽豎論，道場者，卽十方三世，賢聖成道說法之場也。

本師釋迦牟尼佛，文殊、普賢二大菩薩。

卽歸此土三寶也，蓋，佛為佛寶，菩薩為僧寶，法寶含在其間，本師者，科主懇切之稱，亦名本師，本體模範也。體効佛之遺範，故云本師。梵語釋迦牟尼，此云能仁寂默，乃圓應之號也。梵語文殊，此云妙德，亦名妙吉祥也。普賢者，德無不徧曰普，祐上利下曰賢。菩薩者，略梵語，具云菩提薩埵，此云覺有情也。有生皆有情，菩薩有情中之覺耳！佛有覺性，而無情也，菩薩亦未免有情。故云：上求佛果，下化衆生，卽自利利他之號也。

滿空聖衆，一切神祇，有天眼者，天眼遙觀，有天耳者，天耳遙聞，他心宿住，聖心玄鑒，慈愍故！慈愍故！大慈愍故！

此總祈一切聖衆，運五通而鑒照，起四量以冥加。天眼等者，卽五通也，聖心卽神境通，玄鑑喻也，慈能與樂，悲能拔苦，喜能慶悅，捨能平等，蓋慈內，含四無量心也。三稱者，誠之切也，不言漏盡通者，此乃神聖衆也。唯佛具六通，如上，皆具五通也。

信禮常住三寶。

信者重也誠也，禮者體也，信而無禮，心必不實，禮而無信，意必不誠。二者具足，可為誠實之禮也。常住者，簡別之義，不同前來十方此土三寶，此即自性常住，清淨法身，佛寶也。此性有覺照義，法寶也。此性有和合義，僧寶也。寶者，貴重之義，即實相一體常住三寶也。

歸命十方一切佛，歸命十方一切法，歸命十方一切僧，法輪常轉度衆生。

此是重重祈禱，不盡讚揚也，歸投請命，希求加護，故云歸命。又命者為一身之總也，今言歸命者，總含三業，恭敬尊重讚歎之禮也。十方一切，總該橫竪。佛者略梵語，具云佛陀，此云覺也。即自覺覺他，覺行圓滿也，法者軌持義，即軌持自性，令物生解也。僧者略梵語，具云僧伽，此云衆和合。兼舉云：和合僧也，法輪度衆生者，乃科主祈希三寶，不泯四弘，恒居三界，利濟有情，同證無為，共成正覺，故云度衆生也。

夫金剛般若，能開解脫之門，玉偈波羅，善入菩提之路。

此一卷金剛般若經，是開解脫之門，入菩提之路，門有出入義，路有往來義，喻此經為入理門戶之道路也。解脫，即斷果。菩提，即智果，皆二轉依號也。

玉偈波羅者，卽讚美之義，讚美此經，能詮之文，如衆德之王，難見難聞，難逢難遇。故云：善入菩提之路矣。

行行而非空非有，句句而無去無來。

總美此經能詮之文，行行句句，非空非有，無去無來。其中所詮之義，不同前來初教所說，心無境有，境無心有之謂。此經。純談妙有實相真空，顯揚般若根本真智。又，非空，不同無因；非有，不同邪因。無去，不屬過去；無來，不屬未來，故不落有無二邊，去來三際，真可謂，斥相泯心，談空之教也。

金剛經，說三十二分，分分而功德難量；須菩提，聞四句妙偈，偈偈而殊因莫測。

此這一卷金剛經，原為佛說，後昭明太子，科為三十二分，故云分分也。功德難量者：修進曰功，見性曰德。若有行人，依此修進，卽得見性成佛，故云難量也。梵語：須菩提，此云：善吉，亦名空生也。聞四句者：自第八分中，佛告須菩提：「若人以滿三千大千世界七寶，以用布施，得福雖多，不如有人，以此四句偈，為他人說，其福勝彼。」已下，共有七處說偈，故云偈偈也。以此推之，乃字字句句，有殊勝之功德，不測之因果，故云殊因莫測也。四句者：古今論四句偈不一，各執己見，初無定論，今但依銅碑記云：天親菩薩，昇兜率宮，請益彌勒，如何是四句偈？彌勒答云：無我相，無人相，無衆生相，無壽者相是也。

書寫讀誦，當生華藏之天，為人演說，定達涅槃之路。

著簡曰書，傳本曰寫，對本曰讀，背本曰誦，若有人，依此經，如法修行，當生華藏世界海極樂淨土中。盖華藏天為總擧，文之巧也。此華藏世界，無邊妙華香水海中，有不可說佛刹微塵數大蓮華；一一華中，有微塵數香水海；每一海中，有一蓮華寶光明刹種；一一種，有二十重；每重，二十佛刹微塵數世界圍繞，故云華藏也。天者：自然也，清淨也。意云：願書寫讀誦聽聞者，決定至於涅槃，故曰定達也。

般若乃菩提佛母，信心，即功德道源，長養聖胎，出生妙法。

梵語般若，唐言智慧。內則指於本覺真心，外則指於斯經妙旨。下顯機云：信心即功德道源，雖有內智外教，要在於信，信則菩提果成，教法流通，故云：「信為道源功德母，長養一切諸善根也。」依此教修，長養成聖之胚胎，出生無上之妙法也。

大抵，看經通義，問道窮源，啓淨信心，具擇法眼。分句，讀貫通之理；明問，酬辯論之文。心心無間理全彰，念念不忘文自現。

上一節文，言教之功能；此一節文，言機之作用。雖然此經，能長養聖胎，出生妙法，大端主意，還要看經之人，通達經中，所詮義理。如或義理不明者，應須博問先知，指示其道，窮究其源，此聞慧也。然後啓清淨之信心。淨心者，卽經中信心清淨，卽生實相之心，此思慧也。亦要行人具擇法眼，擇法眼者：卽正智之眼也。擇，卽揀擇。此勉行人，須用智眼，揀去人我無明身邊等見，擇取中道無為真如之理。分句逗者：義盡為句，義不盡為讀，文為能詮，理為所詮。看經行人，須要一一分別，句讀短長，義理通貫，方得名為具眼之人，然後可為造進行履也。明問酬者，卽請問酬答也。今此經自第二分中問：云何應住等，直至經終，共有二十七處問酬辯論之文，行人應須一一分明，方得長養聖胎，出生妙法也。科家慈心太煞，指示叮嚀，故云：心心無間理全彰，念念不忘文自現。念念者：與前心心義同，當換其文，義卽一也。無間者：不忘也，亦但變其文耳。卽一念專注其心，不容漏泄走作也。如此則其文自現，其理自彰，正是以聖教為明鏡，照見自心；以自心為慧燈，燭經幽旨也。

或問酧深妙，而句義玄微，詳究元因，而略陳數段，庶一問一答，其文明若日星，重辯重徵，其義曉如白黑。

或者：不定之辭。或佛問，須菩提答；或須菩提問，佛答。此經總有二十七疑，二十九問。其間所問所答者，句法淵深，義理微妙，使初機淺解者，罔知其涯涘。因此經文難曉，故致科文，釋而通之也。故述功云：詳究元因。詳，細也；究，考也；元，本也。卽是細詳考究，其根本元因。諸家之解釋，撮略直指，採集述陳，以成數段科文也。庶者：使也，使經中一問一答重辯重徵。其文其義者：其為指法之義，指經得科，而義如日星晝夜，白黑兩分也。文：卽能詮之文；義：卽所詮之理也。

義隨文，而文隨義，左右逢源。

義者：經義也，文者：科文也。華嚴經云：一卽多，而多卽一，文隨於義，義隨文。左右者：如身之左右二肘，不離本身。

珠走盤而盤走珠，縱橫無礙。

珠者寶也，物類相感志云：「閬苑浦出珠，置盤中自轉也。」珠喻經義，盤喻科文，縱橫無礙，亦卽左右逢源。意云：此之文理玄妙，冀行人翫味留心，倘然一言之下，心地開通，便可謂拳中舊寶，不假披沙，倒駕無底空船，逆遊涅槃法海，庶不負佛祖之慈心也。
信解受持者，洞明真性。
科家至此願云：此法流通之處，若有行人，信敬曉解明白，領納於心，持之不捨，卽得洞明自己真性也。
見聞隨喜者，成悟菩提。
目覩曰見，達耳曰聞，隨卽隨順，喜卽歡喜。所謂此法流通之處，若是行人，見聞隨喜，稱善讚美者，成悟菩提。前一節，洞明真性為因，此一節，成悟菩提為果也。
流通天上人間，普遍微塵剎海。
上一句，從遠至近；從色界頂天，至閻浮提地，人間天上，悉皆流通此法也。下一句，從狹至廣；無處不到曰普，無處不周曰遍。微塵者：隙塵也，剎海者：浮幢佛剎也。在於香水海中，漂浮而住，故云剎海。明此大法，從微塵至剎海，悉皆周遍矣！
太虛無際，法施何窮。
太虛：卽空之異名也。以此為喻，虛空無邊，法施無邊。科主意云：此法處處流通，無有窮盡。此之法施一句一偈，入於八識田中。永為金剛種子，萬劫不壞，直至成佛，故無窮也。

以斯般若功勛，總報四恩三有。

以斯般若，即指此經，願今科文，解釋般若，功德利益，用報四恩三有。四恩者：天地蓋載、日月照臨、皇王水土、父母生身也。三有者：欲有、色有、無色有也。以三界因果不忘，未離於有，故云三有。前節，法施既無窮，以此報恩亦無窮，故云總報也。

觀夫，空如來藏，碎祖師關，獨露真常，無非般若。

觀夫者：發語之辭也。如來藏有三，以配三諦三身也。空如來藏，即真諦法身也；不空如來藏，即俗諦報身也；空不空如來藏，即中道諦化身也。關者：門之橫木為關也。宗，以一千七百則因緣，為祖師關，故云欲透諸祖重關，只須一一撥波。今云：空如來藏者，直顯真諦法身，聖凡兩忘，真俗俱泯，故云空如來藏也。獨露真常者，科家慈心太切，分明指示，此明真理之外，了無片事可得，故云無非般若也。

三心不動。六喻全彰，七寶校功，四句倍勝。

上伸般若之功能，此伸施財之所以。三心者，經云：過去心、未來心、現在心，皆不可得，故云三心不動。六喻者：夢、幻、泡、影、露、電也。彰者，明也。七寶者：金、銀、瑠璃、硨磲。碼碯、珊瑚、琥珀也。校者，比也。經云：以七寶滿三千大千世界，布施功德，比況此經，見聞受持，四句之功德，百千萬億，不及其一，故云四句倍勝也。

若乃循行數墨，轉益見知，宗眼不明，非為究竟。

上來歎教，雖有如是之功，要在行人用意。若乃者，指看經之人，若不句句消歸自己，言言冥合真心，一向只管循行數墨，只是轉增多見多知，背却般若功能，障塞真常妙用。楞嚴經云：「知見立知，卽無明本；知見無見，斯卽涅槃。」宗眼者，宗卽心宗，眼卽智眼。心為一身之主宰，萬法之根源，心不妙悟，多聞無益。華嚴經云：如人數他寶，自無半錢分，於法不修行，多聞亦如是。此勉行人，若不如說而修，洞見真諦者，皆是非為究竟也。

嗚呼！

此是科家，警歎之辭，緊要行人珍重。下乃法喻分明，令人著眼也。

微宣奧旨，石火電光，密顯真機，銀山鐵壁。

微宣奧旨者，敍陳此經，乃是微妙之法，深奧之旨，第一之説，要令行人，急須著眼，故喻石中之火，電內之光。此理，眨眼參差千萬里，低頭思慮萬重關。密顯真機者，此經，凡有二十九處，言菩提心，總是一箇真心，故云：密顯真機，卽真心之機，靈妙莫測，人難履踐，喻如銀山鐵壁，挨撥不入，拈弄不得，如蚊子上鐵牛相似，難以咬嚼也。

瞥生異見，滯在中途，進步無門，退身迷路。

此乃重重指示，微細提携，要人發起真知真見，若是行人，瞥生一念異見之情，便於般若真智相違，情存於境，墮在中途未得到家，故云：進步無門，退身迷路。可謂：「無端起知見，著相求菩提，情存一念悟，寧越昔時迷。」此理，但起纖毫聖凡之見，卽是途路之説者也。

聊通一線，俯為初機，良馬見鞭，追風千里矣！

此乃科家，自伸己功，亦是謙辭。我今致此科文，只是於行人聊通一線，俯為初機，豈敢達於上士也。良馬見鞭者，引喻比之，若是上智，未舉先知，不言而會，豈用剩殘之説。古云：「若是金毛獅子子，三千里外見譊訛。」不用開口動舌也。

彌陀如來

上云：俯為初機，此言：初機所以。科家，先擧能攝之佛，次警所攝之機。梵語彌陀，此云無量壽，乃樂邦之主也。以彼佛，光明無量，照十方國，無所障礙，故曰阿彌陀；其佛壽命無量無數，故名無量壽也。

竊以，幻身不久，浮世非堅。不久，則形軀變異；非堅，則火宅無安。

竊以者：偷竊之義，不敢正言，亦是謙辭也。幻身者：無而忽有曰幻，衆法積聚曰身。最初原無此身，只因三緣假合而有，成必有壞，有必歸無，故云不久。浮世非堅者，喻此色身，如水上泡，速起速滅，故云非堅。不久變異者，言此身形，不久變異也。生則童顏少壯，衰老病死，故云變異也。非堅無安者，以喻三界為一火宅，衆生業報，皆處其中，天有五衰，人有八苦，如衆火所逼，有何安樂，故云無安。經云：「三界無安，猶如火宅。」科家，要人識幻身不久，知法身長久，火宅無安，淨土長安也。

由是，輪迴六趣幾時休，遷轉四生何日盡；若不念佛求出離，畢竟無由得解脫。

由是者，結前起後之辭。由前云因有幻身，封執為我，便有我所，起十使煩惱六十二見，八十一品惑障；由此我故，而生六根，所染六塵，造無邊罪，隨業受報。六趣輪迴，喻如車輪，上下遷轉，無有窮盡，故云何日盡，幾時休也。六趣者，卽六道是也。四生者，卽胎卵濕化是也。以六趣四生為衆生所住之境界，所遊之道路，出入往來無有休息也。若不念佛者，科家，與行人，指條出路，唯有念佛一門，方得離六道，出四生，所以云：「若不念佛求出離，畢竟無由得解脫也。」

豈不忙然省悟，火急脩持？

此乃科家勉人，急早修持，如救頭然也。既是西方一路，念佛法門，為離六趣，超出四生，捷徑要路，何不速疾省悟，聞早修持？故喻云：「如火燒頭，速救猶遲。」故云火急也。修持者，要人修進持念六時精勤，一心不亂，觀想彌陀，專持聖號，臨命終時，決定往生極樂世界，見佛聞法，受上品記，故云修持。石屋詩云：「世事紛紛無了期，自家活計猛提撕；落湯螃蟹人人見，撲火飛蛾個個知，病到始知身是苦，死來唯有業相隨；浮光幻影須臾事，火急修行早是遲。」

盡報為期，誓生安養；高超三界證真空，逈出四流無苦趣。

此是科家，勉人進修，要在從始發心，至生淨土，為一期之限耳。故云盡此一箇報身，為一個修淨土期限，故云盡報為期也。誓生安養者：誓卽發願也，安養者，淨土也。如云：願以此功德，乃至盡此一報身，同生極樂國，故云誓生安養也。高超三界者：言此念佛法門，是橫出三界，不同二乘，斷九地惑，證四果理，歷五十五位階級，乃是竪出三界也。惑最難斷，果最難證，不如念佛法門，不用斷惑，不歷地位階級，不須證果，帶業往生，故云高超三界也。證真空者，言此念佛法門，不但只是超出三界，又能證入真空實相之理，故云證真空也。逈出四流者，卽欲流、有流、無明流、見流，故云四流。喻如長江之水，古今不斷長流也。無苦趣者，旣是念佛法門，超出三界，遠離四流，得生極樂世界，無有三惡道苦，故云無苦趣也。

釋迦如來

前一節擧能攝之彌陀；此一節，擧能折之釋迦。二佛，化生利物，各專其門，酧昔本願，各居其土，敎化衆生也。

詳夫，百年光景，全在刹那；四大幻身，豈能長久？

詳夫者，是發語之端也。百年者，自人壽八萬四千歲時，為增劫之終，又為減劫之始，一百歲減一年，減至人壽一百歲時，有釋迦佛出興於世，度脫衆生也。此言百年光景，即三萬六千日之光景，即一百個四時八節之時景也。剎那者，佛言：如壯力士，持劍斬一綟絲，一時速斷之頃，有六十四之剎那也。蓋百年光景，而被於剎那不住，念念不停，消磨盡矣！故云全在剎那。四大幻身者，此身，以地水火風四大而成，幻化而有，最初受胎之際，識心投入赤白二滴，如磁石吸鐵相似，三緣和會，方成此身，生老病死，終歸散滅，故云豈能長久。此一段文，從詳夫百年，下至青山低處止，乃是如如居士，勸發菩提心之文，總有三大科：其一，顯六道輪迴之苦楚；其二，明三教聖賢之因緣；其三，廣示異轍同歸大道也。

每日塵勞汩汩，終朝業識茫茫，不知一性之圓明，徒逞六根之貪欲。

此明衆生，染緣之因也。每日者：從朝至暮也，塵即六塵，勞即勞擾，業即六塵之業識，牽引此心，汩沒塵境，眼被色牽，耳隨聲轉等，故喻流水之汩沒，業海之茫茫，故結云：只因不識一性之圓明，所以徒逞六根之貪欲，不知元是一精明，分為六和合。經云：「塵為賊媒自劫家寶。」是也。貪欲者：吸引無盡曰貪，五塵所好為欲也。

功名蓋世，無非大夢一場；富貴驚人，難免無常二字。

前一節，歎時不常；此一節，歎身不久。警其不識圓明之性，徒逞貪欲之為，乃是教勉除貪，喻如黃梁大夢也。無常者，死之異名也。

爭人爭我，到底成空，誇會誇能，畢竟非實。

爭人者，爭競彼此，分別高低，如楚霸王鴻溝為界，自刎烏江，到頭得失皆空，徹底悉歸敗壞。可謂試看漢陵併楚廟，一般瀟洒月明中也。誇會者：矜誇手段，見識超人，華陀刮骨之妙，韓侯埋伏之機，臨終有苦難逃，命盡無方可避，故云畢竟非實也。

風火散時無老少，溪山磨盡幾英雄。

此警生死不在老少也。風火者：地水火風也。散時者：卽命盡之時也。暖氣歸火，動轉歸風，潤濕歸水，骨肉歸土。不定老少而為常準，故云：「莫待老來方學道，孤墳多是少年人」也。溪山磨盡英雄者，如漢有三傑，英名盖世，唐有十室，雄烈絕倫，而今空有虛名，到底同歸下土，故云「日月無根天不老，英雄盡被消磨了」也。

綠鬢未幾，而白髮早侵；賀者纔臨，而弔者隨至。

綠鬢未幾者，少小則朱顏綠鬢，老耄則鶴髮雞皮，故云：「暗送冷霜侵綠鬢，輕垂衰邁老形骸。」也。賀弔者，昨日誇官慶賀，今朝命盡黃泉。古德云：「畫虎雖成未點斑，百年夫婦一朝難；歡情未動悲情動，賀者纔臨弔者還。玉燭堂前空寂寂，紅羅帳裡淚潸潸；從來未見夫郎面，枉惹虛名滿世間。」故云：賀者纔臨，而弔者隨至也。

一包膿血，長年苦戀恩情；七尺髑髏，恣意慳貪財寶。

此一節，破貪色之迷，令修五不淨觀。古云：「皮包骨肉併膿血，強作嬌嬈誑惑人；千古英雄皆坐此，百年同化一坑塵。」慳貪財寶者，乃破貪財之執也。淨土詩云：「皮包血肉骨纏筋，顛倒凡夫認作身；到此始知非是我。從前金玉付他人。」故云：七尺髑髏，恣意慳貪財寶也。

出息難期入息，今朝不保來朝；愛河出沒幾時休，火宅憂煎何日了？

此歎人命無常，如風中燭，一息不來即後世，誰人保得此身堅。雪峰云：「一盞孤燈照夜臺，上床脫了襪和鞋；三魂七魄夢中去，未委明朝來不來。」愛河出沒者，指前財色貪愛，喻如一河，一切痴迷衆生盡沒其中，為生死本，相續常劫，無有出期，故云幾時休也。火宅者，三界譬為一宅，其中衆生而常止住，天上五衰之火逼，人間八苦之火迫，因愛生貪，貪而復嗔，嗔而結業，故喻如火逼迫憂煎也。非一朝一夕。經歷塵點劫數，受苦無窮，故云何日了也。

不願出離業網，只言未有功夫，閻羅王忽地來追，崔相公豈容展限。

不願出離者，此明衆生以苦為樂，甘住其中，不願出離也。如網籠罩，不能出離，縱有良師善友，勸修出世之因，只言事業未辦，不得閑暇工夫也。梵語閻羅，唐言諍息。以罪人所造善惡因果，注於簿中年月日時，分明不容折詞諍論，故云諍息忽地來追者，以世人陽限壽命，屬於陰司，命盡之時，閻君發帖拘喚，故云來追。崔相公者，人曹官也，掌冥司生死之簿，未注生先注死，故云：豈容展限也。卽東漢時人。姓崔名瑗，字子玉，後出任遷伋縣令，時人歌曰：「天降聖明君，賜我仁慈父。」後胡廣薦瑗遷濟北為相，次後命終，為泰山府君，掌冥司之事也。有云：符到便行，不容住滯之謂也。

回首家親都不見，到頭業報自家當。

此明人死，孤魂獨逝也。回首者，轉頭也；不見者，死生別路也。既是生死路別，家親豈能得見？慈親孝子，無復相隨。到頭業報者，平生每日為妻為子，所造惡業，唯是自家承當，妻子不能相代。古云：「縱使妻兒相惜，無計留君；假饒骨肉滿前，有誰替汝？」所以自家當也。

鬼王獄卒，一任欺凌；劍樹刀山，更無推抵。

鬼王乃陰府閻羅十王，獄卒卽牛頭馬面等卒也。一任欺凌者，阿含經云：牛頭見受苦衆生，惟恐不毒。或問獄卒：「衆生受苦，甚可悲愍，何以無慈？」獄卒答云：「如此罪惡，諸受苦者，在世不尊君王，不孝父母，謗佛謗法，謗諸賢聖，罵辱六親，輕慢師長，造十惡業，故受此苦，罪畢脫免之時，故我恒加勸諭：此地獄中劇苦無量，非可忍耐，汝今得出，更莫造罪。今日幸脫，俄頃復還，令我筋力疲厭，從劫至劫與其相對，以是義故，我於罪人，無片慈心，故加楚毒。」劍樹者，經云：有十八劍林地獄，一一地獄，縱廣五百由旬，滿中劍樹，一一劍樹，高四十由旬，枝葉刀劍，令諸罪人上。刀山者，經云：別有十八刀山地獄，一一刀山，高五百由旬，盡以刀刃向上，各高三尺，有大羅叉，驅諸罪人，皆登此山，割截脚足，苦不可忍。以前世時，於山野中，安施鎗刺，傷害衆生，故招斯罪也。

或攝沃焦石下，或在鐵圍山間。

經云：阿鼻地獄，上衝大海沃焦山下，大海水滴，如車軸許，成大鐵尖，滿阿鼻城，在此地下，八十萬里，有石名沃焦石，廣八萬四千由旬，厚二萬里，下有一百三十六座地獄，有八大地獄為主，一斬活等。或在鐵圍者，大鐵圍山遶大千界，高至三禪天；中鐵圍山遶中千世界，高等二禪天；小鐵圍山遶小千世界，量等初禪天，盡在其中。十六寒地獄、十六熱地獄，併在其中者也。

受鑊易，則萬死千生；遭剉磕，則一刀兩段。

阿含經云：十六熱地獄中，第六名銅鑊地獄，大五百由旬，獄卒努目捉罪人足，倒投鑊中，隨湯上下，身爛骨現，苦不可當，求死不得，求生無方。從此鑊出，復入彼鑊，無有休止，巧風吹活，又入鑊中，苦不可言。遭剉磕下，教化地獄經云：有合山地獄、合石地獄，山石合來，磕剉其身，骨肉粉碎。佛言：前生斬害衆生，為兩段者。經云：阿鼻地獄中，七重劍林，復有飛刀從空而來，斫斷身體，肢節頭首，段段而壞，乃生前殺生之報也。

饑吞熱鐵，渴飲鎔銅。

前云：十六地獄中，第四饑餓地獄，獄卒縛諸罪人，仰臥地上，以杓盛於洋銅熱汁，灌入罪人口中，從咽至腹，洞徹下過，無不焦爛，苦不可當，死而復活，還又灌之，晝夜三時，有大銅鑊，入閻王宮，王見怖畏，有大獄卒，以鈎擗大王口，以杓盛洋銅汁，灌入王口，無不焦爛，事之了畢，還與婇女，受諸娛樂，彼諸大臣，亦復如是也。

十二時甘受苦辛，五百劫不見頭影。

此明地獄時長也，十二時者，以人間一千六百年，為他化自在天一晝夜；他化自在天一千六百年，為阿鼻地獄中一晝夜；阿鼻地獄中十二時，則人間六十小劫，墮此獄中，經五百劫，方得出頭，故云「五百劫不見頭影」也。

受足罪業，復入輪迴。

此明地獄罪業受畢，復入六道輪迴也。罪者：謂五逆十惡，兼謗方等經之罪，墮阿鼻獄中，經八萬四千大劫，罪畢復入寒氷獄中，八千歲目無所見，百千狐狼而共掣食，命終之後，又入畜生道，五千萬歲，罪畢復生人中，盲聾瘖瘂貧窮下賤，經五百身，還入三途。不言餓鬼者，上饑吞熱鐵等是也。

頓失舊時人身，換却這迴皮袋。

此一節，呈前復入輪迴之義也。雖得人身，而不修十善慈悲喜捨，從此復造罪業，又入三塗，所謂頓失舊時人身，換却這迴皮袋。向下行容失人身換皮袋所以也。

披毛戴角，啣鐵負鞍，以肉供人，用命還債。

此節，呈前既失人身，復為異類也。披毛戴角者，即牛馬等，用力酧還也。以肉供人者，即雞猪等，以命還債也。唐時，汾州孝義縣民，姓路伯達，永徽年中，負欠同縣人錢，一千文諱而不還，遂共錢主，於佛前盟誓：「我若昧公錢財，願我身死，與公家作牛。」錢主其心乃止。路伯達死之二年，錢主家牸牛生一牛犢，額上生白毛，為路伯達三字。其子姪，將錢五千求贖，主不肯允，乃施與隰城縣，啓福寺僧真如，助造佛圖也。凡有人見此事，無不發心止惡遷善也。

生被刀砧之苦，活遭湯火之灾。

此明以肉供人之事。唐時，晉江縣尉張縱，好啖鱠魚，偶死至冥府，王曰：「我追張從，汝何故將張縱來？宜放迴還。」吏曰：「此人好食鱠，罰他為魚七日。」王乃然之，其吏引至河邊，推縱入水，化成小鯉魚，七日長二尺餘，忽有漁翁布網得之，置水倉中，有晉江王縣丞，使人求魚，漁翁以小鯉與之，夫人嫌小，更來索之，遂將大魚奉之。夫人對鏡梳粧，袒褊一膊，囑付庖人作鱠，以待張縱友人御史李萼，庖人持刀削鱗已，未及剪頭，縱之本身遂活，乃詣王縣丞宅，握萼手曰：「食鱠飽耶？」具如上說，陰府罪罰為魚七日之事，彼此驚歎。此言殺生者，現世受刀砧之報也。活遭湯火之災者，唐時，內侍徐可範，嘗取活鱉，鑿去其甲，以熱油注而食之。又用肥驢縻絆室內，盆盛五味汁於前，四面迫之以烈火，待其渴飲五味汁盡，宰而喫之，後忽得疾，見羣獸烏雀啄食其肉，痛苦萬狀，覺冷忽思床下布火，及熱油醋灌身，又以網罩，不久發熱，身生瘡疱，疼入骨中，臨死為一束黑骨，此亦殺生之報應。故云「活遭湯火之災」也。

互積冤愆遞相食噉。

此謂呈前二事，遞相殺害食噉也。冤愆有二：一者、人中冤愆，經云：一切眾生從無始來，冤對無量，或於父母師長、六親妻子、兄弟姊妹等，起諸冤結，更相嫌恨是也。二者、畜生中冤愆，經云：一切眾生從無始來，三毒十惡，好殺禽獸斷牛羊等，或殺害眾生，噉食其肉或發撤陂池，壅塞溝渠，惱害水性，恣意殺害，遞相食噉，冤對無量也。

那時追悔，學道無因。

那時追悔者，以前世惡冤對相纏也，墮落三途，隨類受報，都不自由，被業所牽，追悔不及，欲學妙道，無因而得也。宋時，丞相王安石，字介甫，熙寧間行青苗法不善，無益於人，其子王雱，為崇政殿說書，陰為父佐務，其青苗新法必行，雱忽而卒，公亦罷相，晏閑中，如一夢寐，見一鬼使領雱荷鍊枷號泣公前，謂獲譴罪，由行青苗法不善，公問使者乞解脫，使曰：「建寺齋僧可免。」由是捨宅為寺，額曰「保寧寺。」齋僧追薦冥福，此文出言行錄矣。

何如直下承當，莫待今生蹉過。

此是總結前文，警勉要人省悟也。前已既知在三途中無因學道，何如今日直下承當。古云：「此時若蹉過，萬載卒難逢；動靜元非物，不墮有無中。」傅大士云：「夜夜抱佛眠，朝朝還共起，起坐鎮相隨，語默同居止。纖毫不相離，如身影相似；欲知佛去處，只這語言是。」也。

釋迦文佛，捨皇宮而直往雪山；

此下之文，明直下承當，所以也。梵語釋迦，唐言能文，亦云能儒。謂此娑婆世界，以文字語言而為佛事，聞其法者，皆得開悟，故云文佛也。三祇果滿，萬行功圓，上辭兜率，下降王宮，與母摩耶右脇誕生，具三十二相，八十種好，於是不樂王位，志欲出家，成無上道，廣度衆生。始遊四門，遇老病死，及見僧人，心生厭離，太子年方十九，淨居天人統領天衆衛護出宮，四王捧馬足，及車匿騰空踰城而去，行三由旬，至跋陀山林，以室劍自割鬚髮，淨居化作獵師，身披袈裟，太子將七寶衣貿之而著，修九次第定，知定非真，棄之，復入雪山，六年苦行，覩長庚星悟道，正當此土周昭王四十九年己卯歲十二月初八日子時分也。可謂「棄金輪之寶位，捨九五之皇宮，不貪榮樂雪山苦行，容鵲巢於頂上，掛蛛網於眉間，不離草座成等正覺。」乃是我佛出家教化眾生之樣子也。

居士龐公，將家財而悉沉滄海。

唐時，有襄州衡陽縣，居士龐公，名蘊，字道玄，家豪富貴，積財滿室，世本儒業，少悟塵勞，志求真諦，恤念孤貧。時有二商，往借資財，取財付訖，無力荷行，公以脚力送之，至於樹下，歇息嘆曰：「有慈悲心不知記往借人，今可味之。」言罷驢作人言：「吾往昔借公財物而味，今來為驢還債。」商聞大驚，卽將財帛送還公所，公曰：「何忽而迴？」商曰：「公豈知其意，吾欲昧之。」具述驢言因由，所以送還，吾恐後世亦然。公於夜間，至馬廄所，默聽畜等，互相酬還言論多少，公回坐歎曰：「吾本濟人，而不知返累如此，吾所集者禍也，吾以棄之福也，寧可清貧度日，不圖濁富虛名。」卽將家財運集滿船，送至漢陽江中，沉而墜之，其女靈昭編笊籬，其子龐大哥種田園，而度之時光也。

真武不統王位，惟務修行。

玄帝啓云：乃淨樂國王之太子，卽奎婁二星分野之下，上應羣龍，梵度天也。王后名善勝，夢吞太陽而孕，十有四月，降誕王宮，於開皇元年，建甲辰歲，戊辰月，甲寅日，庚午時，於母左脇降生，瑞氣覆國，天華散，異香芬身寶光，充滿國，皆變金色，降誕之後，面滿月，目鳳睛耳秋荷，眉分八字，唇若丹朱，七歲博通書史，十五辭父出家，志心念道，恒常誓言：「不統王位，惟務修行。」父王不允，密潛深山，偶遇紫元真君，授與無極妙道，君曰：「汝擇山峰，冲霄紫氣之上，方乃居也。」太子越海東遊，途逢一童授劍曰：「此方黑蛇毬角斷魔雄劍，長七尺二寸，闊四寸八分。」受已東行，至均州之南，名曰武當，乃隱居也。王思太子，領兵五百，追至武當，入山渡水，九次方見太子，周圍澗水泛漲，不能行之，五百人足，忽然難擧，遞相謂言：「太子願力使之然也。」同聲言曰：「迴國，願從太子在此學道。」言已如故，唯王泣而獨迴也。太子居山，有靈鴉報曉，黑虎衛岩，烏鴉喙赤，順之者昌，黑虎驅奸，逆之者殃。修之未契，思欲下山，至澗邊見老母而磨鐵杵，太子問曰：「磨杵何也？」老母答曰：「為作針耳！」子曰：「不亦難乎?!」母曰：「功到自成，有何難哉？」太子省其意也。麓仙題曰：「碎礪功多粗者精，聖師邀謁上天京；我心匪石堅於石，小器成而大道成。」遂迴途中，折梅奇柳誓曰：「我若道成，開花結果。」言畢至岩端坐，感動美人時來顧看，一日言曰：「吾乃羣仙，特來試之。」言已飛去，向所折者，變為榔木，梅實桃核杏形，名曰榔梅，其味酸甘，能愈百病。玉溪真人曰：「高真學道隱山時，親折梅枝寄柳枝；行滿功成應擧日，花開子結試先知。仙翁護境百邪遠，聖果標名萬世垂；服餌延齡除固疾，志誠拜事福相隨。」由是功行已滿，果然花開子結，太子見七十二峰，中一峰聳紫霄下，庚子年、丙戌月、丙寅日，清旦，天華自落，祥雲四合，四方各三百里，頭頂紫氣，披松羅服，五府龍君接上九霄，朝參玉闕。惟務修行者，惟者獨也，務者專也，斷習曰修，行則無住，故云不統王位，惟務修行也哉！

呂公既作神仙，尚勤參請。

唐時，呂公者，姓呂名岩，字洞賓，別號純陽子，又名呂岩。真人，京川河陽蒲板人也，生於唐玄宗天寶年間，世為顯官，累舉進士不第，乃休，因遊華山遇鍾離權，乃晉之郎官，避亂學養命術，將度純陽，首以財試，一日鍾呂偕行，鍾拾一石以藥塗之即成黃金，授與之曰前途路費，呂問此仍壞否？鍾曰：「若頻經火，或五百年壞矣！」呂擲之曰：「他日誤人去在！」鍾後以色試之，命呂入山採藥，化一小廬美婦，歡迎之曰：「夫故久矣！今遇君子，願不見棄。」婦欲執手而近，呂以手托開云：「母人革囊，穢於我矣！」言訖婦女不見，即鍾離也。於是授金丹之術，及天仙劍法，遂得遊行自在。詩曰：「朝遊南嶽暮蒼梧，袖裡青蛇膽氣麤；三入岳陽人不識，朗吟飛過洞庭湖。」始謁龍牙和尚，呂問曰：「佛法大意云何？」牙與偈曰：「何事朝愁與暮愁，少年不學老還羞；明珠不是驪龍惜，自是時人不解求。」因過鄂州黃龍山，見紫氣盤旋，有異人所止，遂入，值機禪師上堂，師知有異人潛迹座下，即厲聲曰：「衆有竊法者！」呂毅然問曰：「一粒粟中藏世界，半升鐺內煑山川，且道意旨如何？」師曰：「守屍鬼！」呂曰：「爭柰囊中有長生不死藥。」師曰：「饒經八萬劫，終是落空亡。」呂不憤而去，至夜飛劍脇之，師前已知，以法衣蒙頭，坐於方丈，劍遶數匝，師用手指之，劍即墮地，呂以謝罪。師因詰曰：「半升鐺內卽不問，如何是一粒粟中藏世界？」呂於言下有省，乃述偈曰：「毀破葫囊折斷琴，此生不向汞中尋；今朝悟得黃龍法，始覺從前枉用心。」文出仙苑遺事也。

蘇學士常親佛印，

蘇學士者，姓蘇名軾，字子瞻，號東坡先生；因謫黃州日，築坡而居，號東坡也。常親佛印者，佛印卽南康郡，雲居山，了元佛印字覺老，饒州浮梁林氏子，世本儒業，幻歲出家寶積寺，禮沙門日用為師，試法華經，受具遊廬山，謁開先暹禪師，得法之後年二十八，先住江州承天，後居廬山歸宗與黃州對岸，於師酧酢章句，及住金山寺東坡遷杭州太守，復往來問道，值佛印入室，印云：「這裏無端明坐處。」坡云：「借和尚四大為座。」印云：「老僧有一問，若答得與汝四大為座，若答不得卽輸腰間玉帶。」坡卽解帶置案上云：「請和尚問。」印云：「四大本空，五陰非有，端明向甚麼處坐？」坡無語，印召侍者，留下玉帶，永鎮山門，印以衲裙酬之。坡賦二絕云：「病骨難堪玉帶圍，鈍根仍落箭鋒機；會當乞食歌姬院，換得雲山舊衲衣。」又云：「此帶閱人如傳舍，流傳到我亦悠哉；錦袍錯落渾相稱，乞與佯狂老萬回。」

韓文公終禮大顛；

韓文公者，姓韓名愈，字退之，謚文公，為刑部侍郎也。因唐憲宗元和己亥十四年正月，帝遣中使杜英奇，持香華往鳳翔府法雲寺，護國真身塔所，請釋迦文佛指骨入內，帝御安福門迎拜，留禁中供養三日，五色光現，百僚稱賀，歷送諸寺釋部威儀太常，長安，萬年，音樂旌幡鼓吹偉盛殊特，刑部侍郎韓愈，上表陳諫，引古言今，稱帝壽國祚之不延永，帝大怒，以表示宰輔，將抵以死，裴度，崔羣，為解曰：「愈言訐牾，罪之誠宜，然，非內懷至忠，安能及此，願少寬假，以來諫諍。」帝曰：「愈言我奉佛太過，猶可容之，至謂東漢奉佛已後，天子咸天促，言何乖刺耶?!愈人臣，狂妄敢爾！」於是戚里，諸王舊臣，皆為愈哀請，遂貶潮州刺史。愈，到郡之初，以表哀謝，勸帝哀封泰山，久而無報，鬱鬱不樂，聞郡有大顛禪師，道德名重，以書招之，三招而大顛至。顛之言論超勝，留數十日，或入定數日方起，愈甚敬焉。師辭去，愈祀神海上，及登靈山，造師之廬問曰：「弟子軍州事繁，省要處乞師一句。」師良久不顧，公罔措，時三平為侍者，乃敲禪床一下，師云：「作麼？」平云：「先以定動，後以智拔。」公乃拜三平而謝曰：「和尚門風高峻，愈於侍者處得箇入路。」自此以大顛為師也。終禮大顛者，始則毀佛，終乃禮之，後遷袁州刺史，復造顛廬施衣二襲，而請別曰：「愈也，將去師矣！幸聞一言卒以相諭。」顛曰：「吾聞易信人者，必其守易改；易譽人者，必其謗易發，子聞吾言而易信之矣，庸知復聞他說，不復以我為非哉？」遂不告之愈。

可有聞，乃去至袁州，孟簡尚書，知愈與大顛遊，以書抵愈嘉其信嚮愈答簡書，稱大顛頗聰明，識道理實，能外形骸，以理自勝，不為事物侵亂，雖不盡解其語要，且自胸中無滯礙，因與之往還也，文出韓子集。

裴公，奪笏於石霜，

裴公者，姓裴名休，字公美，河東濟源縣人也。潭州石霜山，慶諸禪師，乃新塗陳氏之子，出家後，到溈山作米頭，發明大事，次住石霜山，裴公來參，師拈過裴公笏問公曰：「在天子手中為圭，在公手裡為笏，在老僧手內喚作甚麼？」休無對，師曰：「乃留下笏，在寺作山門中景致也。」

房相。問法於國一。

房相，問法於國一者，訛也，原是崔趙公問：「弟子今欲出家得否？」師曰：「出家乃大丈夫事，非將相之所能為。」公有省也。師諱道欽，蘇州崑山朱氏子，始初業儒，年二十八，遇潤州鶴林素禪師，勉剃落，乃戒之曰：「汝乘流而行，逢徑即止。」遂往南，邁玄宗天寶三載，抵臨安東北一山，問樵者，曰：「此徑山也。」乃駐錫馬！其山有龍淵，而龍王現身為人，献其地與師，乃成伽藍。至代宗大曆三年，詔至闕下，帝親瞻禮，帝謂忠國師曰：「朕欲賜欽師一名。」國師欣然奉詔，乃賜號國一禪師，後辭歸徑山，至是十二月示疾，說法而逝，帝賜謚大覺禪師也。

妙善不招駙馬，成佛無疑；

昔宣律師，居終南靈感寺行道，感天人給侍，師問天曰：「吾聞觀音大士，於娑婆大有因緣，顯化何地最勝？」天曰：「菩薩示現無方，而肉身降跡香山為勝。」師曰：「香山今在何處？」天曰：「嵩岳之南二百餘里，三山並列，中為香山，即菩薩之地。山之東北，乃過去有王，名妙莊嚴主，夫人名寶德，王無太子，惟有三女，長妙顏，次妙音，小妙善。三女之中，二女已配，唯第三女，進止容儀，超然拔俗，常服垢衣，不華飾，日止一食，不茹葷辛，齋戒修行，無有退志。王謂妙善曰：「汝今出幼當招駙馬。」妙善曰：「愛河浪闊，苦海淵深，豈貪一世之榮，而沉多劫之苦。」志求出家，修行學道，王怒，擯後花園，絕其飲食，令母苦勸而招駙馬，妙善曰：「虛空有盡，我願無窮。」王聞大怒，詔白雀寺尼僧惠真，領去寺內種菜，設計勸勉回宮，妙善曰：「豈不聞障人出家，萬劫受苦，汝等敢違佛門利益，甘受三塗業報。」尼曰：「我奉王命，非干我事。」妙善不允，堅欲出家，尼奏王？王大怒，令軍圍寺，盡斬尼衆，火焚僧房，公主被龍神，攝在香山之下，毫髮無損，結菴而居，草衣木食，人莫知之，已經三載。時王，因是毀寺殺僧罪業故，感迦摩羅疾寢息不安，醫治不瘥，榜詔四方人治之，時有異僧曰：「吾有神方，可療王疾。」王曰：「汝有何藥？」僧曰：「用無嗔人手眼合藥服之卽瘥。」王曰：「此藥難得。」僧曰：「不難！今王國內，西南有香山，絕頂，有一仙人修道行滿，此人無嗔，求之必與。」王令侍臣持香入山拜仙人曰：「君王有疾，敢勞僊人，求其手眼以救王命，當令發心。」僊人聞已，刀剜其兩目，斷其雙手，付與侍臣。爾時，大地悉皆震動。時臣迴國，令僧合藥，王乃服而病愈。其王嚴駕至香山拜謝瞻禮，王見僊人無有手眼，身不完具，王及夫人左右窺視，深生哀念，僊人形相頗類我女，僊人曰：「我卽妙善是也，兒奉手眼，上報父恩。」王聞之抱持大哭，王曰：「朕乃無道，使令我女受大苦痛。」僊人曰：「吾非苦痛，我捨肉眼，得金剛眼，捨凡夫手，得金色臂，誓願不虛，必得是果。」於是天地震動，佛入乃現千手千眼，大悲觀世音菩薩，身相端嚴，光明晃耀，巍巍堂堂，如星中月。王於夫人合國人等，皆發善心，歸向三寶，菩薩遂入三昧，端然入滅矣！

六祖相遇客人，聽經頓悟。

六祖大師者，二字惠能也，父姓盧，母李氏，誕生之時，於貞觀十二年戊戌，二月八日子時，毫光騰空，異香滿室，黎明有二僧造謁，謂師之父云：「夜光生兒，專為安名，可上惠下能也。」其父曰：「何名？」惠能答曰：「惠者，以法惠施眾生；能者，能作佛事。」言畢而去，進之不見也。師不飲乳，夜遇神人灌以甘露，祖本貫范陽郡，後流遷於嶺南，新州為百姓，其父早亡，老母孤遺，移來南海，艱辛貧乏，於市賣柴度日，時有一客買柴，使令送至客店收去，能得錢卻出門，傍有一客，誦金剛經，能聞經云：「應無所住，而生其心。」心即開悟，後參五祖黃梅傳道，出世曹溪，故號為六祖也。

禪道若無況味，聖賢何肯歸依？

況者，比類之義，又深也。以禪道比類將來，若無淵深之味，而古今之聖賢，何肯信向歸依者也。

華林，感二虎隨身；

潭州，華林善覺禪師，常持錫杖，夜出林麓，七步一振錫，一稱觀音名號，觀察使裴休，訪問之曰：「師還有侍者否？」師云：「有兩箇，祇是不可見客。」裴曰：「在甚麼處？」師喚：「大空、小空！」時二虎，自庵後而出，裴覩之，而驚怖，師語二虎云：「有客且去！」二虎哮吼而迴，裴問師曰：「作何行業，感得如此？」師乃良久：「會麼？」裴曰：「不會！」師云：「山僧常念觀世音菩薩。」

投子，有三鴉報曉。

舒州投子義青禪師，李氏子，而七齡詣妙相寺出家，初習百法論，後入洛中聽華嚴五載，次講至諸林菩薩偈曰「知一切法即心自性。」忽有省曰：「法離文字，寧可講乎？」後參浮山圓鑑，先夢得俊鷹，畜之，既覺而青至，以為吉兆，至一日問：「外道問佛：『不問有言，不問無言。』世尊良久，汝如何會？」青擬語，山以手掩青口，於是開悟，拜起，山曰：「汝妙悟玄微耶？」答：「設有妙悟，也須吐却；迷為登聖之梯杭，悟是墮凡之坑阱。」初祖曰：「亦不除愚而就智，亦不拋迷而從悟。」山以太陽皮履布裰付之，初開山慈濟先有記曰：「吾塔若紅，是吾再來也。」其後邦人而修師塔，忽作瑪瑙色，未幾青領院事，投子山素無水，往後一日澗自泉生，郡守賀云：「名再來泉也。」其有三鴉，每至五更報曉，人皆稱讚，是師道德所感，禪者日增，道望日遠，異苗蕃茂，果符前讖者也。

李長者解經，而天厨送食；

李長者，諱通玄，乃唐朝宗枝也，太原東北人，身長七尺餘，形貌紫色，眉長過目，鬚鬢如畫，髮紺而旋螺，唇紅而齒密，衣大布縫掖之制，戴樺皮冠，腰不束帶，足不躡履，冬無皴皸之患，夏無垢膩之侵，博達古今，洞精儒釋。開元七年春，賚新華嚴經，曳笻自定襄至并部盂縣之西南，同穎鄉大賢村，高山奴家，止於偏房中造疏，演暢華嚴，不出戶庭，幾于三載，高與隣里，怪而不測，每日食棗，十枚，栢葉餅一個，餘無所須。後移南谷馬家古佛堂側，立一小土屋，間處宴息，棗餅亦然。又賚其論併經，往韓氏庄，路逢一虎，玄撫其背，以所負經論搭虎脊背，馱往上龕中去，虎弭耳前行，其處無水，拔老松去可百尺餘，忽成池水，深丈餘，呼為「長者泉」。室無脂燭，每夜秉翰，於口兩角出白色光尺餘，俄有二女，韶顏皆雅，每日饋食一奩，于土龕前，玄食已，撤器而去，凡經五年，論成四十卷，連經總八十卷，次決疑論四卷，於開元十八，三月十八入滅，光照太虛，斑鹿白鶴悲於塔邊也。

須菩提打坐，而帝釋散華。

須菩提，在岩中宴坐，諸天雨華，讚歎尊者，尊者問曰：「空中雨華乃是何人？云何讚歎？」天曰：「我是梵天，敬重尊者善說般若。」者云：「我於般若，未說一字，汝云何讚歎？」天曰：「尊者無說，我亦無聞，是真般若。」尊者一日說法之次，帝釋雨華，尊者乃問：「此華從天得耶？從地得耶？從人得耶？」帝曰：「弗也。」者云：「從何而得？」帝乃擧手，尊者云：「如是！如是！」

達磨，執履西歸；

達磨者，乃南天竺，香至國王第三之子，姓刹帝利，本名菩提多羅也。因二十七祖，般若多羅，至其國受父王供養得所施珠，試其所言，祖謂之曰：「汝於諸法已得通量，夫達磨者，通大之義也，宜名菩提達磨。」磨問祖曰：「我既得法，當往何國而作佛事？」祖曰：「汝雖得法，未可遠遊，且止南天竺國，待吾滅後六十七載，當往震旦，設大法藥，獲菩提者不可勝數；直指上根，慎勿速行，衰於日下。又汝到時，南方勿住，彼處唯好有為功德，不見佛理，汝縱到彼，不可久留。」磨於是恭稟其教，服勤左右垂四十年。待祖順世，演化本國，爾後念震旦緣熟，行化時至，來辭於姪，王為具大舟，汎海東行，三周寒暑，達于南海，時當此國，梁普通元年九月二十一日也。有廣州刺史蕭昂，迎禮，表聞武帝，問答不契，航葦渡江，至少林面壁九年。後得神光立雪斷臂，傳授衣法，磨知化緣事畢，欲返西天，於是入滅熊耳，當梁大通二年十五日也，建塔於定林寺，魏遂以其喪，告梁武帝，贈寶帛以祭禮供養後三載，魏使宋雲者奉使西域迴，遇祖于葱嶺，手携隻履，翩翩獨逝，雲問祖何往？答曰：「西天去！」雲至洛陽，具說前事，門人起壙，隻履存焉。時魏孝莊帝，詔取遺履，供養於少林寺。梁武帝聞祖化跡，親為製碑，至唐代宗，謚號圓覺大師，塔曰空觀。

普化，搖鈴騰去。

鎮州普化和尚，不知何處人，受秘傳心，於盤山寶積禪師也。唐咸通元年，將示滅，乃入市，謂人曰：「乞我一箇直裰，或與皮襖。」或與布衫，皆不受，振鐸而去。臨濟令人送一棺，師歎曰：「臨濟小廝兒饒舌。」便受之，遂辭衆曰：「普化明日，東門外迴也。」郡人相率出城外，師厲聲曰：「今日不合青烏。」乃曰：「明日南門外遷化。」人亦送之，又曰：「明日，向西門外方吉。」人送漸稀，出已還返，人意稍怠，第四日自擎棺出北門外，振鐸入棺而逝。郡人奔走出城，揭棺視之，了無踪跡，唯聞空中，鐸聲漸遠，莫測其由，頌曰：「三界為旅亭，四生為徑路；生來似著衫，死去如脫袴。不歡亦不哭，無新亦無故；不拘造化成，一切由吾作。」

羅漢，來參於仰山和尚；

仰山者，乃羅漢，稱為小釋迦再來也。得法於溈山祐禪師，號溈仰宗，有九一六種圓相以為宗旨，後有一梵僧來參仰曰，問云：「還識字否？」山曰：「隨分。」僧乃右旋一匝云：「是甚麼字？」山於地上，書箇十字，僧又左旋一匝云：「是甚麼字？」山乃改十字，作卍字。僧畫一圓相，以兩手托如修羅掌日月勢云：「是甚麼字？」山書圓相圍却卍字。僧作婁至勢，山曰：「如是如是！汝善護持。」僧禮拜畢，出門騰空而去。時有一道者，請問仰山云：「五日前問和尚還識字的僧，是何處人？」山曰：「汝曾見否？」道者云：「正見出門騰空而去。」山曰：「此是西天羅漢，故來探吾宗旨也。」

嶽帝，受戒於思大禪師。

思大者，燈錄校證，無有嶽帝受戒，於思大禪師之文，本是嵩嶽元珪禪師，生伊闕李氏，幼歲出家，於高宗永淳年間，受具戒於閑居寺，習毗尼，謁安國師，頓悟玄旨，遂結廬于嵩嶽之龐塢。是年一日，有異人，卽嵩嶽之神，峩冠袴褶而至，從者太多偉甚，稱謁大師，師覩其非常，乃諭之曰：「善來仁者，何為而至？」彼曰：「師寧識我耶？」師曰：「吾觀生佛，等吾一目，豈分別耶？」彼曰：「我此嶽神也，能生死於人，師安得一目我哉？」師曰：「吾本不生，汝焉能死？吾視身與空等，視吾與汝等，汝能壞空與汝乎，苟能壞空及汝，吾則不生不滅也，汝尚不能如是，又焉能生死耶？」嶽神稽首曰：「我亦聰明正直於餘神，詎知師有廣大之智辯，願受正戒，令我度世。」師曰：「汝旣乞戒，卽旣戒也，所以者何？戒外無戒，又何戒哉?!」神曰：「此理也，我聞茫昧，特求師戒，我為門下弟子。」師卽設座秉爐正几曰：「付汝五戒，若能奉持，卽應曰能，不能曰否。」神曰：「謹受其敎！」師曰：「汝能不淫乎？」神曰：「我亦娶也。」師曰：「非謂此也，言無羅欲也。」神曰：「能！

」師曰：「汝能不盜乎？」神曰：「何乏我矣，馬有盜取哉？」師曰：「非謂此也，言饗而福淫，不供而禍善也。」神曰：「能！」師曰：「汝能不殺乎？」神曰：「實司其柄，馬能不殺？」師曰：「非謂此也，言有濫誤疑混也。」神曰：「能！」師曰：「汝能不妄乎？」神曰：「我正直，馬有妄乎？」師曰：「非謂此也，言先後不合天心也。」神曰：「能！」師曰：「汝能不飲酒乎？」神曰：「吾受祭奠，馬能不飲？」師曰：「非謂此也，言不得亂性也。」神曰：「能！」師曰：「如上是佛五戒也。」神即作禮辭去，師乃門送而且觀之，見儀衛逶迤，如王者之壯，嵐靄烟霞，幢幡環珮，凌空而隱沒矣！

徑山，至今猶是龍王打供；

杭州徑山道欽禪師，蘇州崑山朱氏子，初服儒教也。其年二十八，遇素師，師謂曰：「觀子神氣溫粹，真法寶也。」求為弟子，落髮素曰：「汝乘流而行，遇徑即止。」師遂南行，抵臨安，見東北一山，問樵者：「此是何山？」樵者曰：「徑山也。」乃駐錫焉！西遇危峰之北，石岩數座，有一老翁致敬曰：「願捨此居，為師駐錫之所。」師同南進，上至五峰之間，有一大湫，謂師曰：「吾若去時，此湫當漲，留一穴水，幸勿填之，我時常來。」言訖而隱，於是雲霧晦冥，風雨大作，連夜不息，及曉雨霽，湫水盡涸，漲沙遂平，唯留一湫尚存，謂之龍井。師居之常有異人，而來獻供，已而隱之，每日如此，咸知皆是龍王，令人送供者哉。

雪峰，往昔能使木人開山。

福建雪峰義存禪師，泉州南安豐氏子，師生而惡葷茹，襁褓聞鐘梵之聲，見旛華必動容欣喜。十二出家，十七落髮，師事慶玄律師，初參德山玄鑑禪師，問曰：「從上宗乘中事學人還有分也無？」山打一棒曰：「道甚麼？」師舉似岩頭曰：「我當時如桶底脫相似。」頭喝曰：「豈不聞從門入者不是家珍！」師曰：「他後如何即是他時，一一從自己胸中流出。始是蓋天蓋地。」師大悟曰：「始是鰲山成道也。」木人者即木毬也。師凡喚僧，必以木毬輥去，彼僧自來，若乞檀施，附字於毬上，毬徑至檀越家，一一送施而來，智門祚頌：「雪峰輥毬孰辨機，一千五百幾人知；眨起眉毛千萬里，須是吾門獅子兒。」

此皆已驗之因由，切莫自生於退屈。

所謂結前之義，比前來十餘之聖賢，皆是以經効驗有如是之因，感如是之果也。切莫退屈者，退者却去也，屈者拘折也，乃科家勸勉行人，吝可自生退却屈拗也，古德云「彼既丈夫我亦爾」，不應自輕自讓，而退屈者也。

銷釋金剛科儀會要註解卷第一（終）

銷釋金剛科儀會要註解卷第二

姚秦三藏法師　鳩摩羅什　譯
隆興府百福院　宗鏡禪師　述
曹洞正宗嗣祖沙門　覺連　重集

野狐，尚聽百丈法；

洪州百丈懷海禪師，福州長樂人也，得法於馬祖，每上堂有一老人聽法，隨衆散去，一日衆退，唯老人不去。師問：「汝是何人？」老人曰：「某非人也，乃野狐耳，先於過去迦葉佛時，曾住此山，集衆演法，有學人問：『大修行人還落因果也無？』某對曰：『不落因果。』遂五百生墮野狐身，今請和尚代一轉語破疑，解脫野狐身。」師曰：「汝試問來！」老人曰：「大修行人，還落因果也無？」師拈轉曰：「不昧因果！」老人於言下大悟，方知不落因果，是撥無斷見；不昧因果，是隨流得妙。所以惺悟作禮曰：「某已脫野狐身，住在山後，乞師依亡僧殯送。」師令維那白椎告衆云：「食後送亡僧。」大衆聚議，一衆咸安，涅槃堂亦無病人，何故如是？師領大衆至山後岩，以杖挑出一死野狐，乃依法火葬埋矣！
螺螄，猶護金剛經。
唐時，所有待制，船至漢江阻風，波濤洶湧，滿船驚怖，急將平昔持誦金剛經一卷，拋棄江中，遂得風恬浪靜。待制曰：深憶此經，受持年遠，鬱鬱不樂，經涉兩月，方到鎮江，見船尾後百步，而有一袍，似裘之狀，出沒無時。衆人疑慮，待制令一漁人取來，乃螺螄輥成一團，剖而外濕內乾，待制用手分開，視之，卽是所持之經，毫髮無損，待制驚喜拜而頂受，歎曰：「漢水會於九江，至南徐有數千里，舟船往來豈有數目，然未聞所持之經，自彼至此，螺螄一見而不捨，其為名耶？利耶？財耶？色耶？將必脫輪迴，免死生者也。嗚呼！萬物之中，最靈者人也，有畢竟不聞是經，有聞而不見，見而不信，信而為名利所繫而後信者，不若螺螄也。」
十千游魚，聞佛號，化為天子；
金光明經，佛告菩提樹神：「昔流水長者，於天自在光王國內，治衆生病苦已，長者妻名水肩藏，有二子：一名水滿，二名水藏。長者與二子，到一大澤中，見枯涸無水，魚將死至，生大悲心，時有樹神示現半身，語長者，言：『此魚可憐，汝可與水。』長者曰：『魚有幾何？』答言：『此魚十千，日曝水少將入死門。』長者遶池經行，魚隨視長者，尋取樹枝覆於池上，用作陰涼，四面覓水，忽見一河，名曰水生，長者悲喜，至大王所，具拜告王，說如上事，王令自選有力大象二十頭，於其城中復借皮囊，至河馱水，速到池邊，瀉水而滿。選一力大之象，令子白於祖父家中所用之食，悉已運至池邊，安置池內，長者依教所說，高聲稱念：南無寶髻如來應供等十號，及唱十二因緣，以此之故，十千游魚聞法得食，化生忉利皆為天子，各悟前因，悉來酬謝。十千天子，各持瓔珞，至於長者之家，以十千天妙瓔珞置於頭邊，十千瓔珞安於足邊，左脇右脇亦然；又雨四華，作天音樂。早旦，王問羣臣昨夜何故有如此瑞？羣臣對曰，說如上因，詔令長者，問如上緣，長者奏王，恐十千魚而得生天，待臣至池驗魚死活，復來奏王，遂到池邊，見魚悉死，多有四華徧滿池中，還白大王：『是十千游魚，定生忉利天。』王聞歡喜，長者欣然，佛告大眾，此長者，我身也；長子，卽羅睺羅，次子卽阿難；樹神，卽今善女天也；十千游魚，卽今十千天子是也。

五百蝙蝠聽法音，總作聖賢。

昔佛正法之時，有五百蝙蝠，穴於枯樹。時有商人附火樹下，常有道人誦阿毗達磨論，故走火燒其樹，五百蝙蝠貪聽法音，被火焚斃。次夕，見五百人來禮拜曰：「向蒙法力，今脫惡報，皆生人中，悉皆聰慧，棄家學道，俱登聖果。」其後，迦尼色迦與脇尊者，招集五百賢聖，於迦濕彌羅國，作毗婆論，其五百賢聖，即五百蝙蝠，因識宿命遂共作論，以酬法力之恩也。

蟒聞懺以生天；

昔梁武帝，后郗氏國母，薨後數月，帝追悼之，晝則怱怱不樂，宵乃耿耿不寐，聞外有聲，視之乃一蟒耳，睒睛呀口，以向於帝，帝大驚謂曰：「朕宮嚴謹，爾必祟也！」蟒作人言曰：「蟒則昔日郗氏，妾以生存嫉妬六宮，其性慘毒，害人多矣！故罪謫蟒之身，無食充口，無窟安身，苦不可勝，鱗甲小虫，唼嚙肌肉，猶似錐刀。」帝聞已，嗚呼感嘆，忽爾潛去，帝次日，大集沙門，問其所由，寶誌公曰：「若非禮佛懺悔，莫能救濟。」遂採藏經集成十卷，依法禮懺，乃聞宮中異香，許久，忽見雲上有一天人，容儀美麗，謂帝曰：「吾蟒後身，蒙帝法力，生忉利天也。」再三致謝，言訖而隱不現也。

龍聽法而悟道。

龍者，乃龍女也，於時下方，多寶世尊，所從菩薩，名曰智積，白多寶佛言：

「當還本土。」釋迦佛告智積曰：「且待須臾，此有菩薩，名文殊師利，可與相見論說妙法，可還本土。」爾時文殊，與無量三乘之衆，從海湧出，來詣靈山，智積言：「仁者於海宮中說何法要？」文殊答曰：「唯說妙法華經。」智積言：「頗有衆生修行此經，速得佛否？」文殊言：「有娑竭羅龍王女，年始八歲，智慧利根，善知衆生諸根行業，得陀羅尼，諸佛法藏悉能受持，深入禪定，了達諸法，於刹那頃，發菩提心，得不退轉，慈念衆生，猶如一子。」智積言：「我見釋迦如來，於三千大千世界，乃至無有如芥子許，不是佛捨身命處，而求佛道，不信此女於須臾頃而得成佛。」爾時龍女有一寶珠，奉上於佛，佛卽受之。龍女謂智積菩薩尊者舍利弗言：「我獻寶珠，世尊納受，是事疾否？」答言：「甚疾！」龍女言：「以汝神力觀我成佛，復速於此。」當時衆會皆見龍女，忽然之間，變成男子，具菩薩行，卽往南方無垢世界，坐寶蓮華成等正覺，號曰「華僊如來」也。

彼物尚能領悟，況人何不回心？

此是結前之義也。彼之異類一聞妙法，尚能領悟得道，而況我等為人，其性最靈，何不回轉心華向道也。

或有埋頭喫飯，而空過一生；

乃是科家，伸後人之病也。或有一等緇白，雖居釋教門中，不修如來戒定慧，只是狗俗而打鬨，埋頭喫飯度日而已。警策云：「可惜一生空過，後悔難追；教理未嘗措懷，玄道無因契悟，豈不哀哉也！」

或有錯路修行，而不省這意。

此一節，廣伸禪病也，雖在禪門學道，不得明師指教，偶遇偏見之師，授與邪法，錯路而修，不省大道也，所以永明云：「或起殊勝知解，而好肉剜瘡；或住本性清淨，而執藥成病；或尋文探義，而飲客水；或守靜閑居，而坐法塵；或認昭昭靈靈，而為自己；或認著識神，而為本來人。」長沙禪師頌：「學道之人不識真，只為從前認識神；無量劫來生死本，痴人喚作本來人。」此明真理之中，但起毫釐執著之見，卽是錯路而修也。

豈識菩提覺性，箇箇圓成；爭知般若善根，人人具足。

乃是結前埋頭喫飯，錯路修行之義也。斯二種人，豈識菩提，人人具足哉？豈識者，卽爭知也；菩提覺性者，卽般若善根也。個個圓成者，卽人人具足也，文之異，而義同矣！

莫問大隱小隱，

若明此一段大事，大隱亦可，小隱亦可，若不明者，大隱小隱，總是徒勞也。大隱者，居塵不染，對境無心，不欣聖位，不重己靈，如是之人，方可大隱也。若是初心行人，須居小隱，所以白樂天云：「大隱居朝市，小隱入丘樊；丘樊大冷落，朝市大囂喧；不如作小隱，隱作留司官。」

休別在家出家。

佛讚淨名云：「雖為白衣，奉持沙門清淨律儀，雖處居家，不著三界；示有妻子，常修梵行；雖有眷屬，常樂遠離也。」麻谷，南泉謁徑山，路逢一婆子，乃問：「徑山路，向甚麼處去？」婆云：「驀直去！」谷云：「前頭水深過得否？」婆答：「不濕脚。」谷云：「上岸稻好，下岸稻怯。」婆曰：「總被螃蟹喫了也。」然此婆子，論作在家人說話，何得能奉律儀，修梵行，善知過河不濕脚，螃蟹喫了稻，雖有在家模樣，不可作在家人論也。

不拘僧俗，而只要辨心；

心者，有四：其一、肉團心，五臟中是也。其二、賴耶心，能分別是也。其三、緣慮心，能緣外境是也。其四、堅實心，卽本覺菩提心是也。此心聖凡本具，所以云：只要辨心也。昔有一僧參米胡，路逢一婆子，僧問：「婆子有眷屬否？」婆曰：「有！」僧云：「在甚麼處？」婆曰：「山河大地，若草若木，皆是眷屬。」僧云：「莫作師姑否？」婆曰：「汝見我是甚麼人？」僧云：「俗人。」婆曰：「汝不是僧？」僧云：「汝莫混濫佛法好。」婆曰：「我不曾混濫佛法。」僧云：「汝恁麼說話，豈不是混濫佛法？」婆云：「你是男子，我是女人，豈曾混濫。」似這婆子，如此說話，雖是俗人，此心已辨了也。

本無男女，而何須著相？

此明般若真智外，幻境緣空也。若以識見分別，有差別相，若以實智觀之，諸法洩然，豈分男女之異哉？本無男女者，且如淨名室中，有一天女散華，此女卽法身大士現身也。華至諸菩薩身邊，卽皆墮落，以菩薩惑習永斷，所以墮落也。華至二乘身上，便著不墮，以二乘人惑習未盡，所以便著也。女言：「結習盡者，華不著身；未盡者，華乃著身也。」女又曰：「我止此室十二年來，祇聞佛功德香，不聞二乘之香。」舍利弗言：「汝何不轉女成男？」天女曰：「我從十二年來，求女人相了不可得，當何所轉？」此明一切諸法無有定相，譬如幻師，化作男女等相，幻無實體，當何所轉？」卽時天女以神通力，令舍利弗化為天女身，女自化身為舍利弗，而問舍利弗言：「汝何不轉女身成男子？」舍利弗以女相答言：「我今不知何故變為女身耶？」天女曰：「汝今能轉此身，一切女身悉當能轉，如舍利弗非女，而現女身，一切女人亦復如是，雖現女身，而非女也，是故佛說：一切諸法非男非女。」卽時天女，還攝神力，令舍利弗身，還復如故，天女問舍利弗言：「女身色相，今何所在？」舍利弗言：「無在無不在。」天女曰：「一切諸法亦復如是，無在無不在也。」可謂，本無男女也，以神力故，變自身為舍利弗，變男相作女身，到這裡，任是天眼龍睛，覷他不著，所謂「千手大悲難摸捸，爍迦羅眼覷無門。」是以科家道，本無男女，而何須著相者也。

未明人妄分三教，了得底同悟一心。

此明三教所顯者，皆是一個道理也，未明此道，妄分有三，劉謐先生曰：「嘗觀中國有三教者，自伏羲氏畫八卦，而儒教始於此也。自老子說道德經，而道教始於此也。自漢明帝夢金人，而佛教始於此也。於是中國，而有三教之序也。未明人者各執己見，互相是非；了得底者，原無二也。大抵儒以正設教，道以尊設教，釋以大設教，觀其好生惡殺，則同一仁也；視人猶己，則同一公也；懲忿窒慾，禁過防非，則同一操修也；雷霆衆瞶，日月羣盲，則同一化風也。由粗迹而論：則天下之理，不過善惡二途，而三教之意，無非要人去惡遷善，所以為善者降祥，為惡者受殃。古德云：「天下無二道，聖賢無兩心。」此言同悟一心者，心能作佛，心能作衆生，心作天堂，心作地獄；心異則千差兢起，心平則法界坦然。若了諸法皆空，無非一心實相，故云「同悟一心」也。

若能返照迴光，皆得見性成佛。

乃結前之義也，在家出家，僧俗男女，俱無實體，若能返照，不逐假相五蘊根塵，然後迴光，自悟本者之性，故結云「皆得見性成佛」也。

又況人身易失，佛法難逢；

此下之文，歎人身容易失，美大法難逢也。易失者，身如朝霜曉露，倏忽卽無；岸樹井藤，豈能長久？難逢者，罕遇也，「大法難逢龜值木，勝緣罕遇芥投針。」譬如優曇華，實為希有也。華嚴經云：「寧地獄中多劫受苦，常要見佛聞法；不願離三途，而生無佛法處矣！」

欲超六道之周流，唯有一乘之徑捷；

此勉行人，欲超六道須仗一乘也。六道者，卽天、人、修羅、地獄、餓鬼、畜生，是也。欲要超越六道，免逐周流者，唯有一乘，是為捷徑之法門也。一乘者，顯般若真空也。所謂，真不立，妄本空，有無俱遣不空空，卽中道一乘，乃為徑捷哉！

須求正見，莫信邪師。

乃科家指示後人，欲究一乘，須得明師指教，方纔無咎也。正見者，直顯中道，不落二邊也。邪師者，不體正道，妄傳邪法也。圓悟禪師示衆云：「嗟見末法之流，拍盲野狐種族，自不曾夢見祖師之道，妄傳達磨，以胎息傳人，謂之傳法救迷情，以至妄引，從上年高宗師，如安國師，趙州之類，皆行此氣得道。及誇初祖隻履西歸，普化空棺而去，皆謂此術有驗，遂至渾身解脫，謂之形神俱妙而去。愚人厚愛此者，怕臘月三十日慞惶，兢傳歸真之法，除夜望影，喚主人翁；以卜日月，聽樓頭鼓驗玉池水，覘眼光，以為脫生死法。此真誑謼閭閻，揑偽造窠，貽高人嗤鄙。復有一種邪見之徒，假託初祖達磨，行此胎息，說趙州十二時別歌，龐居士轉河車頌，遞互指授，密傳行持，以圖長年，及全身脫去，或希三五百壽，殊不知真妄想愛見也，本是善因，返招惡果，不覺墮在荒草，而豪傑俊穎之士，高談大辯之人，往往而信之，是為邪師也。古德云：「歸空邪妄誑愚癡，運氣施功透頂皮；捏目生華稱佛現，糊窻傳法怕人知。通風定與三千棒，泄漏親遺八百鎚；莫學這般男女輩，生逢王難死阿鼻。」悟了方是入頭，行得始能脫俗；

既是正見修行，直須以悟為期，徹法源底，了悟真智，方是入頭處也。脫俗者，既悟此理，須要稱理而修，如說而行，始能脫得俗諦之生死也。永嘉云：「爭似無為實相門，一超直入如來地。」也。

步步踏著實地，頭頭頂掛虛空。

此明行人，既悟此理，了死脫生，不離日用尋常，故行時，脚踏實地，頭上頂掛虛空，不離喫飯穿衣，總是西來妙意。可謂：「念念釋迦出世，步步彌勒下生；分別現文殊之心，動止運普賢之行。」也。

用時，則萬境全彰；放下，則一塵不立。

修行之人，到此田地，能應衆緣，不隨諸有，萬境全彰，一貫之理，可謂：「法法不隱藏，古今常顯露；山河及大地，全露法王身。」也。一塵不立者，若是收來一念元空，諸緣不昧，古德云：「實際理地，不受一塵；萬行門中，不捨一法。」

超生死不相關之地，了鬼神覷不破之機。

此明行人，修行之驗也。果能於諸法中，得大自在，便能超越生死，鬼神難拘，古人道：「若論此事，離心意識參，出聖凡路頭學，千聖難測量，五眼窺不見。」故云「生死不相關，鬼神覷不破」也。

是凡是聖，而同箇路頭；或冤或親，而共一鼻孔。

此明向上一事，凡聖同途，冤親一體，故云：「一箇路頭，一箇鼻孔也。」傅大士曰：「衆生與南無殊，大智不異於愚，何須身外求寶？身田自有明珠，正道邪道不二；了知凡聖同途，迷悟本無差別，涅槃生死一如，究竟萬緣空寂，推求意想清虛；無有一法可得，倏然自入無餘。」

如斯實悟，尚滯半途；

如斯者，乃指法之辭也。斯者，此也，指前來如此真實領悟，猶是第二頭說話也。喚作途路之談，未得到家，故云半途也。

休沉向上三玄，要了末後一著，

休沉者，乃科家與後人拈情，休認前來悟處，皆是三玄邊事，不可執著也。三玄者：體中玄、句中玄、玄中玄，此三玄因機而說，未是聲前之道，故云「休沉向上三玄」也。末後一著者，言當人動靜一著子，超出語言玄妙，似世尊拈華，迦葉微笑，以目前見理分明，謂之末後一著。又如達磨安心，神光覓心，了不可得。亦謂末後一著，此是明佛明祖，末後一著也。若論行人末後之事，平生所作行業，要在臨終捨命之際，一念於理相當，洞明真性，安然脫去者，此是行人末後一著，故云：「休沉向上三玄，要了末後一著」也。

且道：卽今喚那箇做末後一著？

此是審察之辭，急要行人著意參詳，向下露矣！

青山低處見天闊，　紅藕開時聞水香。

此二句，明宗發揚末後一著也。若是行人，向見天闊處，聞水香時，見聞不昧此理，豈不是末後一著？所謂三平禪師，頌云：「見聞知覺本非因，當體虛玄絕妄真；見相不生癡愛業，洞然全是釋迦身。」此是末後句之榜樣者哉！

棄却瓢囊擊碎琴，　如今不戀汞中金；
自從一見黃龍後，　始覺從前錯用心。

此四句，元是洞賓見黃龍，悟道之偈，科家取來，與行人拈情解疑。言洞賓已得神仙，而參黃龍，發明真性，始知仙道，未出三界，縱活千歲，不免沉淪，所以，棄却瓢囊，秉金不戀，自知從前所學仙法，錯用而矣。此述神仙與天齊壽，點鐵成金，尚問道而歸禪，何況尋常生死凡夫，豈可錯過者也。

始知生死是無常，　莫道先從老者亡；
大限到來無定準，　後生年少也隄防。

此是舉前之義者，既明自性真心，方知生死無常也。前二句，警策行人；後二句，行容上義。生死無常者，始自生之少壯，老必形容遷改，病疾摧殘，死即氣絕神往，故云無常。莫道先從老者亡矣，不可定謂老者先亡，少者後亡，若是大限到來，就是後生難逃死苦，故云：「莫待老來方學道，孤墳多是少年人。」

富貴貧窮各有由，　宿緣分定莫剛求；
不曾下得春時種，　空守荒田望有秋。

此四句偈，是如如居士，勸在家人種福田。頌前二句是法，後二句是喻。各有由者，富貴貧窮，各有分定，大藏經通偈云：「欲知前世因，今生受者是；欲知後世果，今生修者是。」取以目前觀之，人生貧富貴賤，壽夭榮枯，種種不同，無非宿業所踐，如前生布施，恩惠於人，今生富貴；前生慳貪，障人布施，今生貧窮。前生殺生害命，今生壽夭；前生不殺，今生壽長。古德云：「富貴貧窮各有緣，身遭危厄總由天；功勳運退翻為罪，善行時衰返作愆。祿少非干愚共魯，家豪不在智和賢；古來貴賤皆由命，萬事無過聽自然。」不曾下種者，猶如春無所種，秋無所收，前世不曾種福，今生豈能得福？故云：「空守荒田望有秋，」此言人生在世，須要廣種福田，種瓜得瓜，種豆得豆，故曰：「春種一粒粟，秋收萬顆子。」人生為善惡，果報亦如此。

修唎修唎，摩訶修唎，

此科淨口業真言，向下十句之文，是科家所立提綱，於每科經文之前，安立南嘉孩之辭，提擧經義，而不亂也。

普供養，我年尼，

此科普供養真言，普供十方三世，一切諸佛，然後供養我年尼者，卽本師釋迦年尼佛，是矣！

将欲誦經，先安土地，

此科，安土地真言，凡欲讀誦此經，必先安慰土地，以求加護也。

金剛菩薩永護壇儀。

此科，八金剛、四菩薩也。壇儀者，卽壇場軌儀也。准千手千眼，觀自在菩薩儀軌經說：今以金剛為外護，菩薩為內護，如此則外魔不能侵，內魔不能起，以斯內外俱淨，可謂修習誦持也。

云何梵舉，發願謹受持？

此科，發願文，稽首三界尊，歸命十方佛，我今發弘願，持此金剛經，然後作云何梵，請佛說法矣！

一相元無垢，　體性離塵緣；　專心持四句，　且要誦真言。

此四句乃科家，復於每段經文之前安此四句，以為要旨，如衣有領，而衣則順故曰：要旨也，前二句，頌理，有何修而不修，持與不持也。所謂一相者，無相之相，名為一相，直指法身真理，元無煩惱垢染，故云「體性離塵緣」也。後二句者，既是受持此經，須當先念真言；斯真言者，是諸佛而密用之心印，持之則功德難量，誦之則現生獲益，故須誦念也。

金剛經啓請，若有人受持金剛經者，先須至心念淨口業真言，然後啓請八金剛、四菩薩名號，所在之處，常當擁護。

此明行人，凡欲誦經，祈求加護者哉。

淨口業真言：修唎修唎，摩訶修唎，修修唎，薩婆訶。

誦此真言者，一切口業悉皆清淨，不誦真言，以恒河水漱，亦不淨也。

安土地真言：南無三滿哆，母馱喃，唵度嚕度嚕，地尾薩婆訶。

此言土地者，即堅牢地神也。凡有三寶建立道場，誦經坐禪講解之處，此堅牢地神，稟報上天，常來擁護，故乃誦此真言也。

普供養真言：唵誐誐曩，三婆嚩，韈日囉斛。

此明行人。念真言時，運心作觀想，此所供之物，用淨法界嚂字真言，及以吉祥手印，加持二十一遍，以為清淨法食，自然周徧法界。手印者：以右手大拇指，與無名指相捻，餘三指皆捨散，次念變食真言：娜謨薩嚩怛他孽多，嚩盧枳帝，唵，三婆囉，三婆囉，吽。行人念此真言，或三遍七遍，或二十一遍，由此真言之力，其所供物，自然變成種種諸天餘餚饍，皆有五種色香上味，一一如須彌山，後念此普供養真言，承斯真言之力，自然普供十方法界，故云：此食色香味，上供十方佛，中奉諸賢聖，下及六道品，等施無差別，隨感皆飽滿。

請八金剛

奉請青除災金剛　奉請辟毒金剛

奉請黃隨求金剛　奉請白淨水金剛

奉請赤聲火金剛　　奉請定除災金剛

奉請紫賢金剛　　奉請大神金剛

青除災金剛者，即青色金剛，能消災厄也。辟毒金剛者，能降伏一切惡毒鬼神，及惡龍獸，損害一切有情也。黃隨求金剛者，即黃色金剛，能令一切所求皆得遂意，為求遷官延壽，福德聰明，錢財妻子，伏藏寶珠，仙藥神通等也。白淨水金剛者，即白色金剛，能清濁水，為除惡業重罪煩惱等，種種災難官事口舌，鬼魅所著，惡星淩逼等也。赤聲火金剛者，即紅色金剛，為求賢聖加護，天龍歡喜，說法辯才，言音清雅也。定除災金剛者，即碧色金剛，能除諸毒灾障，即彼出世間法，欲速滿足福德智慧也。紫賢金剛者，為求聖賢位，皆得遂意也。大神金剛者，為求廣大神通，亦得遂意者哉。

請四菩薩

奉請金剛眷菩薩　　奉請金剛索菩薩

奉請金剛愛菩薩　　奉請金剛語菩薩

金剛眷者，此菩薩，有廣大眷屬也。金剛索者，此菩薩，手持羂索，能縛魔魅也。金剛愛者，此菩薩，能慈愛有情，無不度脫也。金剛語者，此菩薩，能以軟語，勸化衆生也。

發願文：

發願者，教中有行願二途，如云：有行無願，行必茫然；有願無行，願為虛設，須假行願相稱，方得無咎，故乃發願也。

稽首三界尊，歸命十方佛；我今發弘願，持此金剛經。上報四重恩，下濟三途苦；若有見聞者，悉發菩提心；盡此一報身，同生極樂國。

此節之文，未及誦經，先須發願，所謂三界尊，十方佛者，先禮釋迦一佛，次禮十方諸佛也。發願持經者，先發四弘誓願，後乃受持此經也。上報四恩，下濟三途者，此明發願所以，將此歸佛誦經功德，用報四重之恩，普濟三途之苦也。見聞發心者，以今發願持經，是自利之義也，見聞發心，是利他之義也。盡此報身，同生極樂者，斯即總伸回向，凡有誦持見聞讀誦，從此世界報身命盡，神識定生極樂國也。

云何梵？

梵者，梵語，唐言淨也。即梵天離欲空居清淨之義也，世界始成之際，劫初之時，光音天人，來生人間，所出音聲還是梵音，宛轉曲折之音，古時都講維那，於此八句，請法師講說也。

云何得長壽，金剛不壞身？復以何因緣，得大堅固力？云何於此經，究竟到彼岸？願佛開微密，廣為衆生說。

長壽不壞者，卽第一請問也。此文出大般若經長壽品，佛告迦葉言：欲得長壽者，應當護念一切衆生，同一子想，生大慈悲喜捨，授不殺戒，以是因緣，則得壽命無量也。金剛不壞身，文出金剛品，佛言：如來身者，是常住金剛不壞身也。復以何因緣，得大堅固力者，卽第二請問也。佛言：我於往昔以護法因緣，今得成就，金剛堅固，不壞之身也。云何於此經，究竟到彼岸者，卽第三請問也。文出名字功德品。佛言：若有人聞大般涅槃經典，依教修習，能斷煩惱，及諸魔魅，不墮惡趣，故到彼岸也。願佛開微密，廣為衆生說者，卽第四請問也，文出四相品。開微密者，卽口密，謂請佛，廣為衆生說法矣！

開經偈：

無上甚深微妙法，　　百千萬劫難遭遇；
我今見聞得受持，　　願解如來真實義。

前二句，讚美妙法，難遇難遭也。無上者，出世之因，獨為最上，更無過此者也。甚深者，不同世間之法，泛常浮淺，易遇易知，此出世之法，深奧而難遇難解，微妙而難測難思，可謂「萬劫難逢龜值木，千生罕遇芥投針。」後二句，慶幸發願，我今得遇斯經，如貧得寶，似渴逢漿。願解者，即希慕仰望之義，願要曉解，如來真實之理也。

恭聞法身無相，非相可觀，至理絕言，非言所及。

此下之文，是科家所立，以長行為略釋也。法身無相者，即法身無為，不墮諸數，故云無相；雖言無相，不同斷滅之無，一向全無也，此即無相之相，名為實相，故云非相可觀。如云：「三光猶未照，五眼尚難窺。」至理絕言者，至者是揀別之義，不同對事之理，而有名相言說。名是言之路，相是心之路，法身至理，既無名相，故乃絕言也。如云：「言語道斷，心行處滅。」是矣！

蓋以，因興四願，果滿三身，酬願現身，彰言化物。

前節明理中絕言忘相，此節明事上，四願三身。科家意謂：蓋以我釋迦佛，於因地中，興起四願，即四弘誓願也。經歷三大阿僧祇劫，方成佛果，乃感三身也。三身者：即法報化是也。佛初成道，乃現三身：一、毗盧遮那，即清淨法身也。二、盧舍那，即圓滿報身也。三、釋迦牟尼，即千百億化身也。又化身所被之機，優劣不同，故能被之化身，復有三者：一、大化身現千丈，被大乘四加行等菩薩也。二、小化身現丈六，被三資粮位，菩薩與二乘，凡夫也。三、隨類化身，卽三根普被，六趣皆霑，如為拘尸羅長者，現三尺身是也。酬願現身者，酬昔因中之願，故現三身，須假彰顯言教，化生利物，物雖性分本有，必假明師指示，故曰：「譬如暗中寶，無燈不可見；佛法無人說，雖慧莫能了。」也。

我釋迦聖主，利物情深，愍娑婆流浪之鄉，讚嚴土常樂之界。

前文，總顯諸佛出世，皆因四願而現三身也。此獨言釋迦，居此穢土，以利物情深，故處娑婆；梵語娑婆，唐言堪忍。此五濁惡世，有種種苦，一切衆生，甘心忍受，不生厭離，故云堪忍。如水之東流，波浪之相接，去而不返，滅而復生。佛愍此苦，諄諄勸導也。讚嚴土者，如大彌陀經，而釋迦如來，廣說殊妙奇特之事，又說四十八種清淨大願，十方恒河沙數諸佛，讚歎阿彌陀佛，不可思議功德，又小彌陀經中，六方諸佛，出廣長舌，說誠實言：「汝等當信是稱讚，不可思議功德也。」嚴者，莊嚴也。其土之中，宅宇宮殿，樓閣池流，華樹等，悉以無量雜寶，百千種香而合成之，此是一種莊嚴。其餘莊嚴，亦有無量，常樂者，無央數劫常受快樂，故云「讚嚴土常樂之界」也。

國名極樂，佛號彌陀；四十八願弘深，百萬行門廣大。

小彌陀經云：「爾時佛告長老舍利弗：從是西方過十萬億佛土，有世界名曰極樂，其土，有佛號阿彌陀，今現在說法。舍利弗！彼土何故名為極樂？其國衆生，無有衆苦，但受諸樂，故名極樂也。」四十八願者，願有通別二願，前來四願，諸佛共發，為通願也。此則別願，如藥師佛十二上願，亦別願也。今四十八願者，無量壽經云：過去久遠劫前，有佛出世，名曰錠光，乃至五十三佛，名世自在王佛，其佛廣為法藏比丘，說二百一十億佛刹莊嚴之事，而法藏比丘聞已，皆悉覩見，遂取諸刹中，無量無邊莊嚴中，最上微妙清淨殊特莊嚴，總為四十八種，而成四十八種大願，此願則總二百一十億，佛刹莊嚴也。百萬行門廣大者，爾時法藏比丘發是願已，是故入三摩地，經歷阿僧祇劫，行菩薩行，故云「廣大」者矣！

雙明真化，應接高低，地前地上皆生，是聖是凡俱往。

雙明者，明真應身，化應身，即勝應劣應也。應接者有能應、所應、能接、所接，高低普應也。地前地上皆生者，佛告彌勒云：此界有七百二十億，不退轉地菩薩，往生彼刹，次如彌勒者，皆當作佛，及修習少功德者，不可勝計，皆當往生也。聖凡俱往者，意云：不但地前地上菩薩往生，乃至四聖六凡，俱同往生彼剎也。

彌陀緣願，於是彰焉，淨土真詮，由斯顯矣！

彌陀緣願者，緣即因緣，是彌陀於世自在王佛所，初聞法出家等因緣也。願者，即四十八種大願也。於是者，即指法之辭，指經中所說，彰然而明，顯然而著矣。所謂真詮者，即實有之說，故曰「真詮」者矣。

經來自久，久缺宣傳，奉報佛恩，當明經旨。

乃是科家，指金剛經，自漢唐而來，故曰自久。雖有註釋偈頌者，未有結歸指示安養，故云，久缺宣傳也。奉報佛恩者，此是科主，致斯科文，略顯淨土法門者，只是用報釋迦如來，開導之恩也。當明經旨者，以行人雖達此法門之高勝，必須當要發明經中旨趣，此是自問，下文自答者也。

透關妙達如來境，　　及第高登本分鄉。

此二句，乃是結類前義之辭也，科家意云：佛祖言教，只明唯心淨土，本性彌陀，行人不明自己靈光，透過語言文字，故云關也。若得根塵頓脫，靈光獨耀，西方東土，淨穢何殊？室地荊棘，本來不異，此謂妙達如來境也。及第者，如禹門三級浪，魚跳過者，成龍而去，謂之及第。以此比類將來，須要行人，妙達佛心，單明自性也。本分者，自性分中，未有之極樂，故云「本分鄉」也。

佛在靈山莫遠求，　靈山只在汝心頭；
人人有箇靈山塔，　好去靈山塔下修。

此四句，是科家，當面拈出本有之靈山，本有之佛性，要人莫向外求，遠指佛在靈山，近指佛及靈山，總在汝心，是謂心佛不二也。人人有者，乃科家，廣為開示，不但一人獨有此佛此山，乃至四生六道人人皆具也。好去靈山塔下修者，要人努力勤修，向五蘊身中，識取無位真人也。下文而顯，勤修之驗矣！

外道天魔皆拱手，　梵王帝釋為呈祥；
願今合會諸男女，　同證金剛大道場。

此四句，明行人識得自心是佛，於二六時中，行住坐臥，心心念念，對境無情，好也是佛，惡也是佛，若能如是，感得外道天魔，拱手歸降。梵王帝釋，呈祥獻瑞，所謂「天龍恭敬，神鬼欽崇」。願今合會者，行人既有如斯利益，普令合會男女眾等，同證心佛不二法門，金剛般若大智，故云「同證金剛大道場」也。

早起忙忙直到昏，　不愁生死只愁貧；

饒君使盡千條計，　直至無常不稱心。

此四句，明一切衆生，貪染無厭。法句經云：舍衛國中，有一婆羅門，自造前雅後堂，涼臺溫室，老年八十，猶自經營。佛觀老人不久命終，佛生憐愍，令其聞法，存沒皆益。遂往其家慰問老翁，得無勞倦？復問此何房室？老翁答曰：「前雅待客。」又問：「此何所安？」答曰：「後堂自處，東西廂房，男女大小，財物僕使居之，夏上涼臺，冬潛溫室，唯此距陽此舍未了。」佛言：「久聞宿德，思遲談講，吾有要偈，存亡利益，特來勸勉。」答曰：「欲得暇隙，後日再來，共相論之。」再三止佛，佛卽回去，未遠，老翁自授屋椽，椽落翁頭而死，一家啼哭，佛言：「愚之甚也，死在目前，尚不回心，何由出離生死？」故云「直至無常不稱心」也。科主，引經之義，比類一切羣生，從早旦至昏夜，不念生死，只愁貧窮，使心用計，直至無常，不稱其心矣！

般若大教六百餘卷，佛如來金口宣。

此一節，乃提綱之文義，發明八部般若，共六百有二卷，總二十萬偈頌，唯一般若大智，演說八十一科，獨顯真空之理也，佛金口宣者，其餘六百卷，多有佛勅聲聞人，轉教菩薩所說，此一卷金剛經，是佛親口自說，故云「佛如來金口宣」也。

六朝翻譯，東土流傳。

六朝翻譯者，言此一卷金剛經，歷六朝翻譯也。一、姚秦三藏鳩摩羅什，於弘始五年，在長安草堂寺，譯成十五紙，名「金剛般若波羅蜜」也。二、元魏菩提流支三藏，於天平二年，在洛陽，譯成十四紙，亦名「金剛般若波羅蜜」也。三、陳朝真諦三藏，於太康元年，在金陵郡，譯成十四紙，名「金剛斷割般若波羅蜜」也。四、隋笈多，開皇十年，於洛陽，譯成十六紙，亦名「金剛斷割般若波羅蜜」也。五、唐玄奘法師，於貞觀二十二年，在玉華宮，譯成十八紙，名「能斷金剛般若波羅蜜」也。六、唐義淨，於證聖二年，在佛授記寺，譯成十二紙，亦名「能斷金剛般若波羅蜜」也。故云「六朝翻譯」也。翻者，翻梵言，成華言，故曰翻也。譯者，以彼之有，譯此之無，故曰譯也。東土者，以西天指此國，為東土也。譯出此經，傳於天下，教法通行，故謂流傳也。

頻頻持誦，四句真詮；無為福勝，果報利人天。

此文，明此經流通之處，若有行人，慇懃持誦，只以四句之偈，乃是無為之福，所得功德，世世生生，常在人間天上，受用無盡，故云「無為福勝果報利人天」也。此經中，凡五處，以七寶布施功德，皆不及四句之福，布施是有漏，持經是無漏，故云「無為福勝」也。

稽首三界主，　大孝釋迦尊；　累劫報親恩，　積因成正覺。

稽首者，周禮有九品，此卽一也。稽者，以首至地，稽留少時，如臣拜君之禮也。大孝者，呈上句，兼讚詞云：大孝釋迦之尊也。轉句，行容大孝之因，佛於無量劫中，在四生十二類，處處行孝，如闍提，割肉供親，睒子，侍盲父母，鸚鵡，啣穀等之大孝。至於成佛，迦維省父，忉利寧親；舉愛道之床足，擔淨飯之金棺，謂累劫報恩也。結句，乃大孝之果矣。茲以累劫孝行之因，今感成佛之果，儒謂「孝乃百行之先」，釋謂「孝為萬行之本」，故云「積因成正覺」也。

此經乃大乘教，菩薩摩訶薩，人之所修。

此經者，指此金剛經，乃大乘終實之教也。大以揀小為義，乘以運載得名也。大乘有二種：一、大乘始教，但說諸法皆空，未盡大乘法理，故名為始，以始入大乘也。又五時中，第三方等大乘，方正平等，三根普被，四教並明故，二大乘終教，說如來藏，隨緣成阿賴耶識，緣起無性，一切皆如，定性二乘，無性闡提，悉當成佛，方盡大乘至極之說，故名為終。又名實教，以稱實理，故名為實。此般若經，即五教中，終實教攝也。菩薩者，即地前地上菩薩也；地前菩薩修大乘始教之法，地上菩薩，修大乘終實教之法也。教中道：「菩薩清涼月，常遊畢竟空；衆生心水湛，菩提影現中。」

般若為六波羅蜜之最勝者也，所以名為般若波羅蜜。

以施戒忍進禪智之六度，唯智般若波羅蜜為總也。如有女人端正巨富，若無夫主所守護者，易為惡人之所凌辱；布施等五度，亦復如是，若無般若威力之所攝持，易為魔壞，故云最勝者也。所以者，因此智度，為六度之主，故立此般若波羅蜜，以為題名也。

故下經云：如來為發大乘者說，為發最上乘者說。

引經之義證此，釋成上文。此經乃為大乘菩薩人，所修而說也。為發最上乘者，釋成上文，般若為最勝，佛為最上乘圓頓教菩薩人而說也。

以此佛說，大般若經，有六百卷，凡一十六會。此經，乃第五百七十七卷，給孤獨園，第二處，第九會，說也。

乃是科家，敘佛說此般若，卷數處所會名，如斯來例，明白者矣。

所以道：昔日如來金口演，至今拈起又重新。

所以道者，是科家自謂。既是佛說般若，我所以科文又道也。昔日者，明佛在給孤獨園，說此般若金口親談。至今者，自佛說經之後，至大宋第十四帝，理宗淳祐二年，立此科儀，如佛在世，重宣一遍相似，故云「至今拈起又重新」者也。

此經佛說數千年，　無量人天得受傳；
憶得古人曾解道，　更須會取未聞前。

前二句，明此經，自佛說此經以來，至宋淳祐間，三千二百二十餘年，故云數千年；詣我大明嘉靖，四千年有餘。此經受持傳寫，或人我天，而有無量無邊，傳之不盡，故云：流通天上人間，普徧微塵剎海也。後二句，顯衲僧境界，憶得古人者，言此經人人有一卷經，莫向外求，要人聲前領旨，句外明宗，故永明云：「若欲研究佛乘，披尋寶藏，一一消歸自己，言言冥合真心；但莫執義上之文，隨語中生解。只須探詮下之旨，契會本宗，則無師之智現前，天真之道不昧矣！」

人間陽壽真難得，　一寸光陰一寸金；
莫待老來方學道，　孤墳盡是少年人。

此四句偈，歎世無常也。初句，嘆光陰易度，壽不久留，次句勉人過一寸光陰，如一寸金相似，須要貴重覺照，不可空消歲月，虛喪光陰，不見古人道：「尺璧非寶，寸陰是競。」三句，意謂修行不在老少，生死豈在朝夕，古德云：「一盞孤燈照夜臺，上床脫了襪和鞋，三魂七魄夢中去，未委明朝來不來。」結句說出生死，不揀年少，所以「孤墳多是少年人」也。

在家菩薩智非常，　鬧市叢中作道場；
心地若能無罣礙，　高山平地總西方。

起句，言在家之人，行菩薩六度者，是有智之人，如維摩龐居士是也。故如如居士曰：身不出家，心出家者，敎中謂之菩薩。所謂「在欲行禪知見力，火中生蓮終不壞」。般若經云：「菩薩俱有妻子眷屬，而修菩薩行；或有菩薩，先受五欲，而後厭捨，勤修梵行；或有菩薩，方便善巧，為欲成熟諸有情故，示受五欲，而實無染著。」次句呈上義，言非常人智之所以，要行人向鬧市叢中，為修道之場，可謂：「是非海裡安身，荊棘林中著脚。」後二句，是科家，分明指示，徹底掀翻，若心地於諸緣無染，於萬境無情，了無罣礙，或隱高山，或居平地，總是西方淨土，所謂：「淨土周沙界，云何獨指西？心心常不昧，處處是阿彌。」故曰：「高山平地總西方」。

金剛般若體如如，翠竹黃華滿路途；
八百餘家呈妙手，大家依樣畫葫蘆。

初句意謂：智之大體，卽是真如。蓋真如體上，自有本智，能知動靜也。次句指出真如智體，徧在一切色非色處，所謂：「青青翠竹，總是真如；鬱鬱黃華，無非般若。」三句，言八百餘家者，羅什門下，有八百學徒，秦主勅僧肇等八百沙門，咨受什旨，翻譯經論，三百八十卷，八百人中，有四聖：道生、僧肇、道融、僧叡。又有十哲：加曇影、慧嚴、慧觀、僧䂮、道常、道標。於弘始五年，在草堂寺，譯出此經，故云八百餘家。所言呈妙手者，美八百家，善通華梵，單譯重翻，度語潤文，依經繩墨，文義精明，皆合佛意，故褒云妙手也。結句，言依樣畫葫蘆者，是貶也。謂八百人，雖皆妙手，總是依經解義，如依樣畫葫蘆相似。科家要人，向如來所說經文之外，薦取本有之智，且道何者是本有之智？「金剛般若體如如，翠竹黃華滿路途」是矣！

金剛般若，人人本具，割斷智為初；白雲散處，一輪顯露。

前文總判六百卷般若，此文別判此經題目，金剛般若波羅蜜經八字，故以法喻雙彰，指歸當人也。割斷智為初者，約喻義以為名。以金剛鋒利，故能斷一切，喻般若智最利，能斷煩惱，即六譯中，第三真諦，第四笈多，同譯為斷割；第五玄奘，第六義淨，同譯為能斷也。白雲散處者，前文言金剛般若是體，割斷為用，此二句，言用之功効，故喻雲散月出，妄盡真顯耳。

影落千江，無來無去；諸人薦取，凡聖一同居。

呈前妄盡真顯，如雲散月孤，此文喻若水澄月映，來去無情，水不曾天上邀月來沉於水，月不曾天上而來投於水底。如云：「心如皎月連天淨，性寂寒潭徹底清」，所以無來無去也。後二句，是科家分明指示，我前來如此法喻分明，說出此理，汝諸人何不薦取去，方知凡聖一體，事理無別，故云「一同居」也。

摩訶大法王，　無短亦無長；　本來非皂白，　隨處現青黃。

摩訶大者，乃華梵兼舉也。法王者，指般若智為王，於一切法自在，內不為根識所埋，外不為塵境所惑，故云自在。此心王之體，無長短之相，無皂白之色也。隨處現青黃者，此之心王，雖無色相，內含三類種子，遇境逢緣，而能變現，根身器界之法，故云「隨處現青黃」也。

經 金剛般若波羅蜜經

此經，以法喻名題，金剛是喻，般若是法也。金剛者，金中精堅者也。剛生金中，百煉不銷，取此堅利，能斷壞萬物也。梵語般若，唐言智慧，性體虛融，照用自在，能斷絕貪嗔痴煩惱，一切顛倒之見也。梵語波羅蜜，唐言到彼岸。不著諸相，得證涅槃，卽到彼岸，若著諸相，輪迴生死，卽是此岸。欲至彼岸，須憑般若也。經者，徑也，此經，乃見性成佛之徑路也。

宗鏡云：只這一卷經，六道含靈，一切性中，皆悉具足。

宗鏡二字，以古金剛註文，元是如如居士顏丙所註經題之文，只這一卷經，六道含靈，乃至明了自性是也，從免逐輪迴，不為六根六塵，乃至心華發明在甚麼處。此之一段，是宗鏡所說之文，乃科家善能點化，裁長補短，續成一段文義，祇是於人發明自性也。只這一卷經者，不但六道具足，乃至情與無情，悉皆具足。華嚴經云：「有一大經卷，量等三千界；在一微塵中，一切塵亦然」也。優曇老祖頌曰：「一卷真經念處真，言言流出盡黃金；幾多紙上尋文義，錯過西來佛祖心」是也。

蓋為受身之後，妄為六根六塵，埋沒此一段靈光，終日冥冥，不知不覺。

此是科家自伸問答之辭，曰既是此經具足，如何不似聖人，放光動地？故答：蓋為受身之後，妄被根塵埋沒。妄者，非真實之有也。心經云：「是故空中，無色，無受想行識，無眼耳鼻舌身意，無色聲香味觸法。」此明般若體上，既無根塵，故云：「妄為六根六塵埋沒。」古人道：「可惜無價之寶，隱在陰入之坑；何日得靈光獨耀，逈脫根塵去也。」終日冥冥者，言此衆生雖具此經，背覺合塵，迷己逐物，故云「不覺不知」也。

故我佛生慈悲心，願救一切衆生，齊超苦海，共證菩提。

故者，所以也。因衆生本具，此段光明，迷惑不知，所以佛興四無量心，慈能與樂，悲能拔苦，願救一切衆生，起四弘誓願，化五乘衆生也。苦海者，以生死苦無邊，故喻如海，故我佛出世，種種言教，普令齊超苦海，共證菩提之道也。

所以在舍衛國，為說是經。

所以者，結前也；為說者，生後也。茲因前來衆生，以本有之經，埋沒不知，所以為說此經，發明本有之智也。

大意，只是為人解粘去縛，直下明了自性，免逐輪迴，不為六根六塵所惑。

大意者，明佛說此金剛經，大端主意，要人解去，我人眾生四相，及於我所，直下明了真空之性，超出輪迴，不被根塵所惑也。粘縛者，眾生認我，則六根粘湛；妄認我所，則六塵拴縛。我尚空無，根塵何有？我法兩空，故云「解粘去縛」也。我粘既解，法縛既去，自性既明，輪迴自免，六根六塵，自然不能所惑也。

若人具上根上智，不撥自轉，是胸中自有此經。

此是科家，勉勵行人也。若是上根之人，不撥自轉者，靈機活落，不勞指撥，不假佛祖言敎，向自己胸中，拈出此經，可謂「不從千聖借，豈向萬機求。」如云：「一生慵懶作，憎重祇便輕；他家學事業，余持一卷經。無心裝標軸，來去省人擎；應病則說藥，方便度衆生；但自心無事，何處不惺惺。」斯亦胸中自有此經也。

且將置三十二分，於空閒無用之地，亦不是過，

乃是科家與人拈情也。恐人向此經上作活計，故將此三十二分，置於空閒之地，亦不是過。欲使行人離言說，捨筌罤，直下薦取本有真經矣。

如或未然，且聽山埜，與汝打葛藤去也。

此是科家先奪後縱也。未然者，如或未薦本有之經，且聽山埜，與汝鋪舒梗槩，註解分明。如云：「若有中流之士，未能頓超，且於教法留心，溫尋貝葉，精搜義理，傳唱敷揚，報佛恩德。」故云「打葛藤去也」，凡有語言文字，謂之葛藤也。

夫金剛經者，自性堅固，萬刼不壞，況金性堅剛也。

金剛者，標喻也。以自性堅固，萬刼不壞，故比況金性堅剛，引喻論云：「帝釋金剛寶，能滅阿修羅；智碎煩惱山，能壞亦如是。」

般若者，智慧也。

梵語般若，唐言智慧，是故如來，以智慧力，鑿人我山，以智慧因，取煩惱鑛，以智慧火，煉成佛性也。

波羅蜜者，登彼岸義也。

梵語波羅蜜，唐言到彼岸，迷則此岸，悟則彼岸者矣！

見性得度，卽登彼岸，未得度者，卽是此岸。

此乃解釋登彼岸之義也。若見自性，度生死流，登涅槃之岸也。

經者，徑也。我佛若不開箇徑路，後代兒孫，又向甚麼處進步。

諸家解釋，經之一字，以貫攝常法，四字註解。今科家以徑之義，而釋經者，引喻指示，如遠行人，依徑路而進，則無顛險迷錯；此比修道行人，依經中般若智而修，則得成佛。故云「我佛若不開箇徑路，後代兒孫向甚麼處進步」也。

且道這一步，又如何進？

撒手懸崖下，分身萬象中；頭頭元是道，法法現真容。

看取下文提綱：

此一著語，分明指示，要人著眼薦取。

此經深旨，無相為宗，顯妄明真。

此是科家將此經深旨，從頭解釋，以無相為宗，即無住也。以明真為用，顯妄體本空，真理自顯也。此經深旨者，即所詮真理，不屬有為，故云無相。顯妄者，不言斷妄明真，却云顯妄明真者，蓋妄即真，故如波即水，不必離波求水，故云顯妄明真也。

提綱要旨，斂鋒微露，掃萬法之本空。

提綱要旨者，以般若真空，為此經提綱緊要之旨，如網有綱繩，衆目不亂也。

劒鋒者，喻般若大智慧劒，能斷衆生我人壽者四相，掃除凡夫二乘，人法執情，故云「掃萬法之本空」也。

心華發明，照五蘊之非有，

心華者，心喻理，華喻身，人人本具此心，被五陰身蓋覆，所以不明此心；今以此經般若智，照破五蘊非有，顯出真心之體，故經云：「觀自在菩薩，行深般若波羅蜜多時，照見五蘊皆空，度一切苦厄。」是也。

直得雲收雨霽，海湛空澄；

雲收者，喻人空理也。呈上照五蘊之非有，而空我執之情也。雨霽者，唯顯一色晴空，譬般若智顯也。海湛者，喻法空理也。言大海波浪，以喻諸法，今言海湛者，波浪息矣！喻諸法皆空，則法執破矣！故上文云「掃萬法之本空」也。空澄者，海既澄清，十方虛空，現於海中，空海不分？虛融湛寂，上下交映，朗然無別，此是人法兩空，混元之體相也。

快登般若慈舟，直到菩提彼岸。

此是科家誡勉修進之義。快者，速疾也。慈航者，喻般若智，為慈航也。菩提彼岸者，喻本覺真心也，要人登般若之舟，而出生死苦海，直到涅槃之彼岸矣！

且道心華發明，在甚麼處？
乃是科家，徵審前義之辭。前文以般若智，掃除萬法，心華發明，照破五蘊。此云發明之後，向甚麼處安身立命？此是問義，要人著眼。
太湖三萬六千頃，　月在波心說向誰。
此是科家，伸答上文之義，分明指示安身處，唯要學人自惺也。誌書云：「五湖者：一、太湖，二、謝陽湖，三、洞庭湖，四、丹陽湖，五、官亭湖，又名彭蠡澤，今鄱陽湖是也。太湖周五百里，有三萬六千頃，水面長八百餘里，只見日月出沒水上，故云「月在波心」也。說向誰者，喻上文「心華發明向甚麼處」，到此言語道斷，心行處滅也。如云：「月到天心處，風來水面時；一般清意味，料得少人知。」
法王權實令雙行，　電捲風馳海嶽傾；
霹靂一聲雲散盡，　到家元不涉途程。
法王者，言佛於諸法自在，謂之王也。出現世間，說權實教，以權智能說法，以實智能證理。非權無以說法，非實無以證理；前二十年言權教，後二十年言般若，權實並進，故云「令雙行」也，電捲者，明佛說般若時，直顯真空，掃除萬法，如電捲風馳，海竭山碎也。霹靂一聲者，喻般若現前，心外無法，如雲散長空，心月獨朗，唯一真智，無證無修，本來具足，所以「到家元不涉途程」也。

西方淨土人人有，　不假修持已現前；
諸上善人如見性，　阿彌陀佛便同肩。

前二句，言淨土唯心不從外得，人人皆有不待修持，自然現前，所以淨名云：「心淨卽佛土淨」是也。後二句，言自性彌陀，若能見得，不離動用，故傅大士云：「夜夜抱佛眠，朝朝還共起；起坐鎮相隨，語默同居止。纖毫不曾離，如身影相似；欲知佛去處，只這語聲是。」

無始無明幻色迷，　夢魂生死幾千迴；
一條直路超三界，　但念彌陀歸去來。

無明者，乃十二因緣之首，此流轉門也。無始者，言最初無明，不覺生三細，境界為緣長六粗。自無明緣行，行緣識，識緣名色已來，名為幻色，是無明所幻之色。既有一迷，執之為我，便有我所，因我所故，起惑造業，受種種身；過去因，現在果，現在因，未來果，相續不斷，死了生，生了死，如夢中作夢相似，不知幾千迴，只在三界無因得出，故科家慈悲太切，指出方便之門，故云：一條直路超三界，無曲遶也。此法門，名為橫出三界，但有信願念佛，決定往生，故云「但念彌陀歸去來」也。

銷釋金剛科儀會要註解卷第二（終）

釋音

爰（音原為也於也）握（音岳）帙（音直小囊也書衣也）蔀（音部草名）鐫（音鐫鑽也尖□錐也）愔（音因安和皃悅皃）氈（音□毛布）鑿（音作穿也）簒（音纂沮類也又鑽上聲）茝（音臣草名也）碩（音石天也）懇（音墾悲也誠也信也）涘（音士水涯也）肘（音帚臂節也）閬（音浪）苑（音遠養禽獸園也）挨（音矮推也）撥（音雜逼—也）瞥（音撇目—也）剩（音勝不啻也）誚（音肴言不恭謹也）訛（音囮謬也舛也）綟（音利）刎（音吻割也）矜（勤經二音）潺（音説—湲流皃）髑（音獨—婁頭也）髏（音婁髑婁也）瑗（音願玉名也）滯（音致凝也淹也）筋（音斤肉之力）疲（音皮乏也勞也）鑊（音活鼎—也）娛（音魚樂也）掣（音徹挽也）汾（音焚）隰（音習下濕也）啖（音淡）鱠（音貴魚膾細切肉也）蕚（音鄂花鄂也）庖（音袍）縻（音迷牛迷也）絆（音辨羈—也）鱉（音別俗鼈也）啄（音卓鳥食也）罩（音掉）撤（音摺剝也）陂（音卑澤鄣也池也）雱（音滂雪盛皃）譴（音欠讁問也責也）廄（音救—馬舍

也）笟（音罩篱也）脇（音協身左右腋下也）誕（音旦大也天子生日降旦）餌
（音貳食也餅也餻也）齡（音零）鄂（音惡口中上惡也）詰（音乞治也問罪也
）軾（音式車前軾又兵車也）姬（音基皇帝居其水以為姓）偉（音葦）許（音
結攻人之陰私也）牾（音悟相觸也逆也）蕃（音煩茲也息也又音番屏也）躡（
音聶踐也）筇（音窮竹名為杖）皴（音逡皺也）輝（音軍足折裂也）弭（音米
息也忘也止也）葦（音委葭也）謚（音示諫行之號又音益笑皃）裰（音鐸補鐸
被衣裳也）塢（音五村五也）裤（音褲脛衣也亦作）逶（音威迱也行皃）迤（
音以邐也又音移）嵐（音蘊大風也）湫（音瞅水多又音秋）涸（音霍水竭也盡
也）襁（音講褓負兒衣也織縷為之廣八寸長二尺以負兒於背二也）褓（音保小
兒衣也）轍（音褶車行迹也）洶（音凶）蝙（音編—蝠亦名蠘蠼亦名仙鼠又名
服翼）蝠（音幅蝙—也）斃（音被仆也顏也止也敗也壞也）薨（音轟王逝也）
悼（音到惧也儀禮云七一曰悼也）唼（音雜）嚙（音交齧也）緇（音支黑色也
）謐（音密靜也）倏（音東光動也）捷（音節）閭（音盧）貽（音移玄□也）
嗤（音痴）嚩（音縛）鞿（音譏）嚂（音爛）娜（音那上聲美皃）謨（音模議
謀也）餚（音肴饌也）孽（音業妖也又姓也）罥（音絹佳也係取也）隙（音乞

壁孔也裂也門也）叡（音泣明也聖也智也與睿同）畧（音略利也）鄱（音婆豫章有鄱陽縣）蠡（音离句傳有谷离主谷又音鹿）距（音巨雞距也）酢（醋昨二音）誄（音畾累也）萇（音長詩曰隰有長楚蔓生如桃）囮（音由）奩（音連香車也）衢（音迮真也正也）諄（音衢誠衢正也）。

銷釋金剛科儀會要註解卷第三

姚秦三藏法師　鳩摩羅什　譯
隆興府百福院　宗鏡禪師　述
曹洞正宗嗣祖沙門　覺連　重集

法會因由

斯謂標舉提綱科文釋義之辭，乃依昭明太子所判，謂之法會因由分第一，言此說法之會，皆因佛入城乞食之由也。

教起根源

此四字，就是解釋法會由因之義也。法卽教法，會卽人天衆會。欲得教法興起，必須會集人天。因由，卽根源也。

如是法，我佛宣。

此科，如是我聞，今言我佛宣者，當爾之時，佛將入滅，阿難請問四事云：「經首當安何名？」佛言：「安如是我聞。」是佛親口自宣說也。

舍衛國中，乞食為先。

此科，一時佛在舍衛國，與千二百五十人，入舍衛大城乞食，故云「乞食為先」矣。

次第乞已，本處安然結跏趺坐，終日默無言。

此科，佛入城中，次第乞食，佛心平等，不揀貧富，令人均種福田也。本處安然者，此科還至本處，飯食已訖。結跏者，此科收衣鉢洗足已，敷座而坐，即敷尼師壇而坐也。終日者，佛乃無言入定也，前乞食以資色身壽命，此入定以資法身慧命。又乞食令他種福，說法令他覺悟，是利他之道；入定乃返本還源，自受法樂，是利己之道也。

金剛般若智，　箇箇體如然；　白雲消散盡，　明月一輪圓。

起句，是法喻齊彰，乃唐梵雙擧，呈句明般若之智，人人本具也。白雲消散者，以般若智，照破五蘊，能空四相，猶如白雲消散盡，而顯明月當空也。

姚秦，三藏法師鳩摩羅什譯。

姚秦者，即後秦姚氏也。三藏者，即經律論三藏也。法師者，傳譯弘通之人也。鳩摩羅什者，略梵語具云「鳩摩羅琰者婆」，此云「童壽」，謂童年有老成之德；什者，以斯法師，深通此方文字，華梵兼擧，故稱羅什。譯者，翻梵語成華言也。

○法會因由分第一

經「如是我聞！一時佛在舍衛國」至「洗足已敷座而坐。」

註曰：如是者，指法之辭也。如是之法，我從佛聞。一時者，説此般若之時也。舍衛者，卽波斯匿王，所居之國也。祇樹者，祇卽匿王之太子，祇陀名也。樹是祇陀所施，故云祇樹也。給孤者，有一長者，名須達拏，常施孤獨貧窮，故云給孤獨也。園者，惟祇陀太子有園，長者欲買建寺，太子戲曰．「若布金滿園，我當賣之。」須達運金，布八十頃園而滿，是太子不受其金，同建精舍，請佛説法，故曰「祇樹給孤獨園」也。大比丘者，言得道之深，乃菩薩阿羅漢之類也。千二百五十人者，優樓頻螺等五百人，那提三百人，伽耶二百人，舍利弗一百人，目犍連一百人，耶舍長者五十人，故云千二百五十人俱也。爾時者，彼時也，佛為三界之尊，故為世尊。食時者，正當午前，將行乞食之時也。著衣持鉢者，著僧伽之衣，卽二十五條大衣也。持鉢而持四天王所獻之鉢也，入城者，寺在城外，故云入也。乞食者，佛是金輪王子，尚自乞食，為欲敎化衆生，捨離憍慢也。又為後世比丘，不積聚財寶也。於其城中次第乞者，如來慈悲，不擇貧富，平等普化也。還至本處者，乞食而歸也。飯食已畢，收衣鉢洗足者，謂收起袈裟於鉢盂，然後洗足，以佛行則跣足，住則必洗也。敷座者，乃敷設高座而坐入定也。天台智者頌曰：「法身本非食，應化亦如然；為長人天福，慈悲作福田。收衣息勞慮，洗足離塵緣；欲證三空理，加趺示入禪。」

調御師，親臨舍衛，威動乾坤；阿羅漢，雲集祇園，輝騰日月。

調御者，十號之一也。親臨者，降臨赴感，有威可畏，有儀可則，即正容悟物也。梵語阿羅漢，華言殺賊，謂殺煩惱賊，即千二百五十之衆，如雲而來集於祇園，各各神通變化，光明洞達，故云輝騰日月也。

入城持鉢，良由悲愍貧窮，洗足收衣，正是宴安時節。

入城次第行乞，是佛悲愍之心，令其種福。洗足者，前入城行乞，是利他之意也。此收衣宴坐，是利己之意也，故云「宴安時節」也。

若向世尊，未擧已前薦得，猶且不堪；開口已後承當，自救不了。

此是科家，以祖師門下之機，單明向上一路。若向世尊未擧已前會得，可謂釋迦不出世，四十九年說，達磨不西來，少林有妙訣，於斯薦得，猶且不堪，若向世尊開口已後承當，依文解義，紙上鑽研，思慮而知，意解而會，故云，自救不了也。

宗鏡急為提撕，早遲八刻，何故？

科家意云：我前來與諸人，提持此事，還是遲了一時也。一時者，八刻為一時。又云：晝夜十二時，總一百刻，每時八刻，還有四刻，在子午卯酉時中也。何故者，重審之辭也。重審上義，何故不堪，何故不了，又遲八刻者也。

良馬已隨鞭影去，　阿難依舊世尊前。

良馬者，昔外道問佛：「不問有言，不問無言。」世尊良久，外道讚歎曰：「世尊大慈大悲！開我迷雲，令我得入。」乃作禮領會而去。阿難白佛言：「外道得何道理，稱讚而去？」佛言：「如世良馬見鞭影而行。」科家引此之義答之，若向世尊未舉已前，會得此理，如外道向默領悟，似良馬已隨鞭影去也。若向世尊開口處，承當此理，如阿難依舊向世尊，言上尋討也。

乞食歸來會給孤，　收衣敷座正安居；
真慈洪範超三界，　調御人天得自如。

前二句，頌佛儀範；後二句，令人傚效，悉獲利益，真慈者，讚佛也。佛真三界之師，四生之父，若人做效承襲乞食，說法利生，卽得超出三界，調伏御化一切人天，一切有情，皆成佛道，得自如也。

西方寶號能宣演，九品蓮臺必往生；

直下相逢休外覓，何勞十萬八千程。

前二句，依教而修，若能專心，持念彌陀聖號，必得往生九品蓮臺也。後二句，消歸自己，莫向外求，直下相逢，自性彌陀，唯心淨土。優曇云：「自性彌陀無別念，佛行佛坐佛同眠；自從這裡相逢後，彈指高超八萬千。」

百歲光陰瞬息迴，其身畢竟化為灰；

誰人肯向生前悟，悟取無生歸去來。

前二句，歎無常迅速，身不久留，如目睛一瞬，氣息一出，言百歲光陰，剎那便過也。其身畢竟者，此身畢竟化為灰塵，識心隨業牽去也。後二句，既是此身不久，終歸變滅，好向生前悟取此心，不生不滅，真常真樂，故云「悟取無生歸去來」也。

善現啓請，頓起疑心，合掌問世尊：云何應住？降伏其心？

此科，昭明太子判此一段經文，為善現啓請分第二，盖善現請佛說法，為衆決疑，故立此名也。頓起者，言善現這一啟請，卽為當來有情衆生，所以頓然而起疑心，請問世尊，而為決通也。合掌者，此科長老須菩提，在大衆中，卽從座起，偏袒右肩，右膝著地，合掌恭敬而白佛言：「希有世尊！如來善護念諸菩薩，善付囑諸菩薩」也。云何應住者？此科世尊云：「善男子！善女人！發阿耨多羅三藐三菩提心，云何應住？云何降伏其心？」也。

佛敎如是，仔細分明，氷消北岸，無花休怨春。

此科佛言：「善男子！善女人！發阿耨多羅三藐三菩提心，應如是住，如是降伏其心。」佛答如是安住理中，如是降伏煩惱，說得仔細明白，無有藏隱。須菩提於此領解佛意，故應云「唯然世尊，願樂欲聞」也。氷消北岸者，此總科須菩提，問安住降伏，佛答如是住，如是降伏，如陽春一布，萬物生輝，氷消北岸，花發南枝也。無花休怨春者，科家意云：佛如此酬答，太煞分明，汝等後人，不悟如來所說之旨，似枯木無花，焦芽敗種，莫怨春光，不曾與你，自恨無枝葉，莫怨太陽偏也。

金剛般若智，　莫向外邊求；　空生來請問，　敎起有因由。

前二句，叮嚀切囑，此般若智，當人本具，莫向外求。後二句，明須菩提，這一問佛，是為當來衆生，起敎之因由也。

○善現啓請分第二

經「時長老須菩提，在大衆中，」至「唯然世尊願樂欲聞。」

註曰：長老者，以德長年老也。須菩提解空第一，於此般若，是當機人，欲發起此經，為衆請也。從座起者，請佛說法，恭敬之儀也。右膝著地者，文殊問般若經云：右是正道，左是邪道，今欲說般若正道，用正去邪也。諸佛希有者，如優曇華三萬年開金華一次，乃得一現耳。善護念者，為護念根熟菩薩，記云：根熟者，三賢已上菩薩，信根成熟，永無退轉，佛卽護念也。善付囑者，為付囑根未熟菩薩，記云：十信菩薩，信根未成熟故。付者，將小付大；囑者，囑大化小。如此護念付囑，卽希有事也。善男女者，卽未發大乘心之凡夫也。阿耨多羅三藐三菩提者，卽發無上正等正覺心也。云何應住降伏者，須菩提意云：雖發此心，未知修何等觀，降伏煩惱，故發此二問：一問、衆生發無上心，欲求般若，云何可以安住諦理？二問、降伏惑心，云何可以折攝散亂，見思塵沙煩惱也？善哉者，佛深許須菩提所問奇妙，故云善哉，是佛讚歎須菩提能知我意，善敎諸人，不起妄念也。汝今諦聽者，諦則諦審明白，汝當了達聲塵本來不生，勿逐語言，詳審而聽。應如是住者，佛答須菩提：既發菩提心，應當安住諦理，降伏惑心也。唯然者，乃須菩提領諾之辭也。聞佛所答，如是發心，如是應住，如是降伏，卽便領解，故應之唯然也。如夫子云：「參乎！吾道一以貫之。」曾子聞之曰「唯！」卽應之速而無疑也。願樂欲聞者，蓋為衆生請問，而發起此教也。

昔奇哉之善現，讚希有之慈尊，悲憐濁世衆生，咨決菩提心要。

此是科家，讚美須菩提奇哉，昔日請佛說法，讚歎希有，如優曇華三萬年方始一現，故云希有也。悲憐衆生者，是他善現慈愍之心，為五濁惡世有情衆生，咨請佛決通，菩提心之總要，故云奇哉也。

可謂一經正眼，三藏絶詮，千聖不傳，諸祖不說。

一經正眼者，卽爍迦羅金剛堅固眼也。明經中須菩提，問發菩提心，云何應住？云何降伏？佛答「應如是住，如是降伏」，單顯菩提心，為金剛經正眼也。三藏絶詮者，似此菩提心，三藏之文，詮註不及，故云。註曰：長老者，以德長年老也。須菩提解空第一，於此船若，是當機人，欲發起此經，為衆請也，從座起者，請佛說法，恭敬之儀也。右膝著地者，文殊問般若經云：右是正道，左是邪道。今欲說般若正道，用正去邪也。諸佛希有者，如優曇華三萬年開金華一次，乃得一現耳。善護念者，為護念根熟菩薩，記云：根熟者，三賢已上菩薩，信根成熟，永無退轉，佛卽護念也。善付囑者，為付囑根未熟菩薩，記云：十信菩薩，信根未成熟故。付者，將小付大；囑者，囑大化小，如此護念付囑，卽布有事也。善男女者，卽未發大乘心之凡夫也。阿耨多羅三藐三菩提者，卽發無上正等正覺心也。云何應住降伏者，須菩提意云：雖發此心，未知修何等觀，降伏煩惱，故發此二問：一問、衆生發無上心欲求般若，云何可以安住諦理？二問、降伏惑心，云何可以折攝散亂，見思塵沙煩惱也？善哉者，佛深許須菩提所問奇妙，故云：善哉！是佛讚歎，須菩提能知我意，善敎諸人，不起妄念也。汝今諦聽者，諦則諦審明白，汝當了達聲塵，本來不生，勿逐語言，詳審而聽，應如是住者，佛答須菩提，旣發菩提心，應當安住諦理，降伏惑心也。唯然者，乃須菩提領諾之辭也，聞佛所答，如是發心，如是應住，如是降伏，卽便領解，故應之唯然也。如夫子云：「參乎！吾道一以貫之。」曾子聞之曰：「唯！」卽應之速而無疑也。願樂欲聞者，蓋為衆生請問，而發起此敎也。

昔奇哉之善現，讚布有之慈尊，悲憐濁世衆生，咨決菩提心要。

此是科家，讚美須菩提奇哉，昔日請佛說法，讚歎希有，如優曇華三萬年方始一現，故云希有也。悲憐眾生者，是他善現慈愍之心，為五濁惡世有情眾生，咨請佛決通菩提心之總要，故云奇哉也。

可謂一經正眼，三藏絕詮，千聖不傳，諸祖不說。

一經正眼者，即爍迦羅金剛堅固眼也。明經中須菩提，問發菩提心，云何應住？云何降伏？佛答：應如是住，如是降伏，單顯菩提心，為金剛經正眼也。三藏絕詮者，似此菩提心，三藏之文，詮註不及，故云前二句，明阿彌陀佛，不住有為，不住無為，故云無相。遍界明明者，言彌陀法身，周遍法界，無有覆藏也。後二句者，引古勸今也。文潞公姓文，諱彥博，守洛陽，嘗致齋，往龍華寺，瞻禮聖像，忽見像毀墮地，略不加敬，但瞻視而出，傍有僧曰：「何不作禮？」曰：「像毀矣，吾何禮乎？」僧曰：「先德道譬如官路土，人取以為像；智者知是土，凡人謂像生。後乃於行時，還將像填路；像本不生滅，路亦無新故。」公聞之有省。蓋悟無生之生，幻相宛然，生之無生，真性湛然，無生法忍，自然契矣。由是慕道專念彌陀，期生淨土，晨香夜坐，未嘗少廢，每發願曰：「願我常精進，勤修一切善；願我了心宗，廣度諸含識。」每見一切人，則勸念佛，誓結十萬人緣，同生淨土也。如如居士讚曰：「知君膽氣大如天，要結西方十萬緣；不為一身求活計，大家齊上渡頭船。」東坡者，姓蘇，名軾，字子瞻，號東坡居士。宋元祐初，除翰林，遷內翰，初參東林總禪師，與論無情話有省，遂獻投機偈曰：「溪聲盡是廣長舌，山色無非清淨身；夜來八萬四千偈，他日如何舉似人。」公謫黃州，又謫惠州，仍被命遷儋州，南行之日，攜阿彌陀佛像一軸，人問何故事，答曰：「往生西方公據也。」時作者咸曰：「東坡篤信無疑，實淨土之果人也。」母夫人程氏歿，以簪珥遺物，命工胡錫，畫彌陀像，自製贊曰：「佛以大圓覺，充滿十方界；我以顛倒想，出沒生死中。云何以一念，得往生淨土；我造無始業，本從一念生。既從一念生，還從一念滅；生滅滅盡處，則我與佛同。如投水海中，如風中鼓橐；雖有大聖智，亦不能分別。願我先父母，及一切眾生；在在為西方，所遇皆極樂；人人無量壽，無去亦無來。」然先生云：「既以一念生，還從一念滅；生滅滅盡處，則我與佛同。」此同金剛三昧經云：「因緣所生義，是義滅非生；滅諸生滅義，是義非生滅。」然東坡四句，與經符合，可謂冥契佛心者矣。

纔出胞胎又入胎，　聖人觀此慟悲哀；

幻身究竟無香潔，　　打破畫瓶歸去來。

纔出胞胎者，五母子經云：「時一沙彌，七歲出家得道，自識宿命，而笑曰：故我一身，令五母悲惱。為第一母子時，鄰家亦生小兒，與我同年，然我命短，母見隣子即悲惱。為第二母子時，天命早亡，母若見人乳兒，即為悲惱。為第三母子時，十歲而亡，母見人兒類我食時，即為悲惱。為第四母子時，少年先死，母見同輩娶妻，即為悲惱。為第五母子時，七歲出家，我母憶念，即為悲惱。」故云「纔出胞胎又入胎」也。聖人悲哀者，見六道衆生，妄念不止，輪迴不息，故慟悲哀也。幻身究竟者，因幻化而成，有七種不淨：一、種子不淨，此淫慾身，從無明貪愛，煩惱為種子。二、愛生不淨，此身從父母，赤白滴和合，托識其中。三、住處不淨，此身處母胎，生臟之下，熟臟之上。四、食噉不淨，在母胎中，唯食母血。五、初生不淨，此身產時，與血俱出，臭穢狼籍。六、舉體不淨，此身薄皮之內，膿血偏一切處。七、究竟不淨，此身死後，肨脹爛壞，骨肉縱橫，狐狼食噉也。今言此身，從生至究竟，無有香潔，所以大覺璉云：「屎尿渠膿血聚，算來有甚風流處；九孔常流不淨坑，六門盡是狼籍舖。」打破畫瓶者，昔有一初果人，托陰有昏，不知宿命，後納一妻，房事無休，夫出遠行，素供一僧，忽來問主在否？曰：「不在！」僧欲迴，婦留齋，向僧具訴上事，僧曰：「但向他道：汝須陀洹人，太甚貪之。」如此三說，夫聞之，宿命即通，遂乃愧乎，從此止息，晏坐不臥，妻却怒恨曰：「厭汝頻繁，孰言止息？」夫言：「汝不知道，我知道了。」妻每問此，夫必此答，妻會父母共問此，夫亦如此答。夫以畫瓶，令妻抱持云：「汝若能知此中何物，吾便依汝，妻遂愛惜如寶，一時偶失足撲落地，渾身糞穢，妻甚嫌惡，夫曰：「吾識破汝，亦如畫瓶。」其妻省悟，遂捨紅塵，歸向佛道，故云「打破畫瓶歸去來」也。

大乘正宗，指示叮嚀，空生意分明，如是應住降伏其心。

此科昭明太子，判此一段經文，為大乘正宗分第三。此經以菩提心，是大乘中之正宗。蓋佛教菩薩六度，令一切衆生滅度，故立此名。指示叮嚀者，言佛重重切囑之義。前分言應如是住，如是降伏，此又言應如是降伏其心，故云叮嚀也。空生意分明者，言須菩提蒙佛叮嚀，其意開廓分明，以大乘菩薩，六度圓修，三觀一體，普令含識，皆證菩提涅槃也。如是應住者，此科佛告須菩提，諸菩薩摩訶薩，應如是降伏其心。此中不言安住，單言降伏者，既是降伏妄心，必然安住大乘，卽是真心者也。

四生六道，無我無人，誰歸滅度，拈來却在心。

此科經中，所有一切衆生之類也。四生者，卽胎、卵、濕、化也。六道者，卽天、人、阿修羅、地獄、鬼、畜生也。無我無人者，此科如是滅度無量無邊衆生，實無衆生得滅度者，何以故？須菩提！若菩薩，有我相、人相、衆生相、壽者相，卽非菩薩。科主意云：既四生六道，無我人等四相，卽是不顛倒心，誰歸滅度，了生佛一如，卽是常心，故云「拈來却在心」，卽第一義心也。故慈氏頌云：「廣大第一常，其心不顛倒。」是也。

獨坐寂寥寥，　平地起波濤；　風來波浪起，　水漲見船高。

前二句，言大乘正宗，所顯涅槃妙心，生佛具足，本無滅度，故世尊前來，收衣宴坐，故云獨坐寂寥寥也。平地起波濤者，因善現啓請，世尊應機而訓云：「菩薩應如是降伏其心，所有一切衆生之類，我皆令入無餘涅槃。」卽是平地起波濤也。風來波浪起者，科家意云「波浪因風而起」，此大乘正宗涅槃妙心，因問而有說也。故云「水漲見船高」也。

○大乘正宗分第三

經「佛告須菩提：諸菩薩」，至「衆生相、壽者相，卽非菩薩。」

註曰：此言大乘正宗者，以九類生，悉入涅槃，故為此經之宗也。佛於此，招告當機。菩薩如是降伏其心者，言降伏見思二惑，塵沙煩惱之妄心也。所有一切衆生之類者，一切者，是總標也；衆生者，是別列九類衆生也。凡有生者，皆謂之衆生，上至諸天，下自蠢動，不免乎有生，故云一切衆生也。衆生雖無數無邊，不過九種，下文所言是也。若卵生者，如大而金翅鳥，細而蟣虱是也。若胎生者，如大而獅象，中而人者，小而貓鼠是也。若濕生者，如魚鼈黿鼉，以至水中極細虫是也。若化生者，經云：如上而天人，下而地獄，中而人間，米麥果實等，所生之虫皆是也。上四者，謂欲界衆生也。若有色者，色謂色身，謂初禪天至四禪天，諸天人但有色身，而無男女之形，已絕情欲矣！此之謂色界也。若無色者，謂無色界諸天人也。此在四禪天之上，唯有靈識，而無色身，故名無色界也。若有想者，此謂有想天，諸天人也。以天人唯有想念，不復有色身故也。自此以上，皆謂之無色界也。若無想者，此謂無想天，諸天人也。在有想天之上，此天人，一念寂然不動，故名無想天也。若非有想，若非無想者，此謂非想非非想天諸天人也。此天，又在無想天之上，其天人一念寂然不動，故云非有想；然不似木石，而不能有想，故云非無想。此天於三界諸天，為極高，其壽為極長，不止八萬劫而已。我皆令入涅槃者，我者，佛自謂也。如來指示三界九地衆生，各有涅槃妙心，令自悟入無餘涅槃。而滅度者，言滅盡習氣，度生死海，同證圓滿清淨涅槃也。如是滅度，乃至實無衆生得滅度者，言九類生，雖業果不同，無非自業緣而生，故實無此衆生也。此菩薩發心化之，而得涅槃，實無一衆生入涅槃者，以本無衆生故也。言第一義中無生可度，卽真常心也；若見可度，卽生滅心也。良由一切衆生，本來是佛，何生可度？可謂：平等真法界，佛不度衆生也。何以故者，明上實無衆生得滅度者所以也。若菩薩有我相等者，是佛招告當機，如菩薩，心存四相，未能直下頓空，卽非菩薩，以有能所故，同於衆生者哉！

涅槃清淨，盡令含識歸依，四相俱忘，實無衆生滅度，如斯了悟，便能脫死超生，其或未然，依舊迷封滯殼，會麼?!

涅槃者，卽圓滿清淨，真常湛寂之理也。佛令菩薩，應如是降伏其心，運以慈力，令一切九類含識之衆生，悉令歸向涅槃，故云「我皆令入涅槃」也。四相者，卽我人衆生壽者，卽四顛倒也。今以大乘，離四相四顛倒，故云「四相俱忘」也。四相既無，無生可度，無佛可成，何滅度之有哉？可謂「隨順衆緣無罣礙，涅槃生死等虛花」也。如斯了悟者，科家意云：行人如此了悟我人等四相，無涅槃滅度之執，豁然大悟，便能超出二種生死，證大涅槃也。其或未然者，其或於此四相，不能了達，依舊被無明之所封蔀，生死胎殼之所纏縛也。會麼者，審察也，如上所言，會麼不會也。

生死涅槃本平等，　妄心盡處卽菩提。

此二句，是伸答上義也，果能會得真常之道，生死涅槃，元無異體，菩提妄想，悉是假名，可謂：「癡愛成解脫真源，貪嗔運菩提大用；妄想興而涅槃現，塵勞起而佛道成。」也。

頂門具眼辨來端，　衆類何曾入涅槃；
絕後再甦無一物，　了知生死不相干。

此四句，頌經中之義也。頂門具眼者，言佛具爍迦羅金剛正眼，能照一切諸法，皆悉空寂，以空寂故，諸法平等，能辨善現來到端由，世尊付囑諸菩薩，護念諸菩薩，應如是住，如是降伏。此是辨來端之義也。衆類何曾者，世尊又於此理上，指出一條活路云：「菩薩應如是降伏所有一切衆生，令入涅槃。」

又云「實無衆生得滅度者」，故云「衆類何曾入涅槃」。絶後再甦者，此明實無衆生得滅度者，謂之絶後再甦，無有一物，無涅槃可入，無生死可出，方是了知生死不相干之地，可謂：「撒手到家人不識，更無一物獻尊堂。」也。

七重寶樹人人有，　九品蓮花處處開；
不涉一程親見佛，　圓音時聽悟心懷。

此四句，言唯心淨土，本性彌陀也。七重寶樹，九品蓮花者，卽極樂世界之境也。人人有，處處開，乃直指蓮邦而不遠，只在當人也。不涉一程者，此明自性彌陀不離方寸，唯心淨土豈向外求也。圓音時聽者，不但只是見佛，又能時時聽法，可謂：「松風澗水琅琅語，盡是潮音與梵音。」此無情說法之義也。

擲却閻浮似草鞋，　更無一物可開懷；
靈明一點輝千古，　超日月光歸去來。

此四句頌，歎世勸人也。閻浮草鞋者，言衆生貪著五欲等種種之樂，如一隻破草鞋相似，最為鄙賤。五欲之中，無有一物，可作開懷為樂之法也。靈明一點者，此這一點靈明，輝天鑑地，耀古騰今，全超威音之前，獨步劫空之後，可作開懷之法，明超日月之光，故云「超日月光歸去來」者也。

妙行無住，日月分明，本體離根塵，四維上下，朗耀無窮。

此科昭明太子，判此一段經文，為妙行無住分第四。言菩薩所行之行，於一切法，心無住著，故云妙行；不即不離，故曰無住也。日月分明者，呈上妙行無住，已達三輪體空，謂施者受者，及所施物，悉皆如空。如此指示，似日月光，甚是分明也。本體離根塵者，此之妙行，不住六塵，不著六根，內外根塵，皆悉空寂，故云「本體離根塵」也。四維上下者，此科菩薩，不住相布施，其福德不可思量，所施之福，稱理而周，猶如虛空，四維上下，朗然明耀，無窮無盡，不可思量者矣！

世尊指教，一一分明，空生信受，鶯來處處春。

此科世尊指教，即指教菩薩，無住相布施，但應如所教住，當依佛教，行無所住，必得悟入，故云「一一分明」也。空生信受者，即領荷之辭，菩薩既不住相布施，不著六塵，其福猶如虛空，法法皆為布施，塵塵盡是菩提，故喻如鶯來處處皆春，那裏不是發生之處？所以云：「色自色兮聲自聲，新鶯啼處柳烟輕；門門有路通京國，三島橫斜海月明。」也。

摩訶般若宗，　性相體皆同；　四主幷六道，　盡在默然中。

摩訶般若者，指此大般若智為宗也。性相者，卽性相二宗，於此般若事理雖殊，同一法界真心，故云「體皆同」也。四生幷六道者，明四生六道，從一法界真心變現，而有十法界之異也，故云「盡在默然」，心體之內也。

○妙行無住分第四

經「復次！須菩提菩薩於法」，至「菩薩但應如所教住」。

註曰：此分大意，言菩薩行施，於法不生執著，謂之妙行；於五塵等法，其心不住，謂之無住也。復次者此乃敘經，明佛再說也。亦乃連前起後之辭耳。於法應無所住者，此明菩薩行布施之時，皆應無住，不見我為能施人，不見他為受施者，不見中間有物可施，三輪體空，謂之無相布施也。何以故者，此徵問之義。佛答須菩提：「若菩薩不住相布施，其福德不可思量。」又云「東方虛空可思量不」者。佛乃引喻證法也，四方四隅上下，總為十方。佛問：「十方虛空可思量不？」須菩提答：「不可思量！」，佛所以借此虛空無邊，喻所行布施稱理而周，故所獲功德，亦不可思量也。佛又云「菩薩但應如所教住」者，此誠勸菩薩，當如佛所敎，而安住於大乘也。傅大士頌曰：「若論無相施，功德極難量；行悲濟貧乏，果報不須望。凡夫情行劣，初且略稱揚；欲知檀狀貌，如空遍十方。」

住相布施，猶日月之有窮；不著六塵，若虛空之無際。自他俱利，福德難量。

科家意云：布施有二種：有拙施，有巧施。此住相布施，人天受福，福盡還墜三途。以有為之法，必有窮盡，如日月有出有沒，故云「有窮」也，謂之「拙施」。可謂「住相布施生天福，猶如仰箭射虛空」也。不著六塵者，此明不住六塵之相，謂之「巧施」。若十方虛空無有邊際，不住相布施，亦無邊際也。自他俱利者，此明菩薩無住明布施，心無取著是自利，亦是理觀也。能行布施，廣濟貧乏，是利他，亦是事觀也。二事兼行，故云「福德難量」也。

豁然運用靈通，廓爾縱橫自在，且道還有住著處麼？

運用靈通者，明菩薩運用施度，通於五度，卽戒、忍、進、禪、智，故云「靈通」。外則不著六塵，內觀六度圓修，故云「廓爾縱橫自在」也。且道者，科家徵問前義，上來既是如此，這裡還有住著處麼？「到頭霜夜月，任運落前溪。」

妙體本來無處所，　通身何更有蹤由。

此二句，答前無住所也。妙體者，明此真心之體，已絕色相之形，謂之體妙，從本已來元無處所，有名呼不得，無位可安排。通身者，明法身無相，偏界絕蹤，可謂通身無向背，偏界不曾藏。傅大士曰：「有物先天地，無形本寂寥；能為萬象主，不逐四時凋。」

運心檀度契真常，　福等虛空不可量；
無影樹頭花爛熳，　從他採献法中王。

此四句，頌經義也。初句，明菩薩行施，以般若大智，運一檀度，攝後五度。智度論云：一念之中能行六般若波羅蜜，故云「契真常」也。福等虛空者，果能六度圓修，三諦齊運，如空性無際，施福無邊，故云「不可量」也。無影樹者，無影樹，喻真諦；花爛熳，喻俗諦也。採献法王者，行人果能真俗併用，此是大乘圓修之法，從他採献般若法王，可謂「法中王，最高勝；恒沙諸佛同共證」者哉。

步步頭頭皆是道，　彌陀元不住西方；
法身偏滿三千界，　化佛權為十二光。

此四句，是科家指示行人，斯道不可心外別求；步步踏著實地，頭頭頂掛虛空，皆是其道也。彌陀者，此明自性彌陀，不在西方，可謂：「一句彌陀有悟由，西方不向外邊求；頭頭盡是歸家路，了了方知不用修。」法身徧滿者，此理徧滿世界，總是一箇法身，何勞妄起知見，分別淨穢也。化佛者，解難釋疑，有難云：「既是一箇法身，如何又有十二光佛名號。」故答意云：「雖有十二光佛不同，亦是化佛權為也。」十二光佛者，無量壽佛、無量光佛、無礙光佛、無對光佛、炎王光佛、清淨光佛、歡喜光佛、智慧光佛、不斷光佛、難思光佛、無稱光佛、超日月光佛，總是一佛所化也。

道過邙山古墓排，　淮陰功業事堪哀；
貧富貴賤皆如夢，　夢覺來時歸去來。

此四句偈，嘆貴賤如夢也。道過邙山者，北邙山在河南洛陽，皆前代天下官員，命終皆葬於此，新墳舊塚，遍地排列，行人路過此山，嗟而自嘆。似淮陰侯韓信，功高天下，位至王侯，當得常在世間，永享榮華則可，何故今朝亦葬於此，惟伴一堆土塚而矣！故云「事堪哀」也。後二句，總嘆意云：不獨韓信一人如此，就是貧者，上無片瓦根椽蓋覆，下無卓錐之地容身；富者，家有四海之地，寶有千庫之盈；貴者三公之位，萬鍾之祿；賤者，使作傭賃，奉侍尊長；雖貴賤差別不同，總是一個無常大夢也。歸去來者，乃科家誡勉，令人向夢中醒悟，覺世浮花，放下萬緣，單提一念，觀想彌陀，同登淨土，故云「歸去來」。

如理實見，分明說破，空生意如何？

此科昭明太子，判此一段經文，為如理實見分第五。此言不以身相見佛者，此名稱理之見，理本無見，以無見之見，名為實見也。分明說破者，言佛說若見諸相非相，卽見如來，是佛分明說破了矣，不曾隱藏也。空生意如何者，此科佛問須菩提，於意云何，可以身相見如來不？言前分中，說無住相布施是成佛之因，恐善現執著，疑佛果是有為身相，故佛問云：「可以三十二相身，見如來法身不？」不者，乃不定之辭也。

地水火風四大和合，雲來雲去，本更無他，漚生漚滅，元非一與多。

此科，須菩提答佛之義；世尊不可以身相得見如來，何以故？如來所說身相，卽非身相。」佛告須菩提：「凡所有相，皆是虛妄，若見諸相非相，卽見如來。」此言須菩提，悟佛問義，故答不可以身相見如來。科家意云：身相者，地水火風，和合而成，故喻如雲去雲來，漚生漚滅，即是凡所有相，皆是虛妄也。本更無他者，言法身無相，元非一，又非異，不墮於諸數，即是「若見諸相非相，即見如來」也。可謂：「雲去雲來天本淨，華開華謝樹常存。」

如如真妙理，　湛湛自然觀；　圓明真實見，　隨處得安然。

言如如者，即事即理，故稱之為如如也。真妙理者，即法身無妄之理矣，亦本覺真心，即般若實相也。湛湛自然觀者，喻法身非相，湛寂凝然，萬境雖殊，真心無異，故云「自然觀」也。圓明真實見者，行人若能於佛所說，凡所有相皆是虛妄，若見諸相非相，若能於此，真實見得此理，所以處處即得安然，可謂：「淫房酒肆尋彌勒，滿目青黃更是誰；一切世法無法佛法，一切煩惱總是菩提」也。

○如理實見分第五

經「須菩提，於意云何？」至「若見諸相非相，即見如來。」

註曰：此分經義，明稱理真實，而見法身也。因前分中，以無相布施，求成佛之因，恐善現起疑，執佛果有為身相，認為法身，佛乃呼須菩提而問之云：「可以三十二相，見如來法身不？」須菩提悟佛問義，故答云：「不也！」又白世尊云：「不可以身相得見如來。」須菩提意云：色身即有相，法身即無相。今言身相者，即地水火風，假合而成也。法身者，即無形段相貌，故答云「不可以身相見也」。何以故者，徵問前義，言須菩提自問：何故不可以身相見如來？乃自答云：如來所說身相，非是真實，應緣而現，故云即非身相。謂無有真實身相也。佛告者，是佛招告須菩提，印可之義，不但如來身相是虛妄，乃至十法界諸相皆然，故云「凡所有相，皆是虛妄」。若見諸相者，佛恐須菩提，聞說虛妄，離相別求真佛，故云：若見諸相非相，了相體本空，即見如來。可謂：「無明實性即佛性，幻化空身即法身；法身覺了無一物，本元自性天真佛。」傅大士曰：「如來舉身相，為順世間情；恐人生斷見，權且立虛名。假言三十二，八十也空聲；有身非覺體，無相乃真形。」

金身顯煥，巍巍海上孤峰；妙相莊嚴，皎皎星中圓月。

此科，可以身相，見如來之義也。讚佛相好，徵妙莊嚴，可謂：「身色如金山，端嚴甚微妙；如淨瑠璃中，內現真金相。」者矣！

然雖如是，畢竟非真，經云：「真非真恐迷，我常不開演。」此科，凡所有相，皆是虛妄之義也。科家意云：然雖金身顯煥如此，是應化之身，約法身上，畢竟非真也。真非真恐迷者，此言凡夫，錯認八識為真理。楞嚴經云：「陀那微細識，習氣成瀑流；真非真恐迷，我常不開演。」論云：「阿陀那識甚深細，一切種子如瀑流；我於凡愚不開演，只恐分別執為我。」溫陵曰：梵語陀那，華言執持。謂執持根身種子，起現行故，卽第八阿賴耶也。含藏種子為習氣，積生識浪為瀑流，湛由是分，結由是起也。若以為真，恐迷妄習而自誤；以為非真，恐迷自性而外求。故權小教中，不開演也。

且道！意在於何？

此是科家，徵問之義也。既云身相非真，畢竟如何？卽是下文伸答顯露而矣。

一月普現一切水，　一切水月一月攝。

此二句，真妄不分，心境一體也。意云色身不離法身，法身不離色身也。一月普現者，言一月喻法身，一切水喻萬境，故法身遍在一切境上，優曇頌曰：「境智如如絕證修，更無間事滯心頭；情盡見除消息斷，一輪明月掛中秋。」所以道：「以一統萬，一月普現一切水；會萬歸一，一切水月一月攝。」

報化非真了妄緣，　法身清淨廣無邊；
千江有水千江月，　萬里無雲萬里天。

此四句，頌經義，經云「凡所有相皆是虛妄」，故云「報化非真」也。問云：「既報化非真，何必用耶？」答云：「雖分報化，元一法身也。因機有妄緣分別，故有報化之應，若了妄緣，元一清淨法身，何有分別之說也。」千江有水千江月者，呈初一句，機喻千江，月喻法身，有水此月皆現，實非天上真月，故云「報化非真了妄緣」也。萬里無雲者，呈第二句「法身清淨廣無邊」也。

人命無常呼吸間，　眼觀紅日落西山；
寶山歷盡空回首，　一失人身萬劫難。

前二句，嘆人命不久留，時不可待；後二句，引喻勉人，不可錯過也。人命無常者，如朝存夕亡，剎那異世，故喻如紅日落山，須臾便沒。寶山歷盡者，言人從無量劫，得個人身，如須彌山，輥芥投針相似。今此身，喻如一座寶山，有人於此寶山中，若取寸草焚向爐中，烟氣到處，土木瓦石，樓臺殿閣，悉作黃金，因名為寶山。既是經過遊歷此山，不可空手而歸，若不取一草一葉歸家，可謂癡人矣！喻人不以此身，修戒定慧，不但空迴，又恐一失人身，萬劫難復者也。

稽首彌陀真聖主，　身乘七寶紫金臺；

四十八願常無間，　攝受衆生歸去來。

前二句言能禮之機起觀，觀所禮之佛，故稽首而禮，佛身相好寶座莊嚴，佛身乘七寶金臺，一一觀想，分明瞻禮，此名俗諦禮也。後二句，言四十八願者，佛因中曾發此願，攝受衆生；佛為能攝，機為所攝，以佛因中發願，故果上不捨因門。願云：若有衆生稱我名號，禮我形像，不生我國者，我決不成佛。故云「因該果海，果徹因源」也。

正信希有，一念無差，心外休取法，心若取法，凡聖皆差。

此科昭明太子，判此一段經文，為正信希有分第六。蓋如來滅後，後五百歲，信解受持此經者，名為希有也。一念無差者，若能於一切法不信，唯信般若，名為正信，名為希有，故云「一念無差」也。心外休取法者，此言三界唯心，萬法為識，性宗云：「出真心外，無片事可得。」又云：「未達境唯心，起種種分別；達境唯心已，分別卽不生。」若能如此，豈肯心外求法也，心若取法者，言四聖六凡，各有取著之執，故雖一理，所證有差；若無取著，有何差別，此明若心取相，則著我人，若取法相，亦著我人，故云「凡聖皆差」也。

心若無念，却被雲霞；圓明一點，春來樹樹華。

此科，若取非法相，即著我人，衆生壽者。行人，若執著非法相，一向執空，都無一法，名為無事界，成斷滅空無，乃無想天之種類，故云「即被雲霞」也。可謂：「不見一法存無見，大似浮雲遮日面；不知一法守空知，還似太虛生閃電。」圓明一點者，此科是故不應取法，不應取非法之文，言行人到此，已破人法二執，證二空之理，不生偏見，雙眼圓明；圓則無不包容，明則無不照徹。若識得此一點圓明之心，如春普至大地生輝，故云「圓明一點春來樹樹華」也。

邪心俱蕩盡，　正信勿生疑；　念念無差別，　處處發真機。

邪心蕩盡者，即前第四分中，菩薩行施，不著六塵。第五分中，無相見法身佛，故名「邪心俱蕩盡」也。正信者，即此第六分中，唯信般若，名為正信，於前無住布施，無相見佛，心不生疑，故云「勿生疑」也。念念無差者，行人已證人法二空，心無四相，凡聖無差，故乃念念無差，處處真機發現矣。

○正信希有分第六

經「須菩提白佛言：世尊！」至「如是言說章句，生實信不？」註曰：此分之名，為正信希有分，以須菩提，聞前無住行施，即是因深；無相見佛，即是果深。既談因果，切恐如來滅後，末法惡世之中，迷鈍衆生，得聞如是言說章句，心生疑惑，不能生信，故發此問，望佛決疑，令生實信者哉。

經「佛告須菩提，莫作是說！」至「能生信心，以此為實。」註曰：莫作是說者，言佛恐壞末世衆生，實信之心，故且告之，以莫作是說，我滅度後後五百歲，卽二千五百年後，當末法惡世之時，若有人修戒定慧三學者，於此般若章句，能生信心，以此為實也。

經「當知是人，不於一佛二佛」至「無法相，亦無非法相。」註曰：當知是人者，卽指末世衆生能信此法，不於一佛二佛等，種諸善根，必於無量諸佛所，種諸善根也。聞是章句，乃至一念生信者，言此衆生，聞是大乘般若章句，一念生淨信者，信此般若，能除煩惱，能成出世功德，如來以五眼六通，悉知悉見，是諸衆生得無量福德。何以故者，徵審前義，是諸衆生，無復我相等者，此人已離四相人執，證人空理也。無法相，亦無非法相者，此人已破法執，證法空理也。既證人法二空，方於般若生信者焉！

經「何以故？是諸衆生。」至「卽著我人衆生壽者。」此文返釋前義，前來人法二空，卽能生信，此則未離人法，不能生信也。若心取相等者，心起妄念，執著四相，卽是人執也。若取法相，非法相者，執心外有法，故著四相，卽是法執也。此人於般若章句，必不生信也。

[經]「是故不應取法」，至「法尚應捨，何況非法？」

註曰：是故者，總結上義，以是之故，不應取法，是遣法執之情；不應取非法，是遣空執之情；有無俱遣，語默兩忘，信心清淨也。以是義故者，乃指上文，所言之義也。佛常謂：汝等比丘，當知我之說法，如船筏之譬喻，未得渡河，須借船筏；既渡之後，竟當捨却。汝等比丘亦復如是，未悟真性，須借佛法；既悟之後，佛法當捨。佛法向當捨去，何況凡夫，外道之法，猶當捨去也。

傅大士頌曰：「渡河須用筏，到岸不須船；人法知無我，悟理豈勞詮。中流乃被溺，誰論在二邊；有無如取一，卽被汙心田。」

因勝果勝，信心明了無疑；人空法空，真性本來平等。直饒名相雙泯，取捨兩忘，要且猶存筏見，咦！

因勝者，卽前四分中無住行施，不著六塵也。果勝者，卽前五分中，無相見佛也。信心明了者，卽此六分中，信此因勝果勝，於般若章句，明了無疑也。人空者，卽無四相人執也。法空者，卽無不取法相等之法執也。真性平等者，行人若能於一切諸法不著，可謂了達諸法實性本來平等也。名相雙泯者，人執有人空名相，法執有法空名相，此二雙泯也。取捨兩忘者，取於善法，捨於非法，此二兩忘也。要且猶存筏見者，科家意謂：佛說：我之說法，如筏之喻，法尚應捨，何況非法。佛雖能所兩遣，猶有遣遣之情尚存，故云「猶存筏見」也。咦！此是科家，當人不讓之義。此喝掃踪滅跡，掃去世尊筏見，可謂「眼中撥去黃屑，觸處縱橫鳥道玄」也。

彈指已超生死海，　何須更覓渡人舟。

此二句，答上文之辭也。言世尊說法，如筏之喻渡人，科家把住，猶存筏見，此答出不存之意，故云：「彈指已超生死海，何須更覓渡人舟。」此是不涉修證，不立階級，不施一功，成就楞嚴之大定；不拔一字，徧覽普眼之真經。四句之義頓融，百非之路杳絕也。

善根成熟信無疑，　取相求玄轉背馳；
一念頓超空劫外，　元來不許老胡知。

前二句，依經解義也。言此衆生，於無量千萬佛所，種諸善根，薰習成熟，今聞此經，信解受持，而心無疑惑也。取相求玄者，若是善根不具，取著人空之名相，法空之名相，執著四相，而欲求玄妙之理，轉求轉遠，轉逾背馳也。後二句，以衲僧巴鼻一念，頓超空劫那畔，無佛無祖，那個道理，不可心思，不可言議，故云「不許老胡知」，可謂：「發迦不出世，四十九年說，達磨不西來，少林有妙訣。」

頻伽尚能知歸向，　孔雀猶聞得化生；
時節因緣休蹉過，　樓頭晝鼓恰初更。

前二句，指出異類尚能念佛，往生淨土也。宋元祐間，長沙郡人養鸜鵒鳥，俗呼為八八兒。偶見僧念阿彌陀佛，隨口稱念，旦暮不絕，因與僧，久之鳥亡，僧具棺葬，俄葬之處，見青蓮華一枝，掘出，其根從鳥舌根中生出，頌曰：「有一靈禽八八兒，解隨僧口念阿彌；死埋平地蓮花發，我輩為人豈不知。樂土本無三惡道，禽聲渾是佛宣流；當機未盡眾生界，啼斷春風卒未休。」又頌：「鸜鵒頻伽繞樹鳴，妙音和雅正堪聞；殷勤不斷緣何事，曲為勞生昧己靈。」後二句，勸人不可蹉過時光也。懈怠耕者，經云：有一耕夫，見佛行過，心中雖喜，不去禮佛。或謂：「何不禮佛？」乃曰：「耕田未竟，種又未下，若要見佛，須待閒暇。」佛告阿難：「佛難值遇，懈怠如此，斯人已蹉過六佛不得度者，非但今日也。」科學意云：有等不精進人，正與此耕夫一般，善人勸云：「何不念佛？」便推托云：「因衣食故，終日忙忙，未暇念佛。」科家道：「縱汝晝忙，夜豈忙乎？」故云：「樓頭畫鼓恰初更」，此時閒靜，正好念佛，若不肯念，只是懶惰，豈非蹉過者哉？

勢至觀音悲滿懷，　寶瓶楊柳灑三災；

誓隨淨土彌陀主，　接引衆生歸去來。

此四句，菩薩悲心，勸修淨土也。大勢至菩薩，乃於恒河沙劫前，有佛名超日月光佛，彼佛教我念佛三昧，以念佛心，得無生忍，今於此界攝念佛人，歸於淨土也。觀世音菩薩者，於無數恒河沙劫，有佛出世，名觀世音如來，我於彼時，發菩提心，彼佛教我，從聞思修，入三摩地，初於聞中，入流亡所，所入既寂，動靜二相，了然不生，忽然超越世出世間。今我身成三十二應，入諸國土教化衆生，彼佛授我觀世音號也。悲滿懷者，此二菩薩，以四無量盈滿其懷，普化懷生也。寶瓶楊柳者，是二菩薩之器用也。三災者，有大小不同，大三災者，至一大劫盡火燒初禪，水渰二禪，風刮三禪也。小三災者，至一小劫盡，刀兵疫病饑饉也。菩薩以不思議神力，能以柳頭一滴之水，徧洒三災，故云：「紫竹嵒阿觀世音，九蓮池畔現童真；楊枝一點天甘露，散作山河大地春。」又云：「慧日破諸暗，能伏災風火。」後二句，菩薩本願也。悲華經云：彌陀於恒河沙劫前，有轉輪王，名無諍念王，有大臣，名曰寶海，而生一子，出家成道，號寶藏佛入定放光照十方國，光中現無量淨穢國土，王見是已，發願云：「願我成佛時，國中無三惡道，皆真金色，種種莊嚴。」佛告王言：「汝於西方過一恒河沙阿僧祇劫，是時世界轉名安樂，汝當作佛，號無量壽如來，第一太子不眴號觀世音，第二太子尼摩號大勢至。」是以二大菩薩，皆承往昔誓願依隨彌陀聖主，而接引衆生往生淨土，菩薩受記經云：德藏菩薩句佛言，觀世音，大勢至二大士，於何國土，成等正覺？佛言：阿彌陀佛，正法滅後，觀世音成等正覺，號普光功德山王如來；彼佛國土，號曰「衆寶善集莊嚴」，入涅槃後得大勢，卽於其國成等正覺，號善住功德寶王如來，劫國敎化，皆悉無二，此三聖同垂金臂，接引衆生，皆生淨土者矣。

無得無說，誰為安名，空生意分明，如來所說，無始無終。

無得無說者，此科昭明太子，判此一段經文，為無得無說分第七。蓋以須菩提答佛之問，無有定法得阿耨菩提，無有定法可說，故名無得無說也。誰為安名者，此科，佛問菩提有得耶？佛法有說耶？須菩提領解佛意，卽安箇名為無得無說也。空生意分明者，此科，佛問須菩提：於意云何？如來得阿耨多羅三藐三菩提耶？如來有所說法耶？此問，佛恐須菩提起疑云：前說無相見佛，如何樹下成道也？無法可說，何故四十九年說法也？故發此問，須菩提言：如我解佛所說義，無有定法得菩提，無有定法可說。此是空生意分明處也。如來所說無始無終者，此科，佛問有得有說，正顯無得無說之理，故云無始無終也。意云：通三際而無始無終，括十方而無邊無際，乃清淨法身無為之理也。

雲生晚谷，月照長空，千法萬法，皆從一法生。

此乃分明指出，無得無說之理，如雲生晚谷，堪對暮雲歸未合，遠山無限碧層層，長空雲掃，明月獨輝也。千法萬法皆從一法者，此科一切賢聖，皆以無為法而有差別之義。言四聖六凡，十法界差別之法，皆從一無為理而生，可謂千途盡向於彼生萬法皆從於此出，洞千古之淵源，造萬像之模則。

取捨皆難得，　無心體自然；
本來常寂寂，　無說亦無傳。

此四句，明經中無得無說之理，故佛說得阿耨菩提，則有取有捨，所以難得也。無心者，言須菩提，答佛之問，無菩提可得，無佛法可說，故云無心體自然也。後二句，歎美之辭。其實菩提之道，本來寂寂，無說無傳也。可謂「有口說不得，無言心自明」。

○無得無說分第七

經「須菩提！於意云何？」至「皆以無為法而有差別。」

註曰：此分之義，妨疑而問，向說不可以身相見佛，恐須菩提起疑云：既非身相見佛，云何釋迦樹下得道，諸會說法耶？此分佛順疑以問之，言菩提有得，而意顯無得也；言佛法有說，而意顯無說也。故名無得無說分。佛問須菩提：於意云何，如來得菩提耶？如來有所說法耶？須菩提言：如我解佛所說義者，言空生領解佛旨，乃云第一義中，無有定實之法可得，無有定實之法可說。奈以根器有利鈍，學性有淺深，隨機設教，對病用藥，但不執著自契中道，豈有定法可說也。何以故者，徵問前義也。如來所說菩提之法，皆不可取，卽無得也；不可說，卽無說也。非法者，此法為衆生而設，非有真實之法，故云非法也。然亦假此法，開悟衆生，又不可全謂之非法，故云非是非法也。總釋上文，無定法之義也。所以者何者，此乃釋呈上文，不可取，不可說，非法非非法也。意謂一切賢聖所證者，卽不可取，不可說，無為之理也。而有差別者，蓋於無為法，得之淺者，則為賢人，若須陀洹之類是也。於無為法，得之深者，則為聖人，若佛與菩薩是也。此所以有差別也。傅大士頌曰：「菩提離言說，從來無得人；須依一空理，當證法王身。有心俱是妄，無執乃名真；若悟非非法，逍遙出六塵。」

得亦非，說亦非，能仁機輪電掣；取不可，捨不可，空生舌本瀾翻。且道無為法，為甚麼有差別？

此文，言菩提之道，得也不是，說也不是，無有定法。今世尊說箇菩提有得，正顯無得，說個佛法有說，正顯無說，可謂世尊說法之機輪，如長空電掣相似，東湧西沒，無有定止也。須菩提言：如來所說法，不可取，不可說，可謂舌本瀾翻，如海口鼓浪，航舌駕流相似，所以舌上起風雷，眉間藏血刃也。且道無為者，此是科家出手眼，令人詳審，既是一無為理，如何又有差別也。

萬古碧潭空界月，再三撈漉始應知。

此二句，答上問辭，明無為中，有差別所以，如萬古碧潭空界月相似，月印澄潭光水不分；看時似有，取之則無。愚者不知，水中撈取，枉費工夫，徒勞無益，以喻無為中，差別之道，理事難分，心境不二，欲言其有，不見其形；欲言其無，聖以之靈也。可謂：「昭昭於心目之間，相不可覩；晃晃於色塵之內，理不可分。」也。

雲捲秋空月印潭，寒光無際與誰談；

豁開透地通天眼，　大道分明不用參。

前二句，言一色晴空，明月獨朗，喻菩提之道無得無說，如心月孤圓，光呑萬像，光非照境，境亦非存也。後二句，指示行人，正任麼時，祇須著眼，不可錯過，若於此境此時，豁開通天正眼，豈非大道分明，無得無說，不用參詳也。故寒山云：「吾心似秋月，碧潭光皎潔；無物堪比倫，敎我如何說。」

西方勝境無明暗，　不比人間夜半深；
五鼓分明當子位，　一輪正滿對天心。

前二句，言西方境界勝妙，無有晝夜明暗，以菩薩之人，各有身光，故不屬明暗也。不比此娑婆國土人間，有晝有夜也。後二句，行容無明無暗，不比人間，所以夜六時都與子時一般，晝六時都與午時一般，故云當子位也。一輪正滿者，言晝夜常明，無有明暗也。對天心者，卽午時者矣。

休插龍釵與鳳釵，　莫將胭粉污唇腮；
法身清淨元無垢，　體露堂堂歸去來。

此四句，單誡女人情好莊飾不知法身本淨也。初二句，言龍釵鳳釵，頭上之莊飾，脂粉面門之莊飾。意云：「如此莊飾，雖是美好，要且不常辰莊午變，少壯則老也。可謂：「玉帶暫時華，金釵非久飾；張翁與鄭婆，一去無消息。」後二句，指出法身本淨，不假莊飾，亦無老少，不遷不變，不更不改，描之不成，畫之不就，本來現成，法身清淨，元無垢染，萬刧不壞，千古常存，故云「體露堂堂歸去來」也。

銷釋金剛科儀會要註解卷第三（終）

銷釋金剛科儀會要註解卷第四

姚秦三藏法師　鳩摩羅什　譯
隆興府百福院　宗鏡禪師　述
曹洞正宗嗣祖沙門　覺連　重集

依法出生，法法皆真，元從一法生，四生六道，情與無情。

此科昭明太子，判此一段經文，為依法出生分第八。盖一切諸佛，及阿耨菩提，皆從般若經，大智理中出生，故云「依法出生」也。法法皆真者，既從真如理中，流出佛果菩提，則一切有情無情，法法具真理。言諸法攬理而成，故法法皆是真理，可謂出真理之外，無片事可得也。元從一法生者，言諸佛法身，及所證菩提，無不從此般若一理而生，故般若稱為諸佛之母，皆依般若而修，乃得成佛也。四生六道者，此釋上文，法法皆真，從一法而生之義，言四生六道，卽六凡也。四聖含於其間，情與無情，卽三世間也。

山河大地，體露分明，泥牛吸水，黃河徹底清。

山河大地體露分明者，呈前法法皆真之義，卽總含四法界也。可謂：「若人欲識真空理，心內真如還徧外；情與無情共一體，處處皆同真法界」也。泥牛吸水者，前文依教而說，此中教外別談，宗門以泥牛木馬，表正位中事。此言泥牛吸水，顯正中有偏，從體起用，以無說中，而有說也。黃河徹底清者，此水本渾，却言能清，表偏中有正，攝用歸體，以有語中而無語，妙在體前，可謂：「海底泥牛啣月走，岩前石虎抱兒眠。」

山河如掌平，無壞亦無成；千差與萬別，金剛界內生。

此四句，言經中一切諸佛，及阿耨菩提法，皆從此經流出所以。初二句，言無情世界，雖有山高河下之異，於般若理上無一無別，故云「如掌平」也。縱山有崩裂，水有枯竭，於般若理上，亦無成壞也。後二句，呈前之義，總言十法界之相，雖有千差萬別不同，其實從一法界真心建立，故云「金剛界內生」。可謂：「衆生見刼盡，大火所燒時；我此土安隱，天人常充滿。」此言金剛界內，無有成壞之相也。

○依法出生分第八

經「須菩提，於意云何？」至「所謂佛法者，即非佛法。」

註曰：此分名依法出生分，然依般若法，出生佛果菩提也。如來於此，招告當機，須菩提於意云何？佛意欲顯無為之福，先將有漏之福，問於善現，若人以滿三千世界，盡是七寶，以用布施，所作得之福德，其福德寧為多不？下文須菩提乃答云：甚多世尊！善現謂：大千七寶，寶多福勝，故曰甚多也。何以故者，自徵問甚多之義，是福德者，卽事福也。卽非福德性者，非般若福德種性，不能成就菩提。此但住相布施，唯成有漏之因，只得人天福報也；是故如來說福德多者，於世間事福，乃云多也。佛又招告須菩提言：若復有人，於此經中，此經者，指此般若人人俱有，箇箇周圓，上至諸佛，下及螻蟻，亦具此經，卽妙圓覺心是也。無物堪比，有人於此經中，受持四句偈等。受者，直下承受；持者，時時行持，更為他人分別解說，其福勝彼。七寶布施之福，只得人天有漏之報，此言四句之偈，以少況多，四句功德旣云無邊，況一經功德豈可思議者哉?!言其因經悟性，四句現前，福等太虛，歷劫不壞，只至成佛，永無退轉，故云其福勝彼。可謂「爭似無為實相門，一超直入如來地」是也。古今論四句偈者不一，各執己見，初無定論，但依銅碑記云：天親菩薩昇兜率宮，請益彌勒，如何是四句偈？彌勒云：無我相，無人相，無衆生相，無壽者相是也。何以故者，佛意自徵自釋，招告善現：何故於此經，受持四句，為人講說，所得福德勝於大千世界七寶布施也?佛乃自答云:一切諸佛,及所證菩提等法,皆從此經出。言此經之功,極大無窮,非指此一經文字語言,乃指實相般若之心也。所謂佛法者,佛於此再呼須菩提,而告之。所謂佛法者,乃指上文,所謂阿耨菩提法也。佛恐人泥著此佛法,故云卽非佛法也。非是真實有此佛法,乃假名為佛法而已。蓋謂佛法本來無有,唯假此法,以開悟衆生耳。如來所說佛者,令人覺也;所說法者,令人悟也。若不覺不悟,執取心外佛法者,卽非佛法也。傅大士頌曰:「寶滿三千界,賷持作福田;唯成有漏業,終不離人天。持經取四句,與聖作良緣;欲入無為海,須乘般若船。」

寶滿三千,財施有盡,偈宣四句,法施無窮;發生智慧光明,流出真如妙道。

寶滿三千者,言財施潤衆生之身,無飢寒苦,得歡喜樂,只是人間天上之福,為有漏之果,福盡墮落,依舊沉淪,故云「有盡」,可謂「住相布施生天福,猶如仰箭射虛空」也。偈宣四句者,言法施潤衆生之心,令聞法者,心生歡喜見性明心,超凡入聖,得證菩提;聽者既證菩提,說者豈不成道,故云「法施無窮」也。發生智慧光明者,此釋呈上文,法施無窮所以,言聞法之人,發生本有智慧光明,又能向自性中流出真如妙道。故經云:一切諸佛,及阿耨菩提,，皆從此經出也。

所以稱揚德勝，了達性空，徹諸佛之本源，豁一經之眼目，還見四句親切處麼。

所以稱揚者言，佛告須菩提：稱揚能持四句功德，勝彼七寶布施之福。言持經得見自性，聞法乃證菩提，發生智慧光明，流出真如妙道。又能了達自性本空，真心清淨，爾得洞徹十方諸佛根本之源，豁開一經之眼目，卽指經中般若智為眼目也。還見四句者，此是科家徵問之辭，發明四句親切之義，此中自問，下文自答也。

真性洞明依般若，不勞彈指證菩提。

此是科家，答上親切之義也。言真性洞明者，行人果能洞達明了真性，必依般若大智修持，速證菩提。此言不勞彈指者，般若卽一心也。豈心外又有菩提可證，故云「不勞彈指證菩提」。可謂「彈指圓成八萬門，刹那滅却三祇刼。」

徒將七寶施三千，　四句親聞了上根；
無量劫來諸佛祖，　從茲超出涅槃門。

初句，頌財施有盡，以七寶布施，人天受福，還有墮落也。次句頌法施無窮，上根之人聞四句義，心離四相，證我空理，直至成佛，永無退轉，故云「四句親聞了上根」也。後二句，呈前法施無窮，從上佛佛祖祖，見性得道，皆因法施證入涅槃，可謂：「十方薄伽梵，一路涅槃門。」

慧燈不滅魔難入，　智鏡常明夢不侵；
堪嘆浮生瞌睡漢，　從他萬劫恣昏沉。

前二句，警行人以智慧，破內外惑也。言慧燈不滅者，以法相宗中，因位名慧，言慧能揀擇，故於地位中，善能揀擇，大小性相邪正，真妄諸法，一一揀擇分明，以慧治內惑，以燈能破外暗，使外魔不能入，內魔不能侵，可謂慧燈不滅也。智鏡常明者，法相宗中果位名智，以智能決定，故法身本智，如大圓鏡，內外洞明，無不照徹，故云智鏡常明，幻妄之夢不侵也。後二句，讚歎一切眾生，不悟本有智慧，被無明煩惱蓋覆，終日冥冥不覺不知，故云「瞌睡漢」也。從他萬劫者，既不明此智慧，從劫至劫，生死永沉，往來六道，流轉無窮，何止萬劫而已哉，故云「從他萬劫恣昏沉」也。

頭髮焦然乾竹釵，　兩肩擔水又擔柴；
一生貧賤多辛苦，　厭惡女身歸去來。

此四句，行容女人身為苦器。蓋有三監，五障，不得自在。又有如此貧窮下賤，逼迫身心，何不早念彌陀，捨此貧窮困苦之身，生於淨土極樂之界。此娑婆世界，不但女人有如此苦，盡三界二十五有，六道衆生，天有五衰之苦，人有八苦交煎，何啻兩肩擔水擔柴之苦耶！若生西方，永離八苦，無諸惡道，但受諸樂，直至成佛，永無退轉者矣！

一相無相，本自如然，不在口宣傳，五果四向，誰後誰先。

此科昭明太子，判此一段經文，名為一相無相分第九。盖四果人，雖有差別不同，同證一實相之理。實相者，無相也。本自如然者，本來自具真如妙理也。不在口宣傳者，其實此真如妙理，口欲談而詞喪，心欲緣而慮忘，理圓言偏言生理喪也。五果四向者，卽五不還果也。是第三果阿那含人，居五淨居天，斷惑有五種那含果也。四向者，卽第四果人，離四向證四果也。誰後誰先者，言五果四向人，有利鈍不同斷惑出三界，利根者，先斷先證；鈍根者，後斷後證也。

絲毫不掛，萬法周圓；圓明彌滿，無心照大千。

此論前來五果四句，有先後，有利鈍，斷惑出三界證四果，差別不同也。今言絲毫不掛，似最上頓宗，了萬法本空，真心本淨，無惑可斷，無果可證，故云萬法周圓。似真如徧於萬法故法法周備，圓滿具足也。圓明彌滿者，此喻本有真心，靈光獨耀，如中秋月，普照十方，可謂：「一點靈明通宇宙，那分西竺與曹溪。」

五果幷四向，　本體元無相；　兩目不相似，　鼻孔都一樣。

五果者，即五種那含果也。四向者，即四果阿羅漢向。向者，往也，將往四果出三界也。本體元無相者，雖五果四向，差別不同，以真如本體理上，元來無相也。兩目不相似者，呈前五果四向，從凡至聖，修證階級各各不同，如人兩目，左右必不相似一般也。鼻孔一樣者，言所悟真理，實然不異，故云「鼻孔都一樣」也。

○一相無相分第九

經「須菩提！於意云何？」至「色聲香味觸法，是名須陀洹。」

註曰：此分之義，敘得果之疑因也，從上無為法，不可取說而來。論云：向說無為法，不可取說，云何聲聞各取自果，如證而說也？此下顯斷疑之義。蓋四果雖差別不同，同證一實相理，故云「一相無相」也。梵語須陀洹，華言入流。佛於此招告當機，須菩提！於意云何？佛恐四種羅漢，不知以無念為宗，尚萌所得之念，故設問告之云：須陀洹能作是念，我得須陀洹果不？意云：汝能作得果得道之念不？須菩提答之云：不也！言不作得果之念也。須菩提復向佛說：須陀洹人所得之實，故稱世尊。何以故者，乃徵問之辭，以何意故，名須陀洹。此人名為入流，言得入聖人之流，斷三界八十八使見惑，離四趣生，證初果位，故云入流也。而無所入者，言此人，心無所得之念，不入六塵境界，斷除人我執著之相，以無取心，契無得理，故名須陀洹也。傅大士頌曰：「捨凡初入聖，煩惱漸輕微；斷除人我執，剏始證無為。緣塵及身見，今者乃知非；七返人天後，趣寂不知歸。」

經「須菩提！於意云何？」至「而實無往來，是名斯陀含。」

梵語斯陀含，此云一來，即第二果阿羅漢也。佛於此招告當機，須菩提！於意云何？佛恐於所得果上，心有所得之念，故設問告之於汝心意云何？斯陀含能作是念：我得斯陀含果不？佛意云：汝能作得果得道之念不？須菩提答之云：不也！言我不作得果之念。須菩提復向佛說：斯陀含人所得之實，故再稱世尊，何以故者，徵問義，以何意故名斯陀含？此斯陀含者，名一往來。蓋以欲界有九品思惑，前六品已斷，後三品未斷，更須於欲界，一往天上受生，一來人間受生，不復再來人間也。而實無往來者，此人證無為果時，而心無所得，不見有往來之相，故名斯陀含也。

經「須菩提！於意云何？」至「而實無不來，是故名阿那含。」

梵語阿那含，此云不來，卽第三果阿羅漢也。佛於此招告當機，須菩提於意云何？佛恐此人，於所得所證，心有執取之念，故設問告之云：阿那含能作是念：我得阿那含果不？佛意云：汝能作得果得道之念不？須菩提答之云：不也！意云：我不作所得之念。須菩提得向佛言：阿那含人所得之實，故稱世尊！何以故者，自徵問義，以何意，故名阿那含，此阿那含名為不來。蓋此人，於欲界思惑已斷，更不來欲界受生，故名不來也。而實無不來者，此人已悟人法俱空，心無所得，而實無不來之相，故名阿那含也。

經「須菩提！於意云何？」至「卽為著我人衆生壽者。」

梵語阿羅漢，華言殺賊，名含三義：其一、殺煩惱惑使，其二、後報不來，其三、應受人天供養。又名無學，以三界內見思煩惱已盡，究竟真理，無法可學，故名無學，卽第四果阿羅漢也。佛於此招告當機，須菩提於意云何？此阿羅漢能作是念，我得阿羅漢道不？佛恐此人，心有所得之念，故問云：汝能作得道得果之念不？須菩提答之云：不也！意云：我不作得道之念。須菩提復向世尊說無所得之實，故再稱世尊！何以故者，自徵問義，以何意故名阿羅漢？此阿羅漢，實無有法名阿羅漢，此人自初果，至四果，皆因證此無為之體，實無有法可取可捨，既無取捨，境智俱亡，豈有得果之心？我心既空，無得道念，故名阿羅漢。須菩提又稱世尊！若阿羅漢作是念：我得阿羅漢道，卽著我人衆生壽者，意云：若阿羅漢，於道有得，於法有取，作得道之念，有所得之心，卽我相未除，是凡夫行，則著我人衆生壽者也。

經「世尊！佛說我得無諍三昧」，至「我是離欲阿羅漢」。此言須菩提，再稱世尊云：佛說我得無諍三昧，人中最為第一，是第一離欲阿羅漢者，乃是善現明佛先許，我得無諍三昧。言無諍者，一念不生，諸法無諍也。梵語三昧，此云正定，離諸邪定故也。人中第一者，言得此無諍，精妙之處，於諸弟子中，最為第一也。然善現所證之果，不過無學，而世尊獨稱第一者，以無諍故也。第一離欲者，以三界煩惱貪心，卽名為欲，以善現微細四相，皆以滅盡，愛染不生，故云離欲阿羅漢也。世尊我不作是念者，須菩提復向佛說：無所得之念，故再稱世尊，我不作是念：我是離欲得道果者，以須菩提，外不取離欲之名，內不執所得之果也。

經「世尊！我若作是念」，至「而名須菩提，是樂阿蘭那行」，

此明須菩提恐大衆不知去所得心，是以啓咨世尊，至於再四。我者，卽須菩提自稱也。我若作是念：我是得道得果阿羅漢，世尊則不說我須菩提，是樂阿蘭那行者。梵語阿蘭那，此云無諍，我若作是念，世尊則不應，記我無諍之行，最為第一，以我須菩提實無所行。蓋以心無所得，離三界欲，證四果法，得無諍三昧，方受須菩提名，所以佛許須菩提，是樂阿蘭那行者。傅大士頌曰：「無生卽無滅，無我復無人；永除煩惱障，長辭後有身。境亡心亦滅，無復起貪瞋；無悲空有智，翛然獨任真。」

人天往返，諸漏未除，道果雙忘，無諍第一。超凡入聖，從頭勘證將來；轉位回機，透底盡令徹去，委悉麼？！

人天往返者，言初果人，七生天上，七生人間，斷三界八十八使見惑盡，方證初果。言二果人，一生天上，一生人間，斷欲界五趣雜居地中，前六品思惑盡，方證二果。言三果人，一往天上，斷欲界後三品思惑盡，方出欲界，再不來欲界受生，方證三果，居五不還天。斷後八地中，七十二品思惑盡，方出三界

，故云「人天往返」也。諸漏未除者，言六根發識，六塵牽引，皆為漏也。凡夫漏於有為，二乘漏於無為，菩薩漏於中道，今正言初果、二果、三果、及四果阿羅漢，雖斷三界內見思二惑，得出三界，已是漏在界外，尚滯偏空，墮於無為，故云「諸漏未除」也。道果雙忘者，言阿羅漢，已斷見思二惑，證無為理，遣去得道得果之執，方稱無諍第一之行，故云「道果雙忘，無諍第一」也。可謂：「迷悟到頭俱莫戀，眼中金屑無難留。」超凡入聖者，言初果至於四果，無諍三昧阿蘭那行，謂之從頭勘驗次第，皆是斷惑證果而來也。轉位回機者，此科家拈情意云：阿羅漢雖是從凡入聖，得證無為，住在二乘，灰心泯智，捨有趣無，精進研窮，滅受想定，須要轉去二乘之位，回滯小乘之機，於此發菩提心，修菩薩行，謂之轉位回機，將前滯小之意，盡令透底徹去，纖毫不存，可謂：「眼中撥盡黃金屑，觸處縱橫鳥道玄」。還委悉麼者，乃科家審問之辭，要人著眼也。似我如上所說，汝諸人會麼？下文伸答是也。

勿謂無心云是道， 無心猶隔一重關。

此二句，是同安察禪師，頌心印偈中，末後兩句，科家引來比無心之義，言初果不入六塵，不著聖流無心也。二果不著往來之相，無心也；三果不著不來之相，無心也。四果不著有無之相，無心也。涅槃經云：阿羅漢已離子縛，以因中為子，即八十一品思惑，故得無心也。無心猶隔者，此阿羅漢果縛猶存，執涅槃果，有苦依身在，有說涅槃之苦，依著法身，故隔一重關也。故大論云：二乘雖破三毒煩惱，不了了盡，如香在器中，香雖去而餘氣猶存，若乳母衣，久故垢著，以淳灰水洗淨，雖無有垢，而垢氣猶存，此喻二乘，既有餘習，故謂之隔關也。

果位聲聞獨善身，　寂然常定本非真；
回心頓入如來海，　倒駕慈航逆渡人。

前二句，行容二乘行相，如獐獨跳，不顧本羣，唯能自利，不能利人，所以獨善其身也。雖是寂然，常在定中，非是大乘真實之道，無餘涅槃，故云非真也。後二句，指示大乘真實之道，謂二乘人，回小向大，發菩提心，行菩薩行，回二乘人趣寂之心，頓入如來妙覺果海也。從妙覺海，倒駕慈航逆流而出，即返入塵勞，分身九界，與慈運悲，廣利有情，故云「逆渡人」也。

樓頭畫鼓五更闌，　爭奈衆生被眼瞞；
不見性天光燦燦，　但於夜後黑漫漫。

此四句，明大地衆生從晝至夜，只貪世事，不明真性，眼被色牽，耳隨聲轉，鼻舌身意亦復如是。闇者，盡也。言五更之闇，謂五更將盡而天明也。衆生被眼瞞者，言衆生，盡此一夜，只貪睡眠，及至日間，又被色轉，不知日用見聞，皆是當人自性，所以被眼瞞也。後二句，謂被眼瞞之義。不見性天者，言世人只知貪眠見色，被物所迷，不知見色卽是見心，聞聲卽是聞性，所以不見性天之道也。但於夜後者，既不明性天之道，只管向外馳求，迷頭認影，如處長夜，夢寐莫曉，故云「夜後黑漫漫」者矣！

極樂國中真快樂，　永無八難及三災；
常聞天樂空中響，　敢勸衆生歸去來。

此四句，歎西方境勝，令人歸向也。初句，言生西方人，蓮華化生，思衣得衣，思食得食，無生死苦，無憂悲苦，故曰快樂。可謂「稱身瓔珞隨心現，盈器酥酡逐念來」也。次句，言彼國衆生，無諸衆苦，卽八難三灾也。八難者：一、地獄難，二、餓鬼難，三、傍生難，四、盲聾瘖瘂難，五、世智辯聰難，六、佛前佛後難，七、北拘盧洲難，八、無想天難。故云八難也。三灾者：大三灾，卽水火風也；小三灾，卽刀兵疫病饑饉也。淨土無有此苦，故云「永無八難三災」也。三句，言彼佛國土常作天樂，又云：彼佛國土微風吹動，諸寶行樹及寶羅網，譬如百千種樂，同時俱作，故云「天樂空中響」也。四句結頌，乃是科家慈心太切，既是淨土如此之樂，娑婆如此之苦，我今普勸汝等衆生，急早念佛，同歸淨土。優曇頌曰：「老來死至怎生醫，樂土風光誰得知；到者同名無量壽，因從此界念阿彌。」故云「敢勸衆生歸去來」也。

莊嚴淨土，錦上添花，徒勞任算沙，然燈昔日，授記無差。

此科昭明太子，判此一段經文，為莊嚴淨土分第十。蓋菩薩以清淨心，不住六塵，均修萬行，莊嚴法身淨土，故名莊嚴淨土也。錦上添花者，言此法身淨土，人人本有，如錦相似，菩薩復假萬行莊嚴，如錦上添花，乃是稱性莊嚴淨土也。徒勞任算沙者，此是科家，與人拈情，恐人向莊嚴處認著，既是法性本有淨土，何假莊嚴，故云「徒勞任算沙」也。然燈昔日者，如佛問須菩提：如來昔在然燈佛所，於法有所得不？須菩提答云：於法實無所得？佛言：如是！如是！以實無有法可得，是故然燈與我授記，汝於來世，當得作佛。科家意謂：似此實無有法可得，方是於理，無有差錯也。可謂：「分明不受然燈記，自有靈光耀古今。」

因風吹火，末後拈華，誰人會得，迦葉便笑他。

此科因然燈授記，而言無法可得，故云因風吹火，所以世尊末後拈華，倣倣成風也。誰人會得者，此言世尊，既因然燈授記，無法可得，所以末後拈華，誰人會得，唯有迦葉破顏微笑，會得無說無傳，本有之道，所以便笑他也。

莊嚴生淨土，　金粟眼中沙；　初生全泄漏，　末後又拈華。

前二句，拈情也。莊嚴生淨土者，前來有為教中，菩薩以六度萬行，為莊嚴法身淨土，佛恐須菩提，執著實有莊嚴，故問云：菩薩莊嚴佛土不？此須菩提，即以大乘理答之云：莊嚴淨土者，即非莊嚴，是名莊嚴。此明自性之土，不在莊嚴，自性無相，量等虛空，如何莊嚴也。佛又云：菩薩生清淨心，不著六塵，應無所住而生其心，方是莊嚴淨土。科家意云：須菩提，雖然稱理莊嚴，還有此莊嚴之念，所以云「金屑雖貴，落眼成塵」。故云「金粟眼中沙」也。初生全泄漏者，此是科家，把住世尊之義，言真淨界中，本無諸佛出世。今生梵宮已是漏泄真機，謂初生時，周行七步，目顧四方，一手指天，一手指地，天上天下，唯吾獨尊。古德云：「指天指地語朗朗，送語傳言出畫堂；使者尚能多意氣，主人應是不尋常。」此貶傳言送語，漏泄真機，故云「初生泄漏」也。末後拈華者，言佛住世四十九年，談經三百餘會，卽是應機而說，至理本來無言，所以末後拈華，迦葉微笑，世尊云：「吾有正法眼藏，涅槃妙心，付囑迦葉，汝善流布，勿令斷絕。」此明拈華，雖顯無言之道，爭柰付囑，已落第二門頭，豈非漏泄也。

○莊嚴淨土分第十

經「佛告須菩提！於意云何？」至「於法實無所得。」

註曰：此分之名，為莊嚴淨土分者，以菩薩修六度萬行，布施戒定慧等，一切善法，皆名莊嚴，外不染六塵，內無我人相，不著斷滅，故名淨土也。時佛於此招告當機，須菩提於意云何？於汝心意如何，又云：如來昔在然燈佛所，於法有所得不？此乃佛恐須菩提，疑佛因中，昔受然燈之記，於法實有佛果菩提所得，故興此問也。須菩提向佛答云：不也。世尊！如來在然燈佛所，於法實無所得，意云：於般若真空理上，實無所得之法也。傅大士頌曰：「昔時成善慧，今日號能仁；看緣緣是妄，識體體非真。法性非因果，如理不從因；謂得然燈記，寧知是舊身。」

經「須菩提！於意云何？」至「卽非莊嚴，是名莊嚴。」

佛於此招告當機，須菩提於意云何，菩薩莊嚴佛土不？佛意恐須菩提起疑，前來既言法不可取，云何諸菩薩，以修六度萬行，取莊嚴淨土耶？故佛問之：汝謂菩薩修行六度莊嚴，欲取佛淨土不？須菩提自答云：不也世尊！意云不取相莊嚴佛土，故稱世尊也。何以故者，乃是自徵之義，以何意故，菩薩不取相莊嚴佛土，又答云：莊嚴佛土者，卽非莊嚴，是名莊嚴。須菩提意云：此莊嚴佛土者，謂菩薩修六度萬行，造寺寫經，布施供養，此是著相有為莊嚴，故云卽非莊嚴也。若菩薩心常清淨，不向外求任運隨緣，一無所得，行住坐臥，於道相應，故云是名莊嚴佛土也。傅大士頌曰：「掃除心意地，名為淨土因；無論福與智，先且離貪瞋。莊嚴絕能所，無我亦無人；斷常俱不染，穎脫出囂塵。」

經「是故須菩提諸菩薩」至「應無所住而生其心」，

是故者，乃結上起下之辭也，以前文云：菩薩於法實無所得，又不取相莊嚴佛土，以是之故，佛再告須菩提，諸菩薩摩訶薩，應如是生清淨心。佛意勸勉菩薩，應當如是，生真如無染清淨之心也。下文顯生清淨心，所以不應住色者，卽不住六塵境，是生清淨心也。應無所住者，卽不住六塵，不住善惡，不住凡聖，不住生死涅槃等也。而生其心者，卽是諸佛清淨心體，不生不滅，不增不滅，盡十方世界，獨露此一箇真心也。

經「須菩提！譬如有人。」至「佛說非身，是名大身。」

梵語須彌盧，此云妙高，以此山四寶所成，曰妙；獨出衆山，曰高。又名山王者，謂在衆山之中，故稱王也。佛以此為喻，故招告須菩提言：譬如有人，身如須彌山王，於意云何，是身為大不？佛意以人身高大，如須彌山，實無此理，謂之非喻而喻，比況真性無相，色裹太虛，雖須彌山，不足比其高大，故託大身，所以為問，故云是身為大不？須菩提答之云：甚大！以須菩提，深悟佛義，遂有甚大之對，故再稱世尊也。何以故者，乃自徵之義，以何意故，名之為大。又恐大衆未曉，重為辯之曰：佛說非身，是名大身。言非身者，即法身也，真心也。以謂法身，心量廣大，等虛空界，無形無相，無可比類，方名大身。傅大士頌曰：「須彌高且大，將喻法王身；七寶齊圍遶，六度次相隣。四色成山相，慈悲作佛因；有形終不大，無相乃為真。」

如來續焰然證，實無可得之法，菩薩莊嚴佛土，應無所住之心，諸妄消亡，一真清淨。

如來續焰者，即釋迦因中為善慧仙人，献華於然燈佛，證無所得法，然燈佛授記云：汝於來世，當得作佛，號曰釋迦，故云「續焰然燈」，實無所得之法也。菩薩莊嚴者，菩薩以無所住心，不住六塵，生清淨心，莊嚴法身淨土也。諸妄消亡者，卽不染六塵，諸妄消亡，唯顯一真清淨無染之道也。

昔究法華妙旨，親感普賢誨言，清淨身心，安居求實，冥符奧義，豁悟前因，直得心法兩忘，根塵俱泯，且道莊嚴箇什麼？

此是科家，舉自證驗他也。言我昔究法華妙旨，至八百身功德處經云：得清淨身，如淨瑠璃，衆生喜見其身淨故，三千大千世界衆生，生時死時，上下好醜，生善處惡處，悉於中現，於此有疑，然後作觀思惟，親感普賢菩薩誨語云：汝有身心在，未得身根清淨。科主於是，清淨身心，安居靜室，復起觀智以求實相，忽然有省，冥符經中奧義也。豁悟前因者，卽科主自悟前世之因也。心法兩忘者，此明豁悟前因所以也。直得心忘四相，法忘二執，內根不生，外塵自泯也。可謂「心是根，法是塵，兩種猶如鏡上痕；痕垢盡時光始現，心法雙忘性卽真」也。且道莊嚴者，乃科主徵問之義，竟云：「既是心法兩忘，又莊嚴箇什麼？」可謂「虛空無面目，何用巧粧眉」也。

彈指圓成八萬門，　　刹那滅却三祇劫。

此二句，以顯大乘圓頓境界，初發心時便成正覺，於一念之間，頓成佛道，不經三阿僧祇劫而修，當下圓成八萬法門佛事，可謂「爭似無為實相門，一超直入如來地」矣。

正法眼中無所得，　　涅槃心外謾莊嚴；

六塵空寂無人會，　　推倒須彌浸玉蟾。

前二句，頌如來受記然燈，以正法眼藏涅槃妙心，佛佛授受，祖祖相傳，不立文字，名為教外別傳，雖有傳而無法可傳，雖有授而無法可受，故云「正法眼中無所得」也。既是正法眼中無有所得之法，即今涅槃心外，謾說莊嚴淨土也。此言即心之道，心外無法，可謂「有燈堪照世，無法可傳人」也。後二句牒經文義，經云：應如是生清淨心，不應住色聲香味觸法生心，既是不住六塵，却是六塵空寂，顯出涅槃妙心。爭柰無人領會，如推倒須彌相似。玉蟾即月之別名，以日月遶須彌行，故有晝夜之隔，今言推倒須彌，日月同處，不分晝夜，亙古常明，既是天上之月常明，水中玉蟾亦常浸也。境喻六塵，既是空寂，涅槃妙心常顯，即心即境，寂照不分，故云「推倒須彌浸玉蟾」也。

百歲光陰一剎那，　　凌晨淨口念彌陀；

看經讀誦無休歇，　　必免當來過奈河。

此四句，歎時光易度，剎那不停，何不念佛看經，禮佛行道，堅持一念之真，勿逐六根之妄，必免當來不墮三途，可謂：「誦一卷經，通身慶快；念千聲佛，滿口光明。」

造論弘經大辯才，　　馬鳴龍樹及天台；

圭峰乃至清涼老，　　總勸西方歸去來。

造論弘經者，卽馬鳴龍樹，各造諸部之論，弘大乘經也。天台、圭峰、清涼、弘宣大乘諸部經典也。皆具戒定慧，有大辯才也。馬鳴菩薩，依楞伽經、勝鬘經、密嚴等經，而造起信論，佛性論，寶性論，以弘諸大乘經，而起信論中，其末結歸曰：復次衆生，初學是法，欲求正信，其心怯弱，以住於此娑婆世界，自謂不能常值諸佛，懼謂信心難可成就。意恐退者，當知如來有勝方便，攝護信心。謂以專意念佛因緣，隨願得生他方佛土，常見於佛，永離惡道，大論云：此菩薩道成劫，號大光明佛，今乃助化，示居八地，父名盧伽，母名瞿耶，又名功德日菩薩也。龍樹菩薩，乃依八部般若，及諸空宗經典，而造大智度論一百卷、中論四卷、十二門論一卷，亦弘大乘經也。入楞伽經，佛告大慧：

汝當知善遊涅槃後，未來世當有持於我法者，南天國土中，大明德比丘，厥號為龍樹，能破有無宗，世間中顯我，無上大法寶，得初歡喜地，往生安樂國，後造大智度論。中云佛是無上法王，諸大菩薩為法王臣，諸臣所尊者，唯佛法王，是故菩薩應當念佛也。後曇鸞法師，一夕室中，見梵僧謂曰：「吾龍樹也，居淨土久矣！以汝同志，故來相見。」鸞曰：「何以見教？」樹曰：「已去不可及，未來未可追；現在今何在，白駒難以回。」言訖不見，曇集衆念佛而終也。天台智者大師，製造法華玄義二十卷、涅槃疏、金光明疏、天台止觀、及四教儀、淨土十疑、折攝二門，師於新昌大石像前告滅，弟子請問生方，曰：吾諸善友，皆從觀音而來迎我，及夜見有佛至，臨終說諸法門，令唱無量壽經，及觀經題目，乃顧大衆合掌讚曰：「四十八願，莊嚴淨土；華池寶樹，易往無人，火車相現，一念改悔，尚得往生，況戒定慧熏修，聖行道力，實不唐捐。」言訖稱三寶名，安然而滅，後有僧求知生方，乃夢觀音，金容數丈，智者從後而告僧曰：「汝心有疑，決不得生，故知智者，已生西方決矣，信不誣哉！」圭峯釋經造疏鈔，亦勉人念佛求生西方，清涼國師，製造華嚴疏鈔，百有餘卷，普賢菩薩，教善財發十大願，清涼曰：「若有行人，於此大願，受持讀誦，是人命終，一切諸根，悉皆壞散，一切親眷，悉皆捨離，一切威勢，悉皆是失，唯此願王，不相捨離，於一切時，引導其前，一剎那中，卽得往生極樂世界，到已卽見阿彌陀佛，生蓮華中，蒙佛授記，言於十方世界，以智慧力，隨衆生心，而為利益，不久當坐菩提道場，成等正覺，拔彼衆生，得生彼國，總十有四頌，皆勸念佛往生淨土也。

無為福勝，四句堪誇，如塵比數沙，住相布施，凡聖皆差。

無為福勝者，此科昭明太子，判此一段經文，為無為福勝分第十一，以持經功德，顯般若智，能出生佛果菩提之法，故名無為得福勝也。四句堪誇者，以持經四句功德，勝前七寶布施功德，故云堪誇也。如塵比數沙者，此科如恒河中，所有沙數，寧為多不？須菩提答言：甚多。以此喻有為布施福多也。住相布施者，此科佛說以沙數七寶，布施於人，得福雖多，乃是住相有為人天之福，未出有為，福盡墮落不免輪迴，故云凡聖差也。

無來無去，月照簾下，無根樹子，常開四季華。

此科，若人於此經中，受持四句偈，為他人說，而此福德，勝前大千世界，七寶布施之福，以持經見性成佛，永無退轉，所以無來無去無生無滅，此顯般若真空無為之道，如月當天，光通玉戶，千江普應，一月無虧，故云：「無來無去，月照簾下。」可謂：「家家門掩蟾蜍月，處處鶯啼楊柳風。」也。無根樹子者，此明般若真智，無形無相，如無根樹子，常開四季之華，可講：「枯木花開，漏出先天境界；冷灰豆爆，衝開鼻祖玄關。」也。

四句絕堪誇，　河沙數漸多；　算來無一法，　靜處娑婆訶。

前二句，牒持經功德最勝，故云：四句絕堪誇也。若人能持四句之功德，勝過恒河沙布施之福德，故云：河沙數漸多也。後二句，科家恐人，聞四句福勝，於此執著，故與拈情，雖四句功德，勝過七寶布施之功，若以真空理上算來，無有一法可得，不如有人，於寂靜處，受持一娑婆訶功德，速到彼岸也。梵語娑婆訶，此云速疾到彼岸矣。

○無為福勝分第十一

經「須菩提！如恒河中」，至「而此福德勝前福德」。

註曰：此分經文，佛欲顯無為福勝，故先以恒河沙數等恒河，問之云：須菩提！如恒河中所有沙數，如是沙等恒河，乃至寧為多不？此恒河者，正云殑伽河，此翻云從天堂來，周圍四十里，佛多近此，以取為喻。蓋因衆人而所常見，故取為譬喻也。然佛以此恒河沙數等恒河，問於須菩提寧為多不，欲使先悟此沙之多數，然後以持經之四句，比之猶多，故乃問之也。須菩提領解佛義，答云甚多。世尊，但諸恒河尚多無數，何況其沙。意云：以恒河中沙數，一沙卽為一河，是諸河中，各有其沙，河尚無數，何況其沙也。佛乃復告當機：須菩提！我今實言告汝，若有男子女人，以七寶滿爾所恒河沙數，三千世界以用布施，得福多不？佛乃重顯無為之福，勝有為之福也。前第八分中，以大千世界七寶布施之福問之，此分以恒河沙數大千世界，七寶布施之福，問之云得福多不？佛意重顯持經，是無為福，倍倍轉勝也。須菩提答之云：甚多世尊！佛告須菩提，若男子女人，於此經中，乃至受持四句偈等，為他人說，而此福德，勝前福德。佛意受持此經四句之偈，卽自見性，得證菩提，又為他人，講演解說，敎人見性，成無上道，永出輪迴，高超三界，所以勝過前來，以恒河沙數七寶布施之福。蓋謂有相福德，未出三界也。智者頌曰：「恒河數甚多，沙數更難量；舉沙齊七寶，能持布施漿。有相皆為幻，徒言智慧強；若論四句偈，此福永為長。」

滿積恒沙七寶，周回布施三千，福德分明，因果不昧，能宣四句之偈，勝前萬倍之功，用真智以照愚，如急流而勇退，且道退後如何？

前四句，牒經文之義也。以滿積恒河沙世界七寶，布施於人，此但受人天之福，未出有漏，修有漏因感有漏果，故乃福德分明，因果不昧，先標喻文，後以法合也。後四句，顯受持此經，於人宣說四句之偈功德，勝前七寶布施功德，萬倍之多也。用真智者，此行容持經功德勝之所以，此言持經，以顯真智，當人自性也。照破愚惑，如明來暗謝，智起惑亡，故云照愚也。如急流勇退者，喻衆生心內，雜思妄惑，如急流之水相似，若是行人，大智現前，妄惑勇退也。且道退後者，此是科家自徵問義，向下伸答是也。

象踏恒沙徹底過，　大千沙界百雜碎。

此二句，答上問之義也。教中有兎馬象，三獸渡河之喻，兎喻聲聞，浮水而過；馬喻緣覺，入水而過；象喻菩薩，徹恒河底而過。河喻真空之理，三人雖悟一理，見有深淺，此金剛經，窮諸法底蘊。若大乘菩薩，用真智以照愚，如急流而勇退，直得諸法皆空，大千粉碎，可謂「一人發真歸源，十方虛空悉皆消殞」也。

重增七寶滿恒沙，　如棄甜桃覓苦瓜；

豁悟真空元不壞，　　百千三昧總虛花。

此四句，總是拈情也。前二句，以世界七寶，布施於人，是有為福，不能見性，如棄甜桃覓苦瓜相似，後二句，直指本源，若是行人，受持此經，悟真空理，元來不壞。此真空者，卽實相真空，不同斷滅之空，卽指色相之上當體全空，故云真空也。此理無成無壞，故云不壞也。傅大士頌曰：有物先天地，無形本寂寥，能為萬象主，不逐四時凋。若能悟此一段真空，就是百千三昧，也是空中之花。三昧只為遣有，今既悟真空，一切有為事法決定無有也。可謂：「大千沙界海中漚，一切聖賢如電拂。」

百歲光陰撚指間，　　奔馳不定片時閑；
煩君點撿形骸看，　　多少英雄去不還。

起句，歎光陰迅速，如撚指間便過也。二句，歎每日奔波不定，無有片時之閑也。後二句，令人省會，向自己形骸之上，檢點看，多少英雄一去不還也。傅大士頌曰：「精魄隨陰路，游魂入死關；只聞千萬去，未見一人還。寶馬空嘶立，庭花永絕攀；早求無上道，應免四方山。」

勢至悲光絕點埃，　　塵塵刹刹現如來；

真心量與觀音等，　　接引眾生歸去來。

前二句，頌二菩薩，光明各照千佛世界，其中人民，有急難恐怖，官詞苦楚，一切惡事逼迫，一心歸命，光照之處悉皆解脫也。勢至者，言菩薩有大勢力，拔濟眾生，但有稱名禮拜，菩薩卽至其前，故云勢至也。絕點埃者，讚菩薩悲光熾盛之極，一切眾生肉眼，仗菩薩光，卽得徹見十方世界，塵中之刹，刹中有佛，於眾生說法也。古德云：「高超淨土捨娑婆，一步歸來快樂多；常寂光中都坐斷，塵塵刹刹是彌陀。」後二句，美此菩薩，心量行願，與觀世音菩薩，無二無別，隨逐彌陀化主，接引眾生，同歸淨土也。

尊重正教，誰敢輕慢，塔廟在身邊，人人本有，箇箇皆然。

此科昭明太子，判此一段經文，為尊重正教分第十二，以此經所在之處，則為有佛，若有弟子，持誦此經，卽為三寶俱在，感得天人供養尊重持經之人，故云尊重正教也。誰敢輕慢者，此言三寶既在，天人尚重，誰敢輕而不信，慢而不敬也。塔廟在身邊者，乃科家，分明指出此塔，在人身邊，不可遠尋也。故經云：隨說此經乃至四句偈等，當知此處，一切世間，天人阿脩羅，皆應供養，如佛塔廟，若是經典所在之處，則為有佛，言其般若之智，是佛法身舍利，故云塔廟在身邊也。人人本有者，言此塔廟，既在當人身邊，人人本具，不從外得，故云本有，不假修成，本來自然，故云箇箇皆然者耳。

金剛寶藏，體自周圓，若還信受，拈來自檢看。

此是科家，分明指示，上云：塔廟在身，人人本有，今乃教人，受持此個金剛寶藏，周徧法界，圓裹十方，頭頭顯現，法法全彰，眼見耳聞，無非寶藏。故云「體自周圓」也。若還信受等者，科家意云：我今如此分明指示，汝若信受此法，爾試拈來自家檢點看，是也不是者哉?!

起坐皆尊重，　常親塔廟前；　如如元不動，　處處得安然。

前二句，牒經文義云：若是經典所在之處，則為有佛，如佛塔廟，若是有人，受持此經，於四威儀中，常自尊重保守，如親在塔廟之前相似。塔廟者，唐梵兼舉，梵語塔波，唐言廟塚。又云藏佛舍利，謂之塔；供佛形象，謂之廟也。後二句消歸於理，而得自在，若是行人，不隨境轉，其心如如不動，於四威儀中，安然自在也。

○尊重正教分第十二

經「復次須菩提，隨說是經」，至「則為有佛若尊重弟子」。

註曰：此分經文，名尊重正教分，以般若是諸佛母，能出生佛果菩提，一切諸法，但能持誦四句之偈，乃感天人尊重供養，故云「尊重正教」也。佛於是再呼須菩提云：此經隨其所在之處，若有人受持讀誦為人演說，乃至一四句偈，則其功德利益，甚深廣大，當知此處，感得天人阿修羅，皆應供養，如佛塔廟，卽為有佛，以般若是如來法身舍利。經云：佛告藥王言：若經卷所住之處，皆應起七寶塔，極令高廣嚴飾，不須復安舍利，此中已有如來全身。若有人得見此塔，禮拜供養，當知是人，皆近阿耨菩提是也。何況有人盡能受持者，上云：持四句之功，如佛真身，舍利寶塔，在於此處，何況有人，盡能具足受持讀誦此經全文，當知此人，卽能成就無上佛果，菩提第一希有之法也。若是經典所在之處者，佛意云：此般若經典，卽法寶也。則為有佛，卽佛寶也。尊重弟子，卽僧寶也。故云：經典所在之處，卽三寶共居也。尊重弟子者，又因經勝，故當尊重，學居師後，故稱弟，解從師生，故稱子也。傅大士頌曰：恒沙為比量，分為六種多；持經取四句，七寶詎能過。法門遊歷處，供養感修羅；經中稱最勝，尊重似佛陀。

慈愍三根，隨說乃人天敬仰；受持四句，皆應如塔廟尊崇。常行無念之心，實為希有之法，如何是最上第一句。

此文，牒經中之義也。佛說此般若經，以慈愍之心，隨三種根器，說三乘教法。又隨說者，若有行人，隨其所在之處，解說此經，或受持讀誦，但以四句，乃感天人敬仰，如塔廟尊崇，似佛與大弟子，現在之說也。常行無念之心者，若是行人，常行無念，卽心離四相，境絕六塵，以無著之心，讀誦講演，實為成就最上第一希有微妙之法也。最上第一者，乃是科家徵問之義，經云：最上第一希有之法，故問云：如何為第一句？下文，伸答而顯露也。

非但我今獨達了，　恒沙諸佛體皆同。

此二句，答上之辭也。科家以永嘉證道之文，比此中第一句之義，此理非但我今獨自達了，至於恒沙諸佛，所證一體皆同也。此乃分明指示，果能如是之人，親證實到此理，方得如是受用，可謂：「十方薄伽梵，一路涅槃門。」

說處隨宜不滯空，　勸持四句為流通；
天龍覆護尊如塔，　功德無邊讚莫窮。

此四句，牒經之義也。經云：隨說是經，乃至四句偈等，科家意云：若是行人，隨其所在之處，隨順機宜，觀根逗教，而說四句之偈，令聞法者，不滯偏空，直取中道佛果菩提，復勸行人，受持四句，流通無盡也。天龍覆護者，若有人受持四句流通之處，感得天龍覆護尊敬供養，如佛塔廟，功德無邊，讚揚無有窮盡也。

百歲光陰老盡人，　青山綠水至如今；

開眸認取來生路，　莫學愚頑錯用心。

前二句，歎人生百歲，七十者希，言百歲光陰，為人壽老盡之處，此歎人壽不長，命不久留也。唯有青山綠水，古今長在。純陽云：「惟有兩般長不改，青山依舊水長流。」開眸認取來生路者，科家勉人，山水雖長，劫盡崩枯，唯有本來真性，萬古常存，無去無來，無生無滅，故云「開眸認取來生路」也。又叮嚀云「莫學愚頑錯用心」。意云：莫學愚癡之人，迷而不省，頑而不信，只管錯用心機，廣置田園，多修宅舍。古德云：「眼視仙庄境色幽，前人田土後人收；後人收得休歡喜，還有收人在後頭。」若如此省悟，必不錯用其心也。

念佛臨終見寶臺，　寶旛寶蓋滿空排；

彌陀勢至觀音等，　合掌相隨歸去來。

此四句，明念佛之人，有此效驗，若是行人，從初發心念佛，直至臨終更不退志，乃見七寶金臺自至，又有寶旛寶盖滿空排布，彌陀勢至觀音三聖，垂光接引，此念佛人，合掌相隨，同歸淨土。

如法受持，誰敢謾他，須菩提！意如何？我今為汝，一一言破。

此科昭明太子，判此一段經文，為如法受持分第十三，以須菩提，雖聞前來種種深義，而未知經名何等，云何受持流布，故乃請問經名。佛答：是經名為金剛般若波羅蜜，汝當奉持。又恐於般若上，而生執著，故云「即非般若」，以顯法性本空，不可取著，復於般若，無有所說，方為如法受持也。誰敢謾他者，科家意云：既是法無所說，般若非名，如此受持者，誰敢謾他也。須菩提意如何者，此分經文，佛問須菩提，總有三箇於意云何之問，初問：如來有所說法不？二問：世界所有微塵是為多不？三問：可以三十二相見如來不？下文伸出所以也。我今為汝一一言破者，此明佛以三次，問於意云何，乃告須菩提云：諸微塵，如來說非微塵，是名微塵，如來說世界，非世界，是名世界，故云「一一言破」也。

白雲散處，月照禪河，文殊不遠，休巡山土坡。

上二句，科經文云：須菩提！不以三十二相，見如來法身，故云「白雲散處」也。月照禪河者，既不著相見法身，卽是真空實相，無相可觀，如月照禪河，光水一體也。下二句，科經中，以恒河沙身命布施，不如受持此經四句偈等，其福甚多，今云「文殊不遠」者，以文殊表智，喻此經，四句偈，卽是當人本有真智，能趣菩提無漏果也。故杜順祖師，送弟子遊五臺山偈曰：「遊子漫波波，臺山禮土坡；文殊只這是，何更覓彌陀。」故云「文殊不遠，休巡山土坡」也。

如法謹受持，　福勝等須彌；　白雲消散盡，　明月始光輝。

前二句，頌經文之義也。如法者，科家意云：若是行人，不執般若之名，不著有法可說，方是如法受持，稱理而修，其福勝過須彌山之高廣，以持經是無為福，能成勝果，故云「福勝等須彌」也。後二句，以白雲消散盡，喻經文云：不著有法可說，不著有世界微塵，不著三十二相，故如白雲消散盡也。明月始光輝者，既於一切法，不生執著，獨顯實相真理，如明月當空，性天朗耀，故云「明月始光輝」也。

○如法受持分第十三

經「爾時，須菩提白佛言。」至「世尊如來無所說。」

註曰：此分經文，名如法受持也。以須菩提，既聞此經，實為希有之法，未知此經，以何為名？所以白佛當何名此經？我等云何受持流布？佛乃答之云：是經名為金剛般若波羅蜜，以是名字，汝當奉持。如是答者，佛意謂前所問答，種種義理，不過安住降伏，能斷能空，總是金剛般若波羅蜜之義，一經大體，一題盡矣。此約俗諦之說，故有此名也。以是名字，汝當奉持，佛乃叮嚀，尊奉行持也。所以者何者，佛自徵問，以何所以也。佛又呼須菩提云：佛說般若波羅蜜，卽非般若波羅蜜，意云：我所說者，對機之談，如來恐人生斷滅見，不得已而強安其名也。可謂恐人生斷見，權且立虛名，若約真諦之義，妙明本性，湛若太虛，體既尚無，何名之有？故云：卽非般若波羅蜜也。佛於是，再呼須菩提，於意云何，如來有所說法不？佛恐須菩提，聞佛說此經名，疑法有說，故乃問云：如來有所說法不？須菩提卽會佛義，答云：如來無所說。意云：佛雖有說，隨順俗諦，故有是說。若約真諦，實無所說，是名真說。故云：無所說也。故下經云：若有人言如來有所說法，卽為謗佛是也。傅大士頌曰：「名中無有義，義上復無名；金剛喻真智，能破惡堅貞。若別波羅岸，入理出迷情；智人心自覺，愚者外求聲。」

經「須菩提！於意云何？」至「為他人說，其福甚多。」

註曰：佛於此再告當機須菩提云：「於汝心意如何？此三千大千世界，所有微塵，是為多不？」問之，須菩提領解佛義，答云：甚多！故稱世尊也。佛又呼須菩提言：諸微塵等，此一節大意，由前來以滿恒河沙數，三千世界七寶布施得福而來，謂前寶施得福雖多，不離性執貪等，煩惱染因，有為福報，未出有漏，故佛以大千世界微塵為喻，塵界乃無情之物，無記所攝，不生貪等煩惱染因，返顯前來寶施，是煩惱染因。以能成就煩惱果報，況持說此經，是遠離煩惱因，能趣菩提果，而豈不勝耶？又云：非微塵，非世界者，以非貪等煩惱，塵界染因也。是名微塵，是名世界者，乃是無記微塵世界也。以無記猶無情，謂不起善惡等情念也。佛又告須菩提言：於意云何？可以三十二相見如來不？意云：以我色身三十二相，見如來法身不？須菩提卽會佛義，答云：不也世尊！不可以三十二相見如來。意云：寶施感者，三十二相卽應身佛也。持經所感者，卽無相法身佛也。故云：不可以相見如來也。何以故者，佛自徵問，以何意故，不以三十二相見如來，佛自答云：如來說三十二相者，是如來應身也。卽是非相者，是如來法身也。是名三十二相者，以應身卽是法身，以法身全是應身，亦不妨說三十二相也。此言寶施之福，縱能成佛，但是應身之相，不及受持演說功德，能成無相法身也。佛又呼須菩提云：若有善男子，善女人，以恒河沙等身命布施者，此言前文，以七寶布施為外財也。今乃以身命布施，為內財也。縱捨身命布施，而不見佛性，於理無益也。若復有人，於此經中，乃至受持四句偈等，為他人說，其福甚多者，此顯持經，倍勝財施之福，能見性成佛，證無為果，出生一切菩提法也。傅大士頌曰：「施命如沙數，人天業轉深；既掩菩提相，能障涅槃心。猿猴探水月，蔺蕩拾花針；愛河浮更沒，苦海出還沉。」又頌曰：「經中稱四句，應當不離身；愚人看似夢，智者見唯真。法性無前後，無中非故新；蘊空無實相，憑何見有人？」

大覺尊，本來不立一字，而直指人心；須菩提無端特請標名，而強生枝節。縱使析微塵如世界，無相可求；施身命等河沙，無法可說。且道奉持箇什麼？咄！

此節之文，明佛出世，只是於人傳心，本來不立一字。昔佛將入涅槃時，文殊請佛再轉法輪，佛言：吾四十九年，未道著一字。以佛言雖有說，正顯無說，嘗云：「始從鹿野苑，終至跋提河；於其二中間，未曾說一字。」故云「不立一字，直指人心」也。須菩提無端者，乃科家顯手眼把住說話，意云：言如來無所說法，而今無端，却又請標名題，所以強生枝節，如鉢盂上安柄，可謂「虛空無面目，何用巧粧眉」也。縱使析微塵如世界者，乃牒經類釋也。卽佛告須菩提，諸微塵，如來說非微塵，是名微塵，以類下句如來說世界，非世界，是名世界，故云「如世界」也。無相可求者，以世界之相，卽衆塵所積之相，今云：析一微塵，為七分極微塵；又析一極微塵，為七分極鄰虛塵；以鄰虛塵實虛空性，更不可析；以同虛空故，既同虛空了不可得，豈能成就世界耶？既不能成就世界，故云「無塵相可求」也。施身命等河沙者，科家意云：經中施河沙身命，不如說四句法，直饒你施身命等河沙，求其說法亦不可得。此言，至理超名相之階，真智出思議之外，言語道斷，心行處滅，故云「無法可說」也。且道奉持者，科家令人審察，若是有相有說，可言一箇奉持，既云無相可求，無法可說，且道如何奉持耶？可謂「直饒眼似流星，未免口如楄檐」也。

金剛寶劍倚天寒，　外道邪魔俱腦裂。

此二句，所顯無受持之義也。科家以金剛王寶劍，喻般若智，此智之外，更無片事可得；除一心之外，更無有法可傳可受也。如寶劍光寒，羣魔膽碎，所謂：「大丈夫，秉慧劍，般若鋒兮金剛焰；非但空摧外道心，早曾落却天魔膽。」

是也。

箇裏本無元字脚，空中誰敢強安名；
等閒點出金剛眼，照破魔王八萬城。

前二句，頌經中之義也。言般若無名，真空無相，所以科家，當陽顯示，不隱絲毫，故云箇裏本無一字，所說真空理上，誰敢安名？可謂「有名呼不得，無位可安排」也。後二句，若是行人，於般若真智，直下會得，如等閒點出金剛正眼，此金剛眼，即當人本有之智眼，斯眼若開，能破一切衆生，八萬四千塵勞煩惱之惑，故心經云：「照見五蘊皆空，度一切苦厄。」所以照破魔王八萬城也。

百歲光陰不自驚，老來何物作前程；
只憑經卷三千藏，莫把虛華過一生。

前二句，歎人生在世，只有百歲光陰，從朝至暮，惟貪名利，不肯自驚，光陰有限，世數無多，一旦老來，欲將何物，而作前程路費。如行路客，先辦資粮，不遭飢餓之苦。喻人修道，必免三途之難，古德云：「三分光陰二早過，靈臺一點不揩磨，貪生逐日區區去，喚不回頭爭柰何。」似此之人，亦是前程未辦也。後二句，頌辨前程所以，要令行人，向日用間，不可唐喪光陰，虛延歲月，須是精勤六念，謹守一心。誦三藏之玄文，究五乘之奧義，故云「只憑經卷三千藏」也。莫把虛華過一生者，乃科家誡勉行人，莫認三界虛華，以為實有，可惜一生空過，後悔難追，可謂：「迷誦千經只是少，悟來一念也須多。」故經云：「一切有為法，如夢幻泡影；如露亦如電，應作如是觀。」

般若現前無罣礙，　橫身宇宙莫疑猜；
虛空撥破難藏覆，　大道分明歸去來。

初二句，明三界之法，從一般若出生，今云：般若現前，諸法悉空，即是般若故云無有罣礙。可謂「山河及大地，全露法王身」也。橫身宇宙者，言此般若，既無罣礙，所以橫身宇宙，充滿太虛，可謂「竪窮三際，橫遍十方」，故云「莫猜疑」也。後二句，言般若大用現前，將十方虛空，悉皆消殞也。大道分明者，謂般若現前，山河大地，明暗色空，無纖毫可得。古人云：「浮生易過休空過，大道難明要講明。」故云「大道分明歸去來」也。

銷釋金剛科儀會要註解卷第四（終）

銷釋金剛科儀會要註解卷第五

姚秦三藏法師　鳩摩羅什　譯
隆興府百福院　宗鏡禪師　述
曹洞正宗嗣祖沙門　覺連　重集

離相寂滅，誰為分別，有口也難說，五百世中，割截支節。

此科昭明太子，判此一段經文，名離相寂滅分第十四，以佛說離一切相，發菩提心，卽是聞此經典，離我人等四相，卽名諸佛，證寂滅理，因此立名，為離相寂滅也。誰為分別者，既是離相寂滅，卽是離人法二執之相，是名寂滅實相，既無人執之見，又有甚麼分別之情？所以昆圇無內外，和融上下平也。有口也難說者，既說寂滅之理，心空四相，必離人執，卽無分別心，離法相，離法執，有何所說？故云「有口也難說」，所謂「言語道斷，心行處滅」也。五百世中者，此文伸出上義，離相寂滅所以也。誰為分別者，無人執也；有口也難說者，無法執也。因無二執，故菩薩能行忍，如佛昔為歌利王，割截身體，非此一世無有二執，於五百世中，為忍辱仙人，皆無二執，故能行忍，所以割截支節也。

而無一念，妄生虛說，成道證果，雲散家家月。

而無一念妄生虛說者，此明如來是真語者，實語者，如語者，不誑語者，不異語者。意云：如來非但五百世中，行此難行難忍苦行之事，又於無量劫來，而無一念誑妄言說，此顯佛語皆是真實，而無虛妄。又言：佛說眾生有樂，決定受樂；佛說眾生有苦，決定受苦。如云日可冷，月可熱，眾魔不能壞真說。善維經云：諸婆羅門，因共立制，不與佛食，若與佛食者，罰金錢五百文。時佛入城乞食，人皆閉門，空鉢而出，有一女人，以破器盛臭瀋澱，出門棄之。見佛空鉢，此女即生信心，欲興供養，思此臭食，恐未肯取，佛知彼意，即受其施，而授記言：「十五劫中，天上人間，受福快樂，不墮惡道。」後得男身，出家學道，成辟支佛。諸婆羅門云：「佛為食故，妄語如此。」佛即出舌覆面，上至髮際，語婆羅門言：「汝見諸經書中，頗有此舌作妄語不？」婆羅門禮佛悔過。以此較之，佛無妄語，故有長舌之相也。成道證果者，謂佛從五百世中，已離人法二執，及一切相，如此修進，今得成道證果，現十法界身，隨類說法，如雲散長空，家家有月，此顯「處一座而十方俱現，演一音而沙界齊聞」

。故云「雲散家家月」，廣智大師曰：「雲散家家月，情竭處處彰；無依無用處，便是法中王。」

離相卽非說，　古今常寂滅；　而無一念心，　任汝分支節。

離相者，離我人衆生壽者之四相也。卽非說者，既離四相，更有何法可說？故云「卽非說」也。古今常寂滅者，既無四相，於法無說，亘古亘今，不遷不變，唯一實相之理，故云「常寂滅」也。而無一念心者，言如來，既無人法二執，雖被他人，節節支解，而不起一念之心，我被汝割截我之身分，了無一念分別計執。若有一念分別彼我之心，則有嗔恨生焉。既無嗔恨，人法皆空，卽證無生法忍，故云：「任汝分支節。」永嘉曰：「我師得見然燈佛，多劫曾為忍辱僊。」

○離相寂滅分第十四

經「爾時，須菩提聞說是經」，至「離一切諸相，卽名諸佛。」

註曰：此節經文，名為離相寂滅分也。以須菩提，聞說此經，深解義趣者，深解前來施捨身命所成之福，不如受持演說四句之勝。今聞此經，感傷深恩，遂悲泣流涕，讚言希有。自謂從昔以來，雖得慧眼，理證人空，未聞此經甚深之義。又云：若人得聞此經，信心清淨，則生實相者，意謂：得聞是經，卽信般若不信諸法，是謂信心清淨；心旣清淨，實相生焉，故云「則生實相」。或者問永明曰：何等名為諸法實相？答曰：所謂諸法，畢竟空無所有，以是無有者，名為諸法實相也。當知是人，成就第一希有功德者，意云：此人得聞是經，證實相理，成就法身功德，故謂第一希有也。須菩提，又稱世尊，是實相者，卽是非相，是故如來說名實相者，所謂實相無相，卽是非相；如太虛空，無一形相，正如水中鹽味，色裏膠青決定是有，不見其形，實相亦爾，故云：是故如來說名實相也。須菩提又云：我今得聞如是經典，信解受持，不足為難，乃至若當來世者，意云：我今值佛得聞是經不以為難，而未來衆生，得聞是法，信解受持，是為希有。信解受持者，心無狐疑，曰信；曉了義理，曰解；欽承不慢，曰受；佩服不厭，曰持。未來衆生，如斯信解受持，實為希有也。又云：何以故，此人無我相等者，此言須菩提，徵問前義，以何意故，得聞是經，實為希有者。斯人依此經修，不起我人衆生壽者四相也。所以者何？以無我相，卽是非相，非相者，卽實相也。離一切相，卽成正覺，故云：卽名諸佛也。無著云：此人無我相等，顯示無人取之執也。我相卽是非相者，顯示無法取之執也。離一切相者，顯示無空空相之執也。當知是人，離相清淨，解悟三空，不著二邊，不處中道，一切無住，契合實相，究竟涅槃，卽名諸佛也。傅大士曰：「空生聞妙理，如蓬植在麻；凡流信此法，同火出蓮華。恐人生斷見，大聖預開遮；如能離諸相，定入法王家。」

經「佛告須菩提，如是如是！」至「無衆生相無壽者相。」

佛云：如是如是者，乃允許之辭也。長水曰：從爾時須菩提聞說是經，下至離一切相，卽名諸佛，皆是空生之言。於中大意，有六種：一、聞法悲泣，二、信心生實相，三、對彰難易，四、明無我人，五、法執兼亡，六、盡成佛故。如斯皆是誠諦之言，故佛印云：如是如是也。又云：若人得聞是經，不驚不怖不畏，是人甚為希有者，以大乘之法，難信難解，此人若聞經中，無我人等四相，不驚聞諸法空不怖，聞空空不畏，當知是人，實為希有也。又云：何以故？須菩提，如來說第一波羅蜜等者，佛自徵問。以何意故，此人聞法不生驚怖，甚為希有！故告須菩提言：如來說第一波羅蜜，以顯因中最勝。前云：是人聞經，信解般若，卽為第一希有，因聞般若，卽生實相，希有之法，此法無與等者，故名第一。若悟非相，於法無著，卽達彼岸，以俗諦中，利益衆生，故說第一波羅蜜也。了悟人法俱空，卽無生死可度，亦無彼岸可到，以真諦中法性本空，故又說：非第一波羅蜜也。又恐人執著二邊，以第一義中，離俗離真，卽事卽理，故云：是名第一波羅蜜也。又云：忍辱波羅蜜，如來說非忍辱波羅蜜，是名忍辱波羅蜜者。忍辱者：六度之中，第三是也。安受曰忍，毀害曰辱，故云忍辱也。前云：捨身命之福報，是生死之苦因，不及持說之福，此之忍行，捨身命不成苦因者，何耶？蓋此之行忍，能達諸法無我，到於彼岸，故云忍辱波羅蜜也。如來說非忍辱波羅蜜者，卽遣執著，以俗諦中，若能行忍辱之行，忍於能忍，此名執著。若以真諦之中，了能行之行，皆不可得，故云非也。是名忍辱波羅蜜者，此一句後人妄添，姑且解之。若是行人，不住能忍之行，將不住之心，亦乃不存，方為忍辱波羅蜜也。佛又云：如我昔為歌利王，割截身體者，佛自引昔，以證今也。如是忍行，我昔曾行，故引歌利之事，而證之。梵語歌利，此云極惡王，謂如來因地修行，證初地菩薩，脩忍辱行，在於山中宴坐，遇歌利王，出城遊獵，王乃至山，困倦憩息，睡醒不見左右彩女，遂親入山，見彼衆妃彩女，圍遶禮拜仙人，王乃大怒問曰：「云何恣情觀我女色？」仙人曰：「於諸女色實無貪著。」王曰：「云何見色不貪？」仙人曰：「專心持戒。」王曰：「何名持戒？」仙人曰：「忍辱卽是持戒。」王乃將刀，割仙人耳鼻手足，問曰：「痛否？」仙人曰：「不痛。」王亦節節支解，問曰：「痛否？」仙人曰：「實不痛。」其時輔相大臣諫曰：「彼之大士，逢此患苦，顏色忻然，無所搖動，奈何大王如此加害。」王遂休止。爾時王者，卽憍陳如是也。仙人者，卽釋迦是也。以仙人行忍辱行，雖被加害，略無嗔恨，蓋能了達我人衆生壽者四相皆空也。又云何以故者，此是重徵上義，佛意云：以何意故，無我人相也？佛自云：我於往昔節節支解時，若有我人四相，應生嗔恨，返顯前義，無有四相，則無嗔恨也。佛再告須菩提云：又念過去，於五百世，作忍辱仙人，於爾所世，無我等者，佛自引過去，五百世中作忍辱仙，以證歌利王事，自明行忍，非止一世也，故擧五百世中能忍之迹，以顯佛無妄說，前不云乎？而無一念妄生虛說，以佛行忍行，非唯無苦，亦乃有樂。所言樂者，以心離四相，二執皆空，證無生法忍也。傅大士頌曰：「暴虐唯無道，時稱歌利王；逢君出遊獵，仙人橫被傷。頻經五百世，前後極時長；承仙忍辱力，今乃證真常。」

經「是故須菩提，」至「皆得成就無量無邊功德。」

是故須菩提，菩薩應離一切相，發菩提心。是故者，結前起後之辭也，結前累世行忍住忍辱仙，以無我人，得成菩提，今得成佛，故令發菩提心。菩薩應離一切相，發無上菩提大道也。不住色相生心等者，言發菩提心菩薩，不住色聲香味觸法六塵，卽是離一切相也。應生無所住心者，言此菩薩心無所住，卽能住菩提也，若心有住者，此菩薩，若心於法有住，則非住菩提佛道矣！是故佛說菩薩心，不應住色布施。是故者，結前菩薩所行六度，皆是無相布施，其福量等法界，不可窮盡，以色為六塵之首，施為六度之初，故云「不應住色布施」也。佛又告須菩提言：菩薩為利益一切眾生故，應如是布施者，此菩薩如是行施，為利羣生，悉皆行無相布施也。如來說一切諸相，卽是非相等者，此言如來自說，遣執著也。六祖曰：如來說：我人等一切諸相，皆無實體，畢竟破壞，非真實有，卽是非相也。一切眾生盡是假名，若離妄心，卽無眾生可得，故云：卽非眾生也。集解云：一切諸相者，卽是法境也。卽是非相者，顯法空也。一切眾生者，卽是人境也。卽非眾生者，顯人空也。因此菩薩離一切相，故云：二執皆空也。佛又呼須菩提，如來是真語等者，言如來所得菩提妙果，如理而證，離於言說，何故累稱持說功德，勝於布施等福耶？然佛於無所證而證，於無可說而說，所證所說無不當理，恐善現未達此義，故仍告云：如來是真語者。真語者，即佛說菩提法也。實語者，即說小乘法也。如語者，即說大乘法也。不異語者，即說授記事也。不誑語者，即不誑衆生也。如來所說五種之語，悉是真實，無有虛妄，故壽命童子經云：「日月星辰可墜地，山石從地可飛空！海水淵深可令枯，佛語決定無虛妄。」是也。佛又告須菩提：如來所得法，此法無實無虛者，如來自證云：我所證之法，本離言說，故云無實，對機有說，故云無虛也。佛又呼須菩提云：若菩薩心住於法而行布施，如人入暗，即無所見者，此明菩薩行施，乃教化衆生也。若住於法而行布施，不達三輪體空，名為住法布施。若教衆生住著於法，無由得見真性，故喻如人入暗，則無所見也。若菩薩行於布施，不著於法，若達三輪體（體下佚失十八行，行十八字，此佚失中，宗鏡科有「空生聞說是經解義趣，而悲流雨淚，仙人垂慈弘忍笑，雪刄而謾斬虛空。如是印可其詞，能離一切諸相，未審感悟處有何奇特」之文。）若離名了達依正，皆不可得，全體真空實相，如斯義趣。前云：一恒河沙數身命布施功德，不及受持四句偈等，為他人說，其福甚多。善現既聞此義，故感悟悲流雨淚也。仙人垂慈弘忍等者，言如來最初因他，作忍辱仙，於五百世中，行忍辱行，以了人法二空，故得無生法忍。雖被歌利王，割截身體，如雪刄謾斬虛空相似。謂此菩薩，了達此身如空也。如是印可其詞者，言佛印證許可須菩提，前來所言，於理切當，故云：如是如是！印許能離一切諸相也。意云：此人無我人四相，是人空也。我相卽是非相，是法空也。離一切相，卽名諸佛，是空空也。故云：能離一切諸相也。未審感悟處等者，此是科家徵問前義，且道須菩提感悟之理，有何奇特處，下文伸答顯露也。

豁開慧眼明如日，　返照微塵世界空。

此二句，乃答上文之義也。以須菩提聞說般若，豁開慧眼，證無我人四相，空一切法，如杲日當空。（空下佚失十七行，行十八字，此佚失中，宗鏡科有「善吉親聞徹見源，悲欣交集讚慈尊；心空法明超真際，堪報從前不報恩」之文。）

百歲光陰石火光，　回頭何不早思量；
無常相請宜推托，　免向閻君論短長。

前二句，歎人生百歲，光陰迅速，如石火之光，不可久留也。奉勸諸人，何不回頭急早思量，此身既是不久，何不急早念佛求生淨土，捨不堅身，證真常身也。後二句，誡勉行人，若依念佛法門，出離生死苦海，得生極樂世界，縱有無常相請，當可推托，不能拘喚，免入閻君之手，豈可更論短長。可謂：「了鬼神覷不破之機，超生死不相干之地。」

真樂真常真淨土，寶池寶樹寶華開；
無寒無暑無凋變，歸去來兮歸去來。

此四句，明指西方境界也。以彼阿彌陀佛剎中之人，壽命皆無央數劫，一生遂補佛位，同證一常樂我淨，卽真淨土也。不遷不變是名真常，無二死苦是名真樂，八大自在是名真我，煩惱滅盡是名真淨土也。有七寶池、七重行樹、四色蓮華，無冬寒夏暑，春榮秋凋之變，如斯快樂之處，普勸諸人，何不早離穢土，徑往蓮邦。優曇頌曰：「一心念佛自相安，冷眼常將世境看；會得目前真淨土，此心更不涉多端。」

持經功德，福多難比，三時喻不齊，住相布施，終須有退。

此科昭明太子，判此一段經文，為持經功德分第十五，以持經功德，勝過三時布施功德，故以此為名也。福多難比者，言三時捨恒河沙，身命布施功德，福報雖多，是人天福，未能見性，難比持經功德，以受持此經，為人解說，卽能見性成佛也。三時喻不齊者，牒經文義，明經中初日分，卽寅卯辰時也。中日分者，卽巳午未時也。後日分者，卽申酉戌時也。有人如是一日三時，捨無量身，經無量劫，而行布施，不如聞經生信，福德之勝，何況書寫受持讀誦，為人解說，展轉勝彼百千萬億倍。故云「三時喻不齊」也。住相布施者，言三時捨身命布施，不達三輪體空，但得人天之福，終須有退，以未明真性，心生住著，故有退也。

無漏智慧，頓證菩提，花開花謝，日東月落西。

此科須菩提，若有人受持此經，為人解說，皆得成就不可思議功德，如是人等，卽為荷擔阿耨菩提。此言無漏智慧者，卽是般若無漏智慧，不漏落二執，二障之中，故名無漏清淨智慧。永明云：我法皆空，故契玄旨。以我空故，煩惱障斷；以法空故，所執障消。煩惱障斷，證真解脫；所執障消，獲大菩提。然後行滿因門，心冥果海，故云無漏智慧也。頓證菩提者，言能持此經，見無漏智，則為荷擔阿耨菩提，故云頓證菩提也。花開花謝者，此是科家分明指示，既明無漏智慧，頓證菩提，以布施持經，如花開花謝，日東月落西相似，其無漏智，如樹常存，豈有開謝，如天本淨，豈有日月明暗，故云：「花開花謝，日東月落西」也。可謂：「雲去雲來天本淨，花開花謝樹常存。」

此經功德勝，　誰人解受持；　寒山逢拾得，　拍手笑微微。

此四句，以顯此經，是大乘教，須得大乘人，方可受持。經云：若復有人，聞此經典，信心不逆，其福勝彼三時布施之功。又明此經，是何等人，能解受持。下句指出寒山卽文殊，拾得卽普賢。此二菩薩，方堪受持也。以此二人相逢之際，拍手而笑，方顯離言之道，不落文字，真空無相之理也。

○持經功德分第十五

經「須菩提！若有善男子善女人，」至「為發最上乘者說。」

註曰：此分名為持經功德也。於是佛乃招告須菩提言：若有男子女人，一日三時，以恒河沙等身命布施，如是無量百千萬億劫以身布施者，只得人間天上之福，受盡此福，還復墮落也。若復有人聞此經典，信心不逆，其福勝彼者。佛意云：若人暫聞此經，信心歸敬，所獲之福，勝前捨身命之福。以此經深明實相，人法二空，所以勝也。何況書寫受持讀誦，為人解說，其福倍倍轉勝也。傅大士頌曰：「衆生及壽者，蘊上假虛名；如龜毛不實，似兔角無形。捨身由妄質，施命為迷情；詳論福與智，不及受持經。」告須菩提，以要言之，是經有不可思議等功德者，佛意云：以此經捷要言之，此經顯般若智體，不可以心思言議，豈可稱量，則其功德廣大無邊，非凡情所能測也。如來為發大乘者說，為發最上乘者說，意云：此經所談，乃真空實相之道，非樂小法者所可得聞，故曰：「為發大乘菩薩心者，乃說此經。」通指行門三教，卽通、別、圓，三等之人，為發最上乘者說者，單指圓教之人也。

（已下佚失十三行）

經「若有人能受持讀誦，」至「以諸華香而散其處。」

只得人空，未得法空，而有四相所在，故於此經，不堪聽受讀誦講演，豈能擔荷無上菩提，以斯之人，愛樂小法，不信大乘最上法也。佛又呼須菩提云：在在處處，若有此經等者，斯言所在之處，若有此般若經，一切天人皆應供養，當知此處卽為是塔。以般若經是如來法身，舍利寶塔，故感天人恭敬作禮，以諸華香而散其處，凡有受持此經，卽如佛塔，一切天人卽以華香而散，持經之處，供養此人，可謂「一人辦心，諸天辦供」是也。傅大士頌曰：「徧計於先了，圓成證此時；須乘無礙慧，方便勸人持。此經所在處，寶塔未曾離；法身常在內，諸天共歸依。」

布施千萬億劫之身，福深於海；為發最上大乘者說，擔重如山。慶快撩起便行，且請依前放下，何故？

此文，乃牒經中之義也。經云：一日三時，捨恒河沙數，身命布施，經千萬億劫，所得福德，如海之深，廣言所獲之福甚多也。為發最上者，牒經中義，經云：若復有人，聞說此經，信心不逆，所得功德，如山之高大，豈一人而擔荷也。慶快撩起者，此亦牒經之義。慶者喜也，快者暢也，亦是拈情，科家意云：若是大乘之人，聞說此經，領荷如來最上之法，暢然喜慶，直下承當，般若之智，匪從人得。云者，慶快撩起便行也，且請依前放下者，科家恐人執著，又與拈了也。上云：擔荷便行者，似有一物在，故且請放下這一物，方是脫洒也。昔有嚴陽尊者，問趙州：「一物不將來時如何？」州云：「放下著！」嚴陽曰：「一物也無，放下甚麼？」州云：「不放下，擔著去！」嚴陽豁然大悟也。何故者，乃科家審問放下之義也。

大力量人元不動，　等閑抹過上頭關。

此二句，是科家答上文之義也。若是大力量人，不向佛祖語言上解義，不去擔荷菩提，只於自己脚跟下承當，可謂離心意識參，出凡聖路頭學。以般若智人人本具，不從千聖借，豈向萬機求，故云「等閑抹過上頭關」也。

倒握吹毛掃異蹤，　頓令心地盡開通；
鋒鋩獨露毗盧頂，　凡聖齊教列下風。

此四句，頌上文，大力量人，不動之義也。以金剛寶劍，比喻此理，科家意謂：這箇大力量人，以金剛王寶劍，掃除佛祖玄妙，剪去異見邪蹤，狐疑淨盡纖芥不存，頓使各人，心地開朗，法性融通，不容取捨聖凡，那許欣經厭施，總是不平之義，盡教掃除，頓令二際平等，事理一如，故云盡開通也。下二句，伸出開通之義，梵語毗盧，此云遍一切處。卽是鋒鋩獨露，以喻此理，遍在一切有情無情，色非色處之上。正任麼時，不見有四聖，六凡之別，故云「凡聖立下風」也。可謂「掃除佛祖見，截斷聖凡情」也。

百歲光陰燭在風，　誰人心與佛心同；
修行速往西方去，　足下蓮華步步生。

前二句，歎此娑婆世界，衆生壽命短促，喻如風中之燭，朝夕難保，比況生死無常也。誰人心與佛心同者，以此界人心，惟好造惡，不修十善，唯佛一人，慈心無量，故云「誰人心與佛心同」也。後二句，言衆生但肯依佛教法，專心持念彌陀聖號，即得往生西方淨土，蓮華化生，面禮彌陀，親蒙授記，行時以蓮華襯足，住時於菩薩為伴，證不退位，即與佛心同為一體，故云「足下蓮華步步生」也。

十念圓成一念回， 三心果滿九蓮開；
塵勞念佛同時去， 歸去來兮歸去來。

十念者，即十氣念佛也。一念者，即臨終一念也。若有行人，盡此平生，信向西方，每日十氣，稱念阿彌陀佛，圓滿成就，臨命終時，於一念頃，即得往生極樂世界，故云「十念圓成一念回」也。三心者，謂深心，至誠心，回向發願心，且此三心，當得上品上生也。蓮開，即上品上生也。其餘者，有七日開者，有四十九日開者，有經八萬劫開者，故云「九蓮開」也。塵勞念佛者，即在家念佛之人，若能忙裏偷閑，專心念佛，皆得同時生西方去，故云：「歸去來兮歸去來。」古德云：「彌陀甚易念，淨土甚易生；但能誠一念，俱登上品中。」

能淨業障，塵體雙亡，五百億難量，恒沙諸佛，承事供養。

此科昭明太子，判此一段經文，為能淨業障分第十六。蓋謂此人，今生若為人輕賤，是人先世罪業今被輕賤，有犯不校，常行般若觀，罪即消滅，故立此名為能淨業障也。塵體雙亡者，此科能持此經先世罪業，即為消滅，當得菩提也。斯言塵者，即八萬塵勞煩惱也。體者，以無明為體，能生塵勞煩惱，今以持經般若智力，能滅罪業，則得菩提，故云「塵體雙亡」也。八百億難量等者，此科佛曾於然燈佛前，得值八百四千萬億那由他諸佛，悉皆供養承事，無空過者也。

而今成道，萬法齊彰圓明果滿，春來日漸長。

乃是科家，言佛今成道，因供養諸佛功德，方成道果，始得萬法齊彰，隨機應物，可謂：「處一座而十方俱現，演一音而法界齊聞。」也。圓明果滿等者。此言佛今成道，即三祇果滿萬行周圓，得究竟果也。春來日漸長者，此一句顯本分家風，若是行人，能持此經，所得功德，比供養諸佛功德，即勝百千萬億分之福，以持經能見性成佛所以得福最勝，如春來日長，大地自然之道。可謂：「春到洞庭南北岸，鳥啼西嶺月生東。」

業障本來無，　心差轉見殊；　若悟三空理，　何處不如如。

此四句，牒經中之義也。前二句言經中為人輕賤，先世罪業，以此罪業真心之上本來無有，因心有差，隨妄所造，以真如不守自性，忽起無明，妄現根身器界，三細、六粗，次第而生，起惑造業，故見差殊之相也。後二句，若悟三空者，卽經中能持此經，罪卽消滅，得證菩提，卽悟人空法空，人法俱空理也。卽悟三三空，證實相智所以，法法無非般若，頭頭總是真如，可謂：「乾坤盡是黃金國，萬有全彰淨妙身。」

○能淨業障分第十六

經「復次！須菩提，若善男子，」至「果報亦不可思議。」

註曰：佛呼須菩提云：若人受持此經，為人輕賤者，是人前世曾作罪業，當墮地獄、餓鬼、畜生、阿修羅道，永無出期，以今生止被人輕賤而已。大論云：先世重罪，應入地獄，以行般若故，現世輕受。譬如重罪應死，有勢力護，則受鞭杖而已。以今世人輕賤故者，此人持經，雖被輕賤，不著我人，常修觀智，則前生罪業，而為消滅當來之世，成就菩提也。傅大士頌曰：「先身有報障，今日受持經；暫被人輕賤，轉重復還輕，若了依他起，能除遍計情；常依般若觀，何慮不圓成。」佛又呼須菩提云：我念過去於無量阿僧祇劫，於然燈佛前者，梵語阿僧祇，此云無數時；梵語那由他，此云萬萬數。謂十億為一洛叉，卽百萬也。十洛叉為一俱胝，卽千萬也。十俱胝，為一那由他，卽萬萬數也。佛自念云：經無數劫，於然燈佛已前，供養無數諸佛功德，只是求福而已，不若持此真經，見自本性，永離輪迴。是故供佛功德，雖百千萬億分，不及末世持經功德一分，故以算數譬喻所不能及也。末世之人，徒知事佛，而不知佛究竟之理，盡在此經，所以持說功德甚大。昔梁武帝，造寺布施，供佛設齋，請問達磨，有何功德？祖云：「實無功德。」帝曰：「何以無有功德？」祖云：「此但人天小果，有漏之因。」帝曰：「如何是真功德？」祖云：「淨智妙圓，體自空寂，如是功德，不以相求。」後人不了此義，以供佛修福，以為功德，不知功德在法身中，非在修福所求，所求之福，不及功德，供佛不及持經也。佛復云：若人於後末世，受持此經功德，我若具說者，佛意云：於我末世持此經者，上雖校量，供無數佛功德，不及持經一分功德。猶是略說，若更具說此經功德，乃是大乘之法，即本有智也。或有人聞心即狂亂者，恐有樂小法之人，聞此大乘，心則迷悶，狐疑不信也。以道大機小，難臻其妙，故生狐疑，當知是經義者，義即般若之智，此般若智，不可思議也。果報亦不可思議者果報即所得功德也。因般若智而悟真性，其所得佛果菩提功德，故不可思議也。宿業緣墮惡道，今人賤而罪即消；供諸佛誦此經，功德勝而喻莫及。只如無著無相底，還有果報也無？

宿業惡道者，此科為人輕賤，先世罪業應墮惡道，今世人輕賤常持此經，直下見性，而罪即消滅也。供佛誦經者，此科佛曾於然燈佛前，供養八百四千萬億那由他諸佛不及持經功德之勝，而譬喻所不能及也。只如無著無相者，此顯真空無相無著之理，無自誦經，可以滅罪，亦無供佛可以得果也。還有果報者，此是科家徵問之辭，似此無相法身，實無果報可得，所以永嘉道：「無罪福，無損益，寂滅性中莫問覓；比來塵鏡未曾磨，今日分明須剖析。」下文伸答也。

妄心滅盡業還空，　直證菩提超等級；

此二句，答上文之義也。直知無著無相法身之理，既無罪福，豈有果報，妄心滅盡罪業還空，可謂罪性本空由心造，心若滅時罪亦亡也。直證菩提，既罪性本空，即是菩提，不假施功用行，斷惑明真，直下見性，超過五十二位，修進階級者矣！

惡因誰住罪誰招，　真性如空不動搖；
曠劫無明俱蕩盡，　先天後地寂寥寥。

初句牒經中之義。經云：是人先世罪業，應墮惡道。科家意云：惡業之因，是誰造作？受罪之果，是誰招感？若論法相宗說，乃是無明妄惑，六識施設，而為能造，八識含藏，而為能招，故云業果能招引滿牽也。今科家不然，雖有因果罪業，招感分明，猶如水上之波，雖有動搖之相，乃是境風妄起妄滅，本無實體，此真如之性，如太虛空，湛然清淨，本不搖動也。若以衲僧門下罪業本空，因果非有，可謂：「真不立，妄本空，有無俱遣不空空。」也。後二句牒經之義，以今世人輕賤故，先世罪業則為消滅，得證菩提。科家意云：若行人修般若觀，受持此經，將曠劫虛妄無明，盡情掃蕩，獨須般若真空，猶如大虛本自空廓，故云「先天後地寂寥寥」也。

百歲光陰似水流，
　　無窮無盡幾時休；
不知先證菩提路，
　　悉免輪迴得自由。

前二句，歎人生一世，止是百歲之期，死而復生，生而復死，喻如水流，前後相續無有門斷，故云「無窮無盡幾時休」也。後二句，勉人修進，意云：既是生死無窮，行人須當修大乘法，證菩提道；若以小乘之法，雖修人天因果，九次第定，乃是未出輪迴，不得自在，不如先證大乘，初發心時，便成正覺，不被生死纏縛，不被塵勞染汙，故云：「悉免輪迴得自由。」

歸去來兮歸去來，　　一靈休更入胞胎；

化生花上身金色，　　目擊金容歸去來。

初二句卽科家，慈心太煞，分明指示，言謂兩個歸去來者，乃是說了又說，恐人不信，故叮嚀再囑也。一靈休更者，此明一靈真性，卽中有身，若去父母邊投胎時，最初起憎愛二種心，入胎中有七種不淨：一、種子不淨，謂此淫欲身，從貪愛煩惱無明種子而生也。二、受生不淨，謂此身從父母赤白二滴和合識投其中也。三、住處不淨，謂此身處母胎生臟之下，熟臟之上，而住胎十月也。四、食噉不淨，謂在母胎中，唯食母血餅也。五、初生不淨，謂此身產時，頭向陰門，與血俱出，臭穢狼籍，如兩山相夾，落草如活牛剝皮也。六、舉體不淨，謂此身薄皮之內，膿血徧一切處也。七、究竟不淨，謂此身始自初生，漸漸更改，少而壯，壯而復老，老而復死，胖脹爛壞，骨肉縱橫狐狼食噉也。以此色身有如是之苦，故云「一靈休更入胞胎」也。後二句，科家指一條出生死路，不入胞胎，故指西方世界，若人念佛，於彼國土蓮華化生，身如金色，卽得面見阿彌陀佛，聞法受記，證不退位，故云「目擊金容歸去來」。古德頌曰：「好念彌陀歸去來，遙登九品托蓮胎；華開親覩天真佛，一段光明遍九垓。」

究竟無我，四大全空，五蘊假立名，通達萬法，處處皆空。

此科昭明太子，判此一段經文，為究竟無我分第十七。蓋佛說一切法，無我等相，言辭雖同，其義則別。以前來但問能住能降之法，只是破情顯智所破之情，卽無我人等四相粗執，所顯之智，卽般若之智，自此之下，忘智顯理，破我人等四相細執。恐菩薩將入證道，謂我能安住，我能降伏，存此分別之心，便是我也。故下文云：如來於然燈佛所，若有法可得，而證菩提，卽為有我，無法可得，無道可證，是名無我。又云：若菩薩通達無我法者，故立此名為究竟無我也。四大全空者，言此苦依身，以地水火風四大和合而成，五蘊虛積而有，凡夫妄計，假立為我，此我若無，四大五蘊亦空也。通達萬法者，此科如來，實無有法，得證菩提，故得受然燈記。又云如來者，卽諸法如意是故如來，說一切法皆是佛法，若菩薩通達無我法者，卽無我人四相之法，如來說名真是菩薩，故能於一切法，處處皆空也。上云：四大五蘊全空為正報，空卽人空也。此云通達萬法為依報，空卽法空也。

青山綠水，雲起長空，諸人薦取，黃鸝啼曉風。

此是科家，發明前來，通達萬法，處處皆空之義。以青山綠水，雲起長空，那裡不是通達，此理可謂：「山河草木揚真諦，風月樓臺演妙音。」以目前，明暗色空，皆彰此道。諸人薦取者，此是科家慈心太切，分明指出，萬法之上，聲色之中，令人薦取似黃鸝啼處是聲也。曉風是境也，若是行人，向聲色上會得，見是何人，聞是何物，豈不是通達萬法，可謂：「鐘鳴鼓響，無非觀音入理之門；栢短松長，盡是毗盧一真境界。」昔古德誦法華經，聞鶯啼有悟，偶曰：「諸法從本來，常自寂滅相；春至百花香，黃鶯啼柳上。」

受記本無言，　真慈大覺宣；　四相非四相，　菩提果自鮮。

前二句，牒經中之義，佛自云：我於然燈佛所，實無有法得阿耨菩提，方得授記，故云：授記本無言也。此乃佛自宣說，我若有法得菩提者，然燈佛卽不於我授記，故云「大覺宣」也。後二句，亦牒經中之義，若菩薩，見有衆生可度，有法可得，菩提可證，見有淨土可嚴，皆有能所，不達性空，悉著四相也。非四相者，謂菩薩不見有一衆生實滅度者，實無有法得阿耨菩提，於真淨土卽非莊嚴，故無我人四相也。菩提果自鮮者，菩薩既不著四相，於佛果菩提，自然新鮮也。可謂：「有無俱坐斷，獨露一真空。」也。

○究竟無我分第十七

經「爾時，須菩提白佛言，」至「多羅三藐三菩提心者。」

註曰：此分經文，為究竟無我者，以菩薩心，無我人四相，方契無法可得，無菩提可證，故名究竟無我也。須菩提白佛言：善男子！善女人！發阿耨菩提心，云何應住降伏者，以善現前來，於第二分中，初問此義至是復問者，何耶？然則問辭雖同，其義則別。蓋初之問義，但問能住，能降之法，此之而問，恐菩薩，將入證道，心有執著，謂我能安住大乘，我能降伏煩惱，我能滅度衆生，存此分別之心，障却無住之道，故重復此問。故云：云何應住，云何降伏其心也。佛告須菩提：若善男子，善女人，發菩提心者，當生如是心，佛意云：若人欲發無上菩提之心，當生無著無住湛然清淨之心也。我應滅度一切衆生等者，佛了真空無相，則能所俱寂，雖度衆生已得滅度，而不起能度衆生之一念，亦不見所度之衆生，故曰「無一衆生實滅度」者。則能住能降之心，自此滅矣。方具四心，言謂我應滅度一切衆生者，卽廣大心也。滅度一切衆生已者，卽第一義心也。而無有一衆生實滅度者，卽常心也。旣具常心，自無四相，卽不顛倒心也。何以故者，佛自徵問，以何意故，菩薩無有衆生可度者，以離四相故也。意云：若菩薩有我相等，即非菩薩者，此一節文義，與前同，但前來，是破情顯智，所破之情，即無我人等四相粗執，所顯之智，即般若真智，自此之下，忘智顯理，破我人等四相細執，由此賢位，漸入聖階，故佛返顯菩薩，心離四相，雖終日度生，而不見有一衆生可度也。所以者何者，此是重徵上義，以何所以不見有生可度也。佛乃再告須菩提言：實無有法，發阿耨菩提心者，佛恐菩薩誤認，當生如是心者，以為真實是心，亦非真性中本有，故此說破，亦為非實，故云：真空理中，本來無相，實無有法，發阿耨多羅三藐三菩提心者。蓋實際理地，不受一塵，一法不立，何有於法也。傅大士頌曰：「空生重請問，無心為自身；欲發菩提者，當了現前因。行悲疑似妄，由智最言真；度生權立我，證理即無人。」

經「須菩提！於意云何？」至「如來者，即諸法如義。」

此節之文，由前實無有法，發菩提心者而來，意謂：無發心者，則無菩薩，云何釋迦，於然燈佛所，名曰善慧仙人，布髮掩泥，獻華於然燈佛，行菩薩行，得授記耶？佛恐善現有此之疑，故舉問之云：須菩提於意云何，如來於然燈佛所，有法得阿耨菩提不？須菩提答言：不也，世尊！善現答義云：如我解佛所說義者，彼時善慧於然燈佛所，實無有法所得菩提，離諸分別取著，因悟無法可得，故得受記。佛言如是如是者，以善現旣會法無所得，佛許其說，乃印證云：如是如是，而又返後告云：須菩提，實無有法得阿耨菩提，欲令善現，知法無得，深契至理也。偈曰：「菩提性本空，云何說有得，無說無得者，是真菩提因。」佛復云：若有法，如來得阿耨多羅三藐三菩提者，然燈佛則不與我授記，乃至當作佛，號釋迦牟尼者，蓋如來所證妙果，乃是心地法門，實無所得之理，離諸名相，無有取著也。今云受記者，卽無授記中，而論授記，此卽無生之記也。善慧以無所得心，得無生智，卽無生記者也。何以故者，徵起之辭，以何意故，前云：實無有法，得菩提果，故受然燈之記，遂去疑云：旣無佛果，豈有佛法耶？下文釋，答如來者，卽諸法如義，如者卽真如也。不僞曰真，不異曰如。蓋了諸法皆如如理，非虛非有不變不遷，通徹三世，橫亘十方，此顯真如，佛卽真法體，若有所得，卽非佛菩提也。傅大士頌曰：「法性非因果，如理不從因；謂得然燈記，寧知是舊身？」

經「若有人言：如來得阿耨，」至「如來說名真是菩薩。」

此節經文，乃是防難，佛謂若有人難言，旣如來卽諸法如義，如是則為有佛，實有法在，何故前云：實無有法可得佛果菩提？故佛乃呼須菩提，而自答云：實無有一法，佛得阿耨菩提。蓋法性本具，豈從外得也。佛再招須菩提，而告之曰：如來所得阿耨菩提，於是中無實無虛者，以如來所得菩提，忘情而證也。無實者，此理非有為相也。無虛者，卽真如體也。無著云：虛實是有無斷常二邊，此二俱遣，中道自然契矣。故云無實無虛，是故如來說一切法者，此是結前徵釋之義也。因是之故，如來說一切法，結前如來者，卽諸法如義也。皆是佛法者，結前無實無虛之法也。佛又呼須菩提，所言一切法者，卽俗諦法也。卽非一切法者，卽真諦理也。是故名一切法者，卽不住真俗，中正之道也。然此真如，非別有法，卽一切色等諸法也。此法離性離相，卽真如體，故一切法皆是佛法也。此真如體，雖不離於諸法，然於諸法亦不可取著，故云：「卽非一切法，是名一切法。」永明云：「如來真如，卽一切法真如；一切法真如，卽如來真如。」也。佛乃呼須菩提言：譬如人身長大，意云上說如來所證真如之體，遍一切處，可謂長大，又恐善現起長大之見，故佛重設喻徵之曰：譬如人身長大，以世俗諦中，故有大小之問，豈非真實為大，乃虛名為大身而矣。須菩提答之云：世尊！如來說人身長大者，善現因喻有悟，答曰：非大身，以真諦之中，無大無小，故云卽非大身也。是名大身者，以真俗不二，有無互顯，卽第一義法身也。佛又告須菩提：菩薩亦如是，此如是者，乃指上之辭，以菩薩若住是言，我當滅度無量衆生者，此菩薩心有執著，自言我能滅盡煩惱，能度衆生，而有四相，亦有能所，卽非菩薩也。何以故者，徵起上義，佛謂須菩提言：以菩薩實無有法可得，心離四相，而不見有一衆生可度，達一切法，悉皆空寂，本來不生，不見有生死，不見有涅槃，故云「實無有法名為菩薩」也。是故佛說一切法無我、無人、無衆生、無壽者，是故者，結上文之義，乃謂實無有法，名為菩薩。此菩薩已離四相，雖云滅度一切衆生，而無有一衆生實滅度者，以真空無相，實無有法，故佛說一切法，無有四相，其所顯者，真空無相法也。佛又呼須菩提云：若菩薩作是言：我當莊嚴佛土，是不名菩薩。佛意云：若是菩薩，修行六度，欲去莊嚴佛土，見有淨土可嚴，此人未離四相，卽是法執，不達法空，是不名菩薩也。言佛土者，卽心土也，以佛土無相，如何莊嚴？若有莊嚴，卽四相未除，是凡夫見也。何以故？如來說莊嚴佛土者，卽非莊嚴，是名莊嚴者，佛意云：以何意故，莊嚴佛土？如來復以離相無為，卽莊嚴佛土，又以佛土本來清淨，何假莊嚴？故云「卽非莊嚴」也。今云莊嚴佛土者，以俗諦中，可說莊嚴也。卽非莊嚴者，以眞諦中，何莊嚴之有也。是名莊嚴者，以第一義中，嚴而非嚴，無嚴而嚴，眞俗雙顯，卽中道莊嚴也。佛又呼須菩提，若菩薩通達無我法者，如來說名眞是菩薩，此節雙結上義，無我卽無人執，無法卽無法執，以法界混然，身土平等，向無佛道可成，無衆生可度，故云通達無我法者。二執旣無，二空之理自然顯矣，旣具二空，卽眞菩薩也。傅大士頌曰：「人與法相待，二相本來如；法空人是妄，人空法亦除。人法兩俱實，受記可非虛；一切皆如幻，誰言得有無。」

妄盡還眞，衆生何曾滅度；法空無我，菩提本自圓成。直饒遇然燈，印證而不疑，已隔來世，況釋迦重審而方悟，轉涉途程。且道不涉途程底人，脚跟還點地麼？

初一節文，牒經中之義也，以須菩提，問安住降伏，佛答云：菩薩發阿耨菩提心者，當生如是心，降伏煩惱諸妄，安住大乘眞理，妄心旣盡，眞空自顯，故云：妄盡還眞也。衆生何曾滅度者，亦牒經義，以菩薩旣滅妄心，已離四相，雖滅度一切衆生已，而無有一衆生實滅度者，了眞空理中，生死涅槃尚不可得，能度所度衆生亦空，故云「衆生何曾滅度」也。

法空無我者，亦牒經義，此菩薩已證法空、人空之理，通達無相之道，以實無有法得證菩提，故受然燈之記，汝於來世作佛，故云「菩提本自圓成」也。直饒遇然燈印證不疑者，此牒經義，謂以實無有法，得阿耨菩提，是故然燈佛與我授記，當得作佛，號釋迦牟尼，此是印證不疑之言也。已隔來世者，此是科家把住世尊，料揀之義，意謂：雖是印證分明作佛，爭奈已隔來世，又過一生，方得成佛，若乃直下成佛，早是遲了八刻，更待來世轉沒交涉，況釋迦重審而方悟者。此牒經義，因須菩提聞說，實無有法得阿耨菩提，故得授記作佛，遂疑既無佛法，豈有佛果耶？故釋迦重審云：何以故如來者，即諸法如義是真佛真法也。須菩提於此方悟，諸法皆如如佛也。轉涉途程者，乃科家把住說話，如斯悟去，轉涉途程，費力不少也。且道不涉途程者，是科家徵問之辭，上云：印證不疑，已隔來世，重審方悟，轉涉途程。即今不涉途程之人，脚跟還點地麼？此問要人直下承當，不涉修證，可謂：「迢迢空劫勿能收，豈與塵機作寄留。」也。

丈夫自有衝天志，不向如來行處行。

此二句，乃答上文，不涉途程，脚跟點地之義也。言丈夫者，即本來人是大丈夫，具衝天志，不拘凡聖，獨步千方，得大自在，故名丈夫也。不向如來行處行者，此言丈夫天然尊貴，不假修持，不隨他人脚跟所轉，不受他家處分，故云不向如來，修進地位階級而行。可謂：「相好巍巍大丈夫，一生無智恰如愚；從來佛祖猶難望，地獄天堂豈可拘。」

直指單傳密意深，　本來非佛亦非心；

分明不受然燈記，　自有靈光耀古今。

前二句，發明大丈夫漢，不向如來所悟所證處履踐也。故科家云：直指單傳密意深者，以直指當人心體，本來是佛單傳法印，密意甚深，非中下可知，本來具足，非佛非心，原無名相，可謂「有名呼不得，無位可安排」也。後二句，言此道無說無傳，故如來於然燈佛所，因無法可得，無菩提可證，故得受記。今云分明不受然燈記者，以此理，雖授記而無記可受，自有一段靈光，輝天鑑地，耀古騰今，古德云：「父母未生前，凝然一相圓；釋迦猶不會，迦葉豈能傳。」故云「自有靈光耀古今」也。

百歲光陰一夢中，　老來不與舊時同；

衆生好似風無定，　搖落桃花滿地紅。

前二句，歎一切衆生，時光雖有百年，猶如一夢相似。而四大形骸漸有改變，以童顏貌壯，乃至老耄，故云「老來不與舊時同」也。後二句，以衆生從生至死，喻如之風，無有定止，或是東風而便西風，喻似衆生，恰見朱顏綠鬢，不久白髮滿頭也。搖落桃花者，喻如人生似花開，人死如花謝。此警生死無常，覺悟早修也。謂電光易滅，石火難留，落花無返樹之期，去水絕歸源之日。人之生滅，事可同然，萬法皆空，何不悟矣?!故云「搖落桃花滿地紅」也。

不知誰解巧安排，　揑聚依前又放開；
莫謂如來成斷滅，　一聲還續一聲來。

此四句，元是川老禪師，頌二十七分無斷無滅之義，科家借來發明此分經文也。初句問云：此真如理，不知誰解巧安排？意云：人有機謀巧妙，能所見識，善能造作，謂之安排也。次句，呈上安排之義，引公案之文證明。昔睦州和尚示衆云：「裂開也在我，揑聚也在我。」時有僧問曰：「如何是裂開？」州云：「三九二十七，菩提涅槃真如解脫，卽心卽佛，我且恁麼道？汝又作麼生？」僧曰：「某甲不與麼。」州云：「盞子落地，楪子成八片。」僧問：「如何是揑聚？」州乃斂手而坐。川老借此之義述成四句，意謂睦州用處，雙眼圓明，這邊那邊應用不缺，有巧妙之智也。如實際理地，不受一塵，無法可得，無佛可成，無記可受也。正放開時，似今時門頭，不捨一法，有法可得，有佛可成，有記可受也。三句，以須菩提，聞佛前來於然燈佛所，以無法可得，無菩提可證，故得受記。善現疑云：既說於法無得，於道無證，卽是無有佛法，如何過去諸佛，因聞法悟道耶？今言實無有法，豈非佛果成其斷滅也？佛答云：如來者，卽諸法如義，故不成斷滅矣！故云：莫謂如來成斷滅者，此是與人拈情，莫說如來無法可得，無果可證，無生可度，無土可嚴，如同揑聚了無一物，謂之斷滅。此本有法身之理，遍一切處，無時不現，無處不周，如同裂開，法法全彰，而豈有斷滅也。可謂：「法身遍在一切處，一切衆生及國土，三世悉在無有餘，亦無形相而可取。」也。一聲還續一聲來者，呈上無斷滅之義，如空谷應聲相似，空谷無聲，呼之卽應，以喻此理，無有斷滅，故云「一聲還續一聲來」也。

銷釋金剛科儀會要註解卷第六

姚秦三藏法師　鳩摩羅什　譯

隆興府百福院　宗鏡禪師　述

曹洞正宗嗣祖沙門　覺連　重集

一體同觀，萬法無差，凡聖共一家，如來五眼，照耀塵沙。

此科昭明太子，判此一段經文，為一體同觀分第十八。以恒河沙世界國土中，所有衆生若干種心，如來以智眼悉見。又云：如來說諸心皆為非心者，以如來智入衆生心，既衆生心差別，卽十法界，同一真心也。故立一體同觀之名也。萬法無差者，此言萬法，總該十界，依正之法，如來以法眼，觀一切諸法，無非真空實相，故無差別也。如云：「若人欲識真空理，心內真如還遍外；情與無情共一體，處處皆同真法界。」也。凡聖共一家者，言此四聖。六凡，染淨十界，皆從真如妙道流出，故云凡聖一家，既共一家，卽是一體，張拙秀才云：「光明寂照遍河沙，凡聖含靈共一家。」也。如來五眼者，卽肉眼、天眼、慧眼、法眼、佛眼也。傅大士頌曰：「天眼通非礙，肉眼礙非通；法眼唯觀俗，慧眼直緣空。佛眼如千日，照異體還同；圓明法界內，無處不含容。」此之五眼，通該十界，而優劣有殊，如經所說，五眼皆如來所具，無非佛眼也。照耀塵沙者，如來以五眼，悉見恒沙世界，眾生之心也。

一心洞徹，本性無涯，春來日暖，無樹不開華。

三心洞徹者，言如來洞徹三心，而不可得。蓋三世之心，過去已滅，未來未至，現在不住，皆是虛妄生滅，故求之不可得也。唯有本來之性，無有邊涯，以妄心盡處，卽是真性，一切諸法，無不彰顯此心也。春來日暖者，此是科家分明指示，一體同觀，萬法無差之義，如陽氣初回，春來日暖，柳塘花塢，暖日和風，三草二木，暢茂調達，春意無私，乾坤普徧，故云「無樹不開華」，以喻如來具此五眼，觀眾生心，一體無差也。

如來具六通，　三心不可窮；　算沙無億數，　到此體皆同。

前二句，牒經文之義，六通者，卽前五眼之義，文出般若經。一、神境通者，能震動十方，變一為多，變多為一等，此卽身如意通也。二、天耳通者，能過人天耳，如實能聞種種音聲也。三、他心通者，能知十方諸有情類，心心所法也。四、宿命通者，能知十方，有情之心，年月日時，劫量處所，名姓死生，自他等事也。五、天眼通者，能見十方有情、無情、色像死生、善惡等報。若得漏盡通者，能知十方有情，自他漏盡，不盡等也。今云：如來以六通，觀恒沙世界，衆生若干種心，反三心皆不可得，故不可窮也。三心既空，真心自顯也。後二句，亦牒經義，指歸一體，佛以六通，悉見恒沙衆生之心，卽非真心，故以算沙無數億世界，衆生心佛，悉了知一一體空，絕十法界之相狀皆不可得，無非真空實相，故云「到此體皆同」也。

○一體同觀分第十八

經「須菩提！於意云何？」至「如是世尊，如來有佛眼。」

此分名為一體同觀，如來以五眼觀衆生妄心，皆不可得，無非實相，故云一體也。因須菩提聞佛前說，菩薩不見彼是衆生可度，不見我是菩薩為能化，不見淨佛國土，如是則不見諸法，名為諸佛如來。然則如來具足五眼，豈都無所見耶？此敘善現疑因，下顯所斷也。佛問須菩提，如來有肉眼不？須菩提答云：如是世尊！如是者，領其問義，如來有肉眼。意云：肉眼者，見障內色，名為肉眼也。肉眼具五義：一、見粗不見細，二、見近不見遠，三、見明不見暗，四、見前不見後，五、見障內色，不見障外色，故五義也。若是多生，已種清淨善根，凡夫具足宿命肉眼，見百由旬。二乘肉眼，同凡夫見百由旬。菩薩肉眼，見三千世界。佛之肉眼，與菩薩同見三千世界。又能見人中無數世界，已上總肉眼也。佛復問：如來有天眼者，於肉眼邊引清淨天眼，見障外色，名為天眼，如阿那律是也。若佛天眼，能見諸佛所有細色，淨名云：唯佛世尊得真天眼，照見恒沙佛土不以二相。智論云：凡夫天眼，見一四天下；小聲聞見小千界；大聲聞，見中千界；阿那律見三千界。緣覺小者見中千界，大者見大千界，菩薩天眼，遠見一切世界，已上總明天眼也。佛仍云：如來有慧眼者，以根本智照真理故，以能照真理，故名慧眼也。若二乘慧眼，唯見生空；菩薩慧眼，俱見二空，不能窮盡；如來慧眼，窮盡無餘，已上總明慧眼也。佛亦云：如來有法眼者，卽後得智，能說法度人也。後得智者，從根本智後，方得其名，能達俗明真，名為法眼也。華嚴鈔云：二乘法眼，但見無常苦空等諸法總相，粗觀不能細觀，若要不知根欲性殊，非真法眼也。菩薩法眼，了知根欲性殊，及一切法，若總若別，若粗若細，無不窮盡也。佛之法眼，所知障盡，無法不知，無生不度，故云法眼也。佛又云，如來有佛眼者，前四在佛，總明佛眼。又見佛性圓極，名為佛眼也。涅槃云：九地已前，聞見佛性，十地眼見佛性，而未了了，於自身中，十分見一，故知隔羅縠見月，如來佛眼，無不窮盡，所以圓極淨勝，無如佛眼也。

經「須菩提！於意云何，如恒河中，」至「未來心不可得。」

佛問須菩提：以一恒河中所有沙，一沙對一恒河，有如是沙等恒河，實無量無邊之多。又以諸恒河中所有沙數，一沙對一佛世界，此沙數世界，實無量無邊不可說之多也。又以沙數世界國土中，所有衆生有若干種心，如來悉知悉見，以此則知佛眼所見，爾所國土中，衆生心念，無量若干，如來悉知，以顯佛眼圓明了知，纖毫無惑，無不知見也。佛又云：何以故者，徵問上義，以何意故，如來悉知若干種心也。佛意云：如來說諸心者，卽衆生若干種心，有染有淨，既有染淨之相，卽俗諦也。非心者，妄識本空，妄心空處卽真心，是真諦也。是名心者，真心不滅，不屬有無，真俗二諦，卽第一義心也。佛又云：所以者何者，徵釋上文，非心之義也。意云：本覺不知，隨妄流轉，故有三世之念。謂思念前事者。為過去心，過去已滅，了不可得。思念今事者，為現在心，現在無住，了不可得。思念後事者，為未來心，未來未至，了不可得。三世推求，俱是虛妄，皆不可得。卽非常住真心，卽為依也。心虛妄心，若一念有生滅心，卽成六十二種邪見，九百種煩惱，若悟無法無相，平常真心，卽法體空寂，不生不滅，但起念時，莫執莫斷，不取不捨，卽三際無踪，一念圓具，則生死涅槃平等無二，妄心本空真心顯矣！傅大士頌曰：「依他一念起，俱為妄所行；便分六十二，九百亂縱橫。過去滅無滅，當來生不生；常能作此觀，真妄坦然平。」

五眼悉圓明，如揭日曜恒沙之世界；三心不可得，似撥火覓滄海之浮漚。縱使窮諸玄辯，竭世樞機，到此總須茫然，且道是何標格？

初一節文，牒經之義，衆生之心，佛眼悉知悉見，不獨佛眼圓明，照十法界，如來五眼一一圓明普照，故擧喻云：如揭日照恒沙之世界。揭者，高擧也。如杲日昇空，高下俱照也。如云：「佛眼如千日，照異體還同。」所照之境。雖多達境本空，同歸真空實相也。三心不可得者，亦牒經義，卽過去心，現在心，未來心悉皆虛妄，了不可得，故擧喻云：「欲尋此妄心無有處所，如撥大覓滄海之浮漚，火中決定無水漚，妄心定無形跡，以顯妄念本空，不可尋究也。本淨偈曰：「見道方修道，不見復何修？道性如虛空，虛空何所修？徧觀修道者，撥火覓浮漚；但看弄傀儡，線斷一時休。」也。縱使窮諸玄辯者，是科家發明此心，至極之處，難以開口，三世諸佛，話會不及，歷代祖師，忘鋒結舌，一大藏教不曾談著一字，千七百則公案，未嘗動著絲毫，故德山焚却鈔疏，舉火云：「窮諸玄辯，若一毫置於太虛，竭世樞機，似一滴投於巨壑。」遂乃焚之，以此心，言說不得，所以到這裏總須茫然也。且道是何標格者，乃科家徵問之義，此心以何標指格量，向下顯露者哉。

直饒講得千經論，也落禪家第二籌。

此二句答上問之義也。以此心，三世推尋，了不可得，所以「三際求心心不有，心不有故妄元無；妄元無處卽菩提，生死涅槃本平等。」到此田地，口欲談而詞喪，心欲緣而慮忘，故云：「直饒講得千經論，也落禪家第二籌。」也。昔德山宣鑑禪師，精究律藏，於性相諸經，貫通旨趣，嘗講金剛般若，時謂之周金剛。曾言同學曰：「一毫呑海，海性無虧；纖芥投針，針鋒不動；學與無學，唯我知焉！」後聞南方禪道頗盛，師意不平，乃曰：「出家兒，千生學佛威儀，萬劫學佛細行，尚不得成佛，南方魔子，敢言直指人心，見性成佛，我當摟其窟穴，滅其種類，以報佛恩。」遂擔青龍鈔疏出蜀，至澧陽路上，見一婆子，因歇息買餅點心，婆指擔云：「這個是甚麼文字？」師曰：「青龍鈔疏。」婆云：「講何經耶？」師曰：「金剛經。」婆云：「我有一問，汝若答得，吾施一齋，若答不得，別處去買。」婆問云：「金剛經道：過去心不可得，現在心不可得，未來心不可得，未審上人點那個心？」師無語，婆云：「饒汝講得千經論，一向臨機下口難。」遂指往參龍潭信禪師，發明心地，將所持青龍鈔疏，併平昔所集文字，以火焚之，方知此心出言教外，所以釋迦云：「吾四十九年，未嘗說一字。」達磨曰：「直指本心，本來是佛；不立文字，教外別傳。」使人不泥文字名相也。

心眼俱通法界周，　恒沙妙用沒踪由；
雲收海湛天空闊，　明月蘆華一樣秋。

前二句，牒經義，以如來了三心不可得，同一真心。又以五眼，照十法界，同觀一體。故以三心，五眼，體用雙彰，能所圓融，充徧法界，無處不周，無時不徧也。恒沙妙用者，言此心，雖具足恒沙性德，妙用真空體用周徧法界。以實相妙理，亦不可得故，了然無有踪由也。後二句，舉喻明宗，顯上真心周徧，理事不分之義，喻如：雲收顯一色晴空，海湛印森羅萬象；天空映水之澄，海闊涵空之相。故天水不分，上下一體也。明月蘆華者，此言明白二字，月即是明，蘆華是白，月與蘆華，明白不分，同為一色，喻如心眼俱通，周徧法界，事理無礙，故云「明月蘆華一樣秋。」

荒郊日落草風悲，　試問骷髏你是誰；
或是英雄豪傑漢，　回頭能有幾人知。

此歎世人，生必有死，死必葬於郊外，行人往來，至日落時，四望無人，惟聞草風悲聲，此一句言境也。次句是科家問義，故云「試問骷髏你是誰」也。後二句，答上問義，此等骷髏，或是英雄豪傑，如三齊王韓信神機大將，似楚霸王項羽，盖世英名，臨終未免無常，命盡同歸下土也。回頭能有幾人知者，此言骷髏既死，神識奔往，不能回頭，知他是何等人，或富貴，或貧窮？古德云：「我道無，你言有；無常來，都空手。」故云「回頭能有幾人知」也。

末法娑婆人苦灾，　互相食啖惡如豺；
刀兵疫病遭饑饉，　厭離閻浮歸去來。

釋迦年尼佛，一代之教典，其法有三：正法一千年，像法一千年，人多解脫禪定，多聞修福，受諸快樂也。末法一萬年，以解脫禪定多聞修福俱無，人多苦惱，惟好鬬諍，故云「末法娑婆入苦灾」也。互相食啖者，呈前入苦灾之義，一切衆生造十惡業，輪轉五道，經百千劫，於多生中，互相殺害，遞相食噉，如人死為羊，羊死為人是也。刀兵疫病者，呈前末法入苦災之由刀兵、疫病、飢饉，卽小三災也。瑜伽論云：末法將盡，有三種小三災出現，謂飢儉、疫病、刀兵也。飢儉災者，至人壽三十歲時，方始建立，當爾之時，精妙飲食，不可復得，唯煎朽骨，共為醼會。若遇一粒稻，麥粟稗等子，重若摩尼寶珠，藏置箱篋，而護惜之。因此飢儉，有情之類，亡沒殆盡。此之儉災，經七年七月七日方乃得過彼諸有情，起下厭離。由此因緣，壽不退減，儉災遂息也。至於人壽二十歲時，本起厭患，今乃退捨。爾時多有疫氣，相續而生，彼諸有情，悉多殞沒，如是病災，經七月七日方乃得過。彼諸有情，起中厭離，由此因緣，壽量無減，病災乃息。又至人壽十歲時，本起厭患，令還退捨。爾時有情展轉相見，各起猛利殺害之心，由此因緣隨執草木，及以瓦石，皆成刀劍，更相殘害，經一七日方乃得過。復有三種最極衰損，謂壽量衰損、依止衰損、資具衰損。且壽量衰損者，謂極至十歲，依止衰損者，謂其身量極至一磔，或復一握，資具衰損者，唯以粟稗為食中第一，以髮褐為衣中第一，以錢為莊嚴中第一。五種上味悉皆隱沒，謂酥蜜甘蔗油鹽皆變其味。爾時有情，起上厭離，不復退減。又捨惡壽量增長善壽量由此因緣，漸增至八萬四千歲。如是二十減，二十增，合為四十中劫。是時諸趣有情，次第盡沒，故結句意云：何不念佛，捨此之苦，出離三災，生極樂國，永無此苦也。

法界通化，似有還無，箇箇本無殊，圓明一點，無來無去。

此科昭明太子，判此一段經文，為法界通化分第十九。盖法界者，即理事無礙法界也。以布施福德無故，事理圓融也。既不住相，所以變化有為之福，通作無為之理，故云：法界通化也。似有還無者，此七寶布施因緣果報分明不昧，故云似有；於真空理上，了福德無有，故云還無。猶如雲起，虛空常存實有，浮雲似有還無也。箇箇本無殊者，此句呈前以福德無故，似有還無，即真空理，人人本具，箇箇不無，及十法界衆生，均秉同賦，下文行容無殊所以也。圓明一點者，此理既是，箇箇無殊，這點圓明，無所從來，亦無所去，可謂真淨明妙，虛徹靈通，無去無來，冥通三際，卓然獨存者也。

搬柴運水，好用工夫，松稍月朗，衣穿露寶珠。

此是科家慈心太煞，分明指示，圓明一點，在日用間，或搬柴，或運水，皆是神通妙用工夫。石屋詩云：「古人為道入山中，日用工夫在己躬；添石壁腰舂白米，攜鋤帶雨種青松。擔泥拽石何妨道，運水搬柴好用工；軃懶借衣求食者，莫來相伴老禪翁。」松稍月朗者，乃科家借事顯理，發明事理無礙之道，可謂「月篩松影高低樹，日照池心上下天」。悟心云：「江月照，松風吹，永夜青霄更是誰？霧露雲霞遮不得，箇中猶道不知歸。」衣穿露寶珠者，此引繫珠喻，指示圓明一點，譬如有人至親友家，醉酒而臥，時親友以無價寶珠，繫於衣下，其人不知，甘受貧窮，後至衣穿破壞，露出此珠，其人歡喜，以此珠貿易所須，得大富貴。六道衆生，亦復如是，佛從塵點劫中，而將此理指示，不覺不知，輪轉生死，今乃遇佛開悟自性，方得道果，喻如事法體空，真性自顯，故云「衣穿露寶珠」也。古德頌曰：「昔年衣裡曾繫珠，今日云何不覺知；後逢親友還指點，猶如久病遇良醫。」

珍寶滿盈剎，　福德等難量；　若到無福地，　方知滋味長。

初二句牒經義，以七寶滿大千世界，以用布施，所得福德，利益難量。以是因緣得福甚多，卽佛事門中不捨一法也。後二句，亦牒經義，以福德無故，如來說得福德多，以布施時，心無執著，希望福德，此明無相施，卽無為福，故云：「若到無福地，方知滋味長。」卽實際理地，不受纖塵也。

○法界通化分第十九

經「須菩提！於意云何？若有人滿」至「如來說得福德多。」

註曰：此節經文，名法界通化分，因須菩提，疑上之心，既有住著，是為妄心顛倒，以此妄心，修諸福德，亦是顛倒，不明善法，故佛斷疑問之，捨大千真寶布施，其福甚多。若執著福德實有，即為住相，其福有盡，故如來不說得福德多者，此乃人天小果，有漏之因，終不免輪迴，畢竟有墮落，所以不足為多也。以福德無者，以離相布施，乃清淨無為稱性之福，性如虛空，其福無量，若能施之人，以佛智為本，修布施行，悉皆離相，不見福為實有，故如來說此人所得福德甚多。天台智者頌曰：「三千大世界，七寶滿其中；有人持布施，得福乃如風。猶勝慳貪者，未得達真宗；終須四句偈，知覺證全空。」

布施因緣，實人天有漏之果；無為福德，超凡聖通化之功。噫！有為雖偽，棄之則功行不成；無為雖真，擬之則聖果難證。且道不擬不棄時，如何是聖諦第一義？

初一節牒經義，若人以滿大千七寶布施因緣，得人天福，是有漏果，福盡墮落也。次一節，言無為福勝者，以布施之人，心無住相，了達三輪體空，不執福德實有，以福德無故，所以變化有為之施，成於無為之福，是為無漏因果，故能超凡聖通化之功也。噫者，嘆辭也。有為雖偽者，偽者假也，以布施雖是有為假法不實，以諸佛菩薩，若非檀波羅蜜，不能成就佛果菩提，自利利他之功行，所以六度之中，以布施為首也。無為雖真者，以無為之道，雖是真實，人人本具，如有行人執著無為，心生擬度，不肯依法修進，則聖賢菩提妙果，難以得證，可謂：「法身非相，瞻有相而見法身；道果無修，速勤修而成道果。」且道不擬不棄者，乃科家徵問之義，意云：卽今不擬無為，依理而證，不棄有為，假施以行，二法俱備，如何是聖諦之理？聖諦者，卽中道也。此之問義，要人卽二邊，而顯中道也。

達磨當機曾直指， 廓然元不識梁王。

此二句，答上問頭，如何是聖諦第一義？此義梁武帝曾問達磨：「如何是聖諦第一義？」磨云：「廓然無聖。」帝曰：「對朕者誰？」磨云：「不識！」帝不契，磨遂渡江，至少林九年面壁也。科家意云：此聖諦之理，達磨曾直指云：廓然無聖，以此理中，聖名了不可得，故云廓然。元不識梁王，非但梁王不識，縱使從上諸佛諸祖，也無他識處，所以云：「從來共住不知名，運用相將任麼行；自古上賢猶不識，造次凡流豈得明。」

寶施寰中福倍常，　華開錦上最難量；
就中撥倒空王殿，　露柱燈籠盡放光。

初二句，牒經義，一法一喻也。寶施寰中者，以七寶滿三千界布施於人，乃是有為之福也。又云：福倍常者，雖行布施，達福德無故，了福性體空，成無為之福，故云福倍常也。華開錦上，此喻七寶布施，如一段錦，達此布施福德性空，而不住相，似錦上又添其華，所以即有為施，而成無為之理；事理俱融，真俗不二，是故稱性福德最難量也。後二句，呈前之義，以不住福德也。空王殿即理也，撥倒者，即不住那邊之理也。露柱燈籠，即事也，放光者，以無情之物放光，即事而能顯理也。若是行人，布施不住福德，無為離相，二邊不住，中道不安，所以道：「那邊不坐空王殿，爭肯耘田向日輪？」

郊園又是一翻春，　骷髏縱橫白似銀；
日炙風吹休懊惱，　骷髏總是利名人。

此四句，歎人生浮世，生死無常，其中富貴貧窮，貪名逐利，皆是常情之事也。起句，言郊外園林，又是一翻春光造化之境也。次句，謂人死葬於郊外，骷髏縱橫，如銀之白，此言人死敗壞之相也。三句，此身既壞，白骨猶存，狼籍遍地，又被風吹日炙。科家勉云：不須懊惱者，生必有死，成必有壞也。結句，言此骷髏，悉是爭名奪利，慳恡之人。可謂：「人間富貴華間露，紙上功名水上漚。」古德云：「名利數人皆作夢，高強幾箇土中埋；前思後想頻頻歎，多少英雄去不迴。」此頌娑婆衆生，而有敗壞之苦，後偈指歸淨土，永無逼迫之苦也。

淨土永無三惡道，　寶方寂靜不輪迴；
金繩界道經行處，　好念彌陀歸去來。

起句，所謂淨土，永無地獄、餓鬼、畜生，三惡之道也。次句，寶方寂靜不輪迴者，此言清淨之義，以彼國土無有女人，又不經營衣食買賣交易，所以寂靜也。生彼國者，唯住正念，遠離諸根，分別顛倒妄想，卽得壽命無量，不受輪迴故也。三句，又以彼國所行徑路，皆是瑠璃之地，無有墻壁街巷，故用黃金為繩，以界道傍，為經行處也。末句，科家意謂：西方既無三惡之道，亦無輪迴之苦，其國清淨快樂無窮，故勉云：「好念彌陀歸去來。」所以優曇頌曰：「平生好結淨方緣，懶把工夫去說禪；一句彌陀無別念，不教一箇喪黃泉。」

離色離相，無住無依，法界普光輝，無得無說，無是無非，無來無去，無相無為。

此科昭明太子，判此一段經文，為離色離相分第二十。蓋如來不應以具足色身見，又不應以具足諸相見法身也。此達三十二相，了不可得，卽真空實相故，離色離相為名也。無住無依者，因離色故，卽無住，因離相故，卽無依，既無住無依，卽真空之理也。法界普光輝者，此理既離色相，盡十方徧法界，總是一箇智境所現，物物頭頭，皆為一段光明，故云「法界普光輝」也。無得無說等者，此科經文，如來不應以具足色身見，又不應以具足諸相見法身也。以法身無有色相，所以無得無說，無是無非者，此心不是有，此心不是無，以此心不屬二邊也。無來無去者，此心不屬未來，不屬過去，不屬現在，卽三際俱無，故云無來無去也。無相無為者，以此心無有相狀，無有作為，不以諸相見。

澄潭月朗，石人戴帽歸。

此二句，乃科家發明離色離相之義，以澄潭月朗，喻如法身清淨，明白一色，如寒潭皎月，靜夜鐘聲，隨扣擊以成聲，觸波瀾而不散也。石人戴帽者，宗門以石人表理，無情識也。戴帽歸者，表無功用中，能作功用。此喻法身離相，卽色相而見法身，至理絶言，借微言而彰至理者哉。

知得如來意，　　玄空不復尋；　　具足非具足，　　聲色兩分明。

前二句，出如來本意。佛意欲令衆生，不可在色相上見如來，若人達色相本空，而不住著，不妨色相全體，卽法身也。既卽色相全體，卽是法身，不復離色相外別求玄空，故云「不復尋」也。後二句，牒經義，若人會得具足色身，卽非具足色身，具足諸相，卽非具足諸相，行人若向聲色兩處，會得分明，全體卽是法身。古德云：「一切聲是佛聲，一切色是佛色。」所以「溪聲常瀉空王偈，山色全彰古佛身」，故云「聲色兩分明」也。

○離色離相分第二十

經「須菩提！於意云何？」至「卽非具足，是名諸相具足。」

註曰：此節經文，名離色離相分，以須菩提，聞佛前來所說，如來者，卽諸法如義，乃無為真如之佛。又聞次前所說，變化有為而成無為，乃是無之法，是故起疑云：「既是佛法無為，云何佛身，有八十種好，三十二相，而可見耶？」佛為斷此疑，故有是問，云佛可以具足色身見否？善現領會佛義，答云：「如來不應以具足色身見。」意云：「如來法身，故非色身可見矣！」以法身離相離名，絕於視聽之表也。何以故者，徵問之義，以何意故，法身非色身可見，善現卽云：如來說具足色身者，乃為衆生現身說法，故云「具足色身」，卽俗諦也。卽非具足色身者，以如來法身，故非色身可見，故云「卽非具足色身」，卽真諦也。是名具足色身者，以法身未嘗離色身，卽俗也。以色身未曾離法身，卽真也。以真俗併顯，卽為中道，故云「是名具足色身」也。佛又問須菩提云：「如來可以具足諸相見法身否？」善現卽解問義，答云：「如來不應以具足諸相見。」意云：如來法身，亦非諸相可見也。何以故者，徵問之義，以何意故，法身不以相見，卽云：如來說諸相具足者，以如來為利衆生，降跡人間，現具足相，為生說法，卽俗諦也。卽非具足者，然則現相說法，其體元空，了不可得，故云「則非具足」，卽真諦也。是名諸相具足者，以法身不離諸相而現，卽俗也。以諸相不離法身而生，卽真也。以真俗互顯，雖相而無相，雖說而無說，卽二邊顯中道，故云「是名諸相具足」也。

有相有身，如來莊嚴具足，分賓分主，空生解辯親疎，直得賓主兩忘，色相俱離，如何是主中主？

此文牒經之義，有相者，即如來三十二莊嚴相也。有身者，即如來十八種好，具足身也。分賓者，即如來具足色身，具足諸相，乃應身也。分主者，如來即非具足色身，即非具足諸相，乃法身也，空生解辨親疏者，以空生領解佛意，向佛答云：此法身，不以色身見，不以諸相見，此是親切之處而言也。又云：如來具足色身，具足諸相，乃疎遠而論也。此之賓主，是為教中之說也。若論衲僧門下，實難湊泊，非言可及，如臨濟會下，有二僧對面相顧，齊下一喝，有僧請問臨濟：「此一喝，還有賓主也無？」濟答云：「賓主歷然也。」可謂：「一喝分賓主，照用一時行。」此是極妙窮玄，言辭路絕也。直得賓主兩忘，色相俱離者，乃科家與人拈情，令人離此二途，別行一路。賓主兩忘者，以臨濟宗旨，賓者事也。主者，理也，直得事理兩忘也。色相俱離者，要人離了三十二相，八十種好，二俱不立也。如何是主中主者，此是科家，要人直下承當主中之主，即法身向上一著也。

君臣道合無回互，　認得分明不是渠。

此是科家答上之義，君臣道合者，即賓主不分也。無回互者，即事即理也。認得分明不是渠者，將此賓主事理，直饒認得分明，猶且不是，不可認著，可謂

：「眼中撥盡黃金屑，觸處縱橫鳥道玄。」昔僧問曹山，五位君臣旨訣，山云：●正位，卽屬空界，本來無物，○偏位，卽屬色界，有萬像形，◒偏中正者，捨事入理也。◓正中偏者，背理就事也。●兼帶者，冥應衆緣，不隨諸有，非染非淨，非心非偏，故曰虛玄大道，無著真宗，從上先德，推此一位，最妙最玄，要當詳審辨明也。君為正位，臣為偏位，臣向君，是偏中正；君視臣，是正中偏；君臣道合，是兼帶語也。時有僧問曰：「如何是君？」山云：「妙德尊寰宇，高明朗太虛。」僧曰：「如何是臣？」山云：「靈機弘聖道，真智利羣生。」僧曰：「如何是臣向君？」山云：「不墮諸異趣，凝情望聖容。」僧曰：「如何是君視臣？」山云：「妙容雖不動，光燭本無偏。」僧曰：「如何是君臣道合？」山云：「混然無內外，和融上下平。」山又云：以君臣偏正言者，不欲犯中，故臣稱君，不敢斥言是也。此吾法之宗要者哉！

端嚴相好紫金身，　正眼看來總不真；
要會問酬親的意，　蘊空無我亦無人。

前二句，牒經之義也。端嚴相好者，卽如來三十二相，八十種好也。紫金身者，卽如來妙色紫摩金身也。雖是端嚴相好，若以金剛爍迦羅，堅固正眼看來，，總是不真，非是清淨法身，真如妙理。此法身者，三光猶未照，五眼尚難窺，如來相好之身者，乃感報應化之身，因修萬行而得，非根本智，故曰不真也。後二句是科家，分明指示，審問行人，若要會得佛與須菩提，如斯問酬親切端的之意，須是五蘊皆空，四相非有，亦要了盡能空之法，方是人法兩忘，始會問酬之義也。

圓音唱處響清清，　試聽金剛一卷經；
薦取衆生方外句，　秤錘是鐵太分明。

初二句，言如來說法，一音普應也。圓音者，以佛演談般若大法，音聲嚮亮清徹，要人向聞聲處會取，卽是此一卷經，衆生隨類各得所解，十方世界衆生悉皆得聞，各解其義，故云圓音也。若有行人信受此法，試聽此一卷金剛般若經，其中所說實相般若，自性法身，四聖六凡，依此而出，卽如來所證所說，圓音之義，實有不可思議微妙功德也。故令試聽，不可錯過也。後二句，科家慈心太煞，分明說破，直下薦取，不可向色相，文字上領會，故叮嚀誡勉，薦取方外之句，卽指此經般若大智，人人有分。又恐不知重為宣說，秤錘是鐵，太甚分明，何曾隱諱，迷人只知喚作秤錘，忘却本身原來是鐵。一切衆生妄認諸法，不知諸法，原是般若智慧而生，故云「秤鍾是鐵太分明」也。

陌下桃花春又開，　風吹殘杏雪飛垓；
紛紛落處誰人悟，　笑指靈雲歸去來。

此四句頌，科家要人，向見色處會取，卽是此理也。前二句，言陌下桃花春又開者，不但桃花開綻，又被風吹殘杏，其花飛處，如雪相似，紛紛亂落，誰人悟得此花落時，唯有靈雲一覩便知，豁然大悟，方知花有開謝，樹木常存，一切諸法亦復如是。法有生滅，性無生滅，所以靈雲見桃花而悟道，此乃見色明心，就路還家，故云「笑指靈雲歸去來」，其文出傳燈錄，靈雲見桃花，忽然大悟，偈曰：「三十年來尋劒客，幾回葉落又抽枝；自從一見桃花後，直至而今更不疑。」大溈曰：「從緣入者，永無退失，汝善護持。」玄沙云：「諦當甚諦當，敢保老兄未徹在。」靈雲曰：「師兄還徹也未？」玄沙休去。

非說所說，不在分別，本性離言說。

此科昭明太子，判此一段經文，為非說所說分第二十一。蓋佛謂須菩提言：說法者，無法可說，是名說法，故立此名也。不在分別者，言說法者，是俗諦；非說者，是真諦。今以非說所說，乃二諦融通，不分真俗之別，故云不在分別也。本性離言說者，此科佛謂須菩提云：若有人言如來有所說法，則為謗佛，不能解我所說故，須菩提說法者，無法可說，是名說法也。盖本性空寂。離諸相貌，言詞相寂滅，不可以言說，故云本性離言說也。

潺潺綠水，出廣長舌，圓音落落，無間無歇，休將耳聽，紅爐飛片雪。

此一節文，呈前本性，離言說之義，乃顯無情，善能說法也。潺潺綠水出廣長舌者，卽無情說法，以高山流水，悉皆說法，所以東坡，看無情說法話有省，偈曰：「溪聲便是廣長舌，山色無非清淨身；夜來八萬四千偈，他日如何舉似人。」也。圓音落落無間無歇者，亦是無情說法之義，乃明暗色空風動塵起，山河草木圓音無間，可謂「塵說刹說熾然說，三世十方一時說」，何曾間斷？故云「圓音落落無間無歇」，昔古德，聞殿角鈴鳴而悝，偈曰：「銅唇鐵舌太尖新，樓閣懸來不記春；言外百千三昧法，因風說與箇中人。」也。休將耳聽紅爐飛片雪者，是科家，將前無情所說之義，八字打開，兩手分付，要人離心意識，領會出凡聖路頭字，故云「休將耳聽」也。此理若將耳聽終難會，眼裏聞聲方得知，如紅爐飛片雪相似，言此大冶紅爐，豈容片雪飛過，以喻至理豈能容得言說取捨，意路分別，所以非思量處，識情難測，真如法界，無自無他，此亦是紅爐不容片雪之義也。潭州長髭曠禪師，初參石頭和尚，頭問：「從甚麼處來？」曠云：「嶺南來。」頭曰：「大庾嶺頭有鋪，功德成就也未？」曠云：「成就久矣，只欠點眼在。」頭曰：「莫要點麼？」曠云：「特請！」石頭垂下一足示之，曠便作禮，頭曰：「汝見甚麼便禮拜？」曠云：「某甲見處，如紅爐上一點雪也。」

我心本非有，　無心說向誰；　所說非所說，　為被上乘機。

起句，我心本非有者，以不著相好，即是法身，故云非有也。次句，既不取著，即是無心，若無有心，向誰所說，故云無心說向誰也。後二句，意云：似此無言無相之道，雖如來所說一代時敎，只為衆生不明此理，故有所說。若以真空理上，元無一字，故云非所說也。如斯說與非說，唯被大乘之機，非小乘人，而可擔荷，故云「為被上乘機」也。

○非說所說分第二十一

經「須菩提！汝勿謂如來」，至「如來說非衆生，是名衆生。」

註曰：此分名為非說所說之義也。佛因須菩提，疑如來色身相好，既不可得見，如何為人說法耶？為斷此疑，故有是問，云汝勿謂如來作是念，我當有所說法，莫作是念。何以故者，此是佛自徵問，以何意故，無法可說也。若有人言：如來有所說法等者，意云：如來悲願深重，隨感而應，於無說而說，雖說而無說，衆生不達此理，謂佛有說，是為謗佛，不能解佛所說故。以如來說法四十九年，皆是應機而說，於真空理中，未嘗談著一字也。所以諸法寂滅相，不可以言宣，若執佛有法可說，卽不解佛義也。佛又告須菩提云：說法者，無法可說，是名說法者。佛意云：前來有說，則為謗佛。今云說法者，乃應機而說，卽俗諦也。無法可說者，以稱理而言，卽真諦也。是名說法者，今於無說中，為生有說，不妨稱性而說，乃於有說而顯無說，是名真說，卽中道也。爾時慧命須菩提，白佛言世尊，爾時者，當起問之時也。慧命者，以善現解空第一，與般若空慧相應，以慧為命，故稱慧命也。頗有衆生，於未來世，聞說是法，生信心否者，善現聞佛前云：色身乃非身之身，說法乃非說而說。既身說俱妙，恐聞者難信，所以有此疑問。故云：生信心否也。佛答須菩提之問，彼非衆生者，卽凡夫衆生，於此般若，不能生信也。非不衆生者，卽聖體衆生，於此般若，能生信解也。又解云：彼非衆生者，非凡夫衆生，卽大乘之人，能信無說中真說，於般若智，能生信解也。非不衆生者，正是凡夫衆生，聞說此法豈能信解者哉？存此二解，智哲再詳也。何以故者，佛自徵問前義也。佛又呼須菩提言，衆生衆生者，此牒前文，彼非衆生，非不衆生也。如來說非衆生者。牒前非是凡夫衆生，是大乘人，卽聖體衆生能生信解也。是名衆生者，牒前是凡夫衆生，豈能信解此法也。

如來無所說，慈雲甘露灑濛濛，慧命未嘗聞，明月清風空寂寂；正恁麼時，且道是何境界？

如來無所說者，卽經云：無法可說，是名說法。以無說之說，乃為真說，故喻如慈雲普覆，甘露均霑，所以慈雲遍布於十方，甘露悉濛於大地也。慧命未嘗聞者，以須菩提聞佛所說，領解深義，雖說而無說，乃為真說；聞而無聞，乃為真聞。故喻如明月清風，乾坤普照也。所以淨名云：「夫說法者，無說無示，其聽法者，無聞無得。大品云：聽如幻人聽，說如幻人說，無聽於無說，是名真實法。」也。正恁麼時者，科家意云：正當無說無聞，且道是何境界，此卽徵問之義，向下發明也。

欲得不招無間業，　莫謗如來正法輪。

科家意謂：恐人聞佛，說此圓頓法門，無說無得，疑而不信，故此叮嚀誡勉，當慎口業，免墮三途，故經云：若有人言：如來有所說法，卽為謗佛。所以科家云：欲得不招無間業，莫謗如來正法輪。以般若是諸佛之母，卽衆生之性，有情無情，從此而生，故稱正法也。永明壽云：實相及般若，三毒元無異；若能信受者，法利廣無邊。若有謗般若，罪過莫大焉；現世受殃禍，生身陷地獄也。以此般若，是世出世間，凡聖之母，猶如大地，無物不從地生，若謗般若，則謗一切三寶佛地般若。以十法界，從般若中來，若無般若威光，實無一塵可立也。今引謗此般若，現世獲報者，可誡後來不信者也。唐時，勾龍義閬州人，長慶三年，於鄞縣傭力自給，以邑人有疾，乃往省之，見寫金剛經，毀謗斥而止之，言便瘖瘂，醫不能愈，五六年，每聞鄰人念此經，而自責曰：「我前謗此經故瘂，若能愈者，終身敬奉。」每念經時，倚壁聽之，疑若念得純熟，一日偶入寺中，逢一老僧禮之，僧問何事？遂指口云瘂，僧以刀割舌下，便能而言，音與念經，正如鄰人之聲，久訪此僧不見，忽於壁上見畫像須菩提，曰：「此是割舌之僧也。」

道本無言喚不醒，藥因救病出金瓶；
可憐億萬人天衆，依舊猷猷側耳聽。

此偈，起句是法，次句是喻，科家意云：其實大道之理，本無言說，六凡四聖，悉皆具足，衆生迷而不知，所以世尊廣說諸經，借有言說，以顯無言之道而敎化之，有情衆生，悉皆茫然，而莫曉解，故云「喚不醒也」。藥因救病者，譬如妙藥，因人有病，方出金瓶與之令服，諸病皆愈；佛說此法，亦復如是。因衆生有貪嗔癡病，不識自性，故有言說，指示真性，普令開悟，除煩惱病，故云「藥因救病出金瓶」也。後二句，可憐億萬者，歎機不醒之義，如世尊在靈山會上，一日陞座良久，文殊白槌云：「諦觀法王法，法王法如是。」世尊便下座，此顯無言之道，合會聽衆，或人或天，而有億萬之數，悉皆不知也。依舊猷猷者，乃科家，歎此聽衆，都向世尊言語中尋討，不能於言外，薦取無聲之道，所以喚之不醒，故云「依舊猷猷側耳聽」也。猷猷者，即癡相之貌也。

鼓聲集衆下林泉，莫學金剛問普賢；

高坐猊臺傳秘要，妙通一指老僧禪。

前二句，引宗門古德，乃證無言之道。昔高僧上堂云：鼓聲纔動大衆雲臻，無限天機一時漏泄，不幸正眼便合歸堂，更待繁詞沉埋宗旨，縱然釋迦不出世，古今常自說，達磨不西來，少林有妙訣。所以鐘鳴鼓響，無非觀音入理之門，栢短松長，盡是毗盧一真境界。故云：鼓聲集衆下林泉。此顯聞聲見色，皆是其道也。莫學金剛問普賢者，此是科家拈情。爾時世尊與諸天人，說法已畢，會中有金剛藏菩薩，卽從座起，而白佛言：「世尊！普賢菩薩，廣大行門，不可思議，唯願世尊，略為說之，使諸菩薩依而行之。」佛言：「若說普賢行門，經於塵劫，說之不盡，欲要得知，汝入法界藏身三昧，觀察方乃知之。」于時，金剛藏菩薩，入定周徧觀察普賢行門，盡空遍界，猶如微塵，無量無邊，不可說轉不可說，行門微細，猶如雨點，莫能知之，還從定出白佛，讚歎普賢行門廣大，窮之不盡，不知邊際。佛言：「普賢行願，卽諸佛行願之本，唯佛與佛，乃能知之，況汝一人，豈能窮乎？」故云「莫學金剛問普賢」，返顯離言之道，非言所及也。後二句，呈上無言之道，逈超語言也。高坐猊臺傳秘要者，以善知識坐獅子座，傳授心要，不立文字，卽心是佛，莫向外求，故云「傳秘要」也。妙通一指者，卽是傳秘要之義，昔俱胝和尚，凡有人問佛問祖，問禪問道，俱胝卽以一指示之，如是三十年只如此行，再無他說，此顯道本無言，令人向豎指處會取，卽動用中顯道，故云「妙通一指老僧禪」也。

有病有危終退墮，　　不生不滅不輪迴；

西方淨土常安樂，　　　　無苦無憂歸去來。

前二句以淨穢兩土，苦樂相校也。有病有危者，以此穢土，人有八苦，天有五衰，人間天上，福盡壽終，退墮三途，故云「終退墮」也。不生不滅者，以淨土之人無有生死，得大涅槃，壽命無央數劫，一生即補佛位，然後得入不生不滅涅槃，故云「不輪迴」也。後二句，言西方之快樂也。以西方淨土，凡所云為，皆悉如意，無三途八難之苦，有百千無量之樂，故云「常安樂」也。又無貧窮之苦，亦無衣食之憂，黃金為地，白玉成池，四色蓮華，萬億受用，普勸諸上善人，何不急早念佛，同生淨土，共證菩提，故云「無苦無憂歸去來」也。

無法可得，情識難量，本體露堂堂，包含法界，相與無相。

此科昭明太子，判此一段經文，名為無法可得分第二十二。蓋以佛於阿耨菩提，無有少法，可證可得，故立此名也。情識難量者，既是菩提無法可得，非凡夫二乘，妄情妄識所可測量，故云「情識難量」也。本體露堂堂者，科家恐人錯過，分明說出無法可得之道，本有之體，顯露堂堂，普天匝地，無處不周，無時不現，所以徧法界而無外，析鄰虛而無內也。包含法界，相與無相者，此一段無法可得之理，本體堂堂，總統包含，三種世間，四種法界，有相無相，悉在其中。所以道：「色虛空含法界，端嚴具足威神大。」也。

行住坐臥，仔細參詳，知音勘破，炎天降雪霜。

科家恐人，於包含法界處，深奧難明，又別指一條活路，却向四威儀中，檢點此理，不要放過，故云行住坐臥，仔細參詳。蒲室頌曰：「行住坐臥絕隨緣，日用何妨涉正偏；無影樹頭風浩浩，夜明簾外月涓涓。」也。知音勘破者，科家意云：若是知音具眼者，於包含時行住處，校勘得破信得及，便知道冷灰中豆爆，枯樹上華開，熱烘烘處還生津潤，冷氷氷時恰要溫和，便可指南作北，顛拈倒用，於諸法中得大自在也。所以寒山詩云：「樂甚無為國，逍遙不住家；都緣山色好，轉見世情賒。六月炎天雪，三冬嶺上華；早來塵累盡，何處發根牙。」

無為所得法，　得法何所持；　無有少法故，　三藐三菩提。

前二句，牒經之問義云：阿耨菩提，為無所得耶？意云：既是無為無所得法，云何所持也。後二句，亦牒經義，佛答云：乃至無有少法可得，是名阿耨菩提。意云：既是無有少法可得，豈有所持者矣！既無得無持，乃真菩提。故云「無有少法故，三藐三菩提」也。

○無法可得分第二十二

經「須菩提白佛言」至「是名阿耨多羅三藐三菩提。」

註曰：此節經文，名無法可得分，以須菩提，聞前第十三疑中，如來實無有法，得無上菩提受然燈記，云何却有修證，故疑而問之云：佛得阿耨菩提，為無所得耶？佛答云：如是如是！此是如來，允許善現之問。又云：我於無上菩提，無有少法可得可證，是名阿耨菩提，謂性中無有少法可得，無有所得，則蕩然空寂，不可以形相求，不可以言說顯，但說名為無上正等正覺而已也。智者禪師頌曰：「諸佛大覺智，覺性本無涯；佛因有何得，所得為無耶。妙性難量比，得理卽無差；執迷不悟者，路錯幾河沙。」

法無可得，是名阿耨菩提，道無可傳，直指涅槃正眼，只如得而無得，傳而不傳，畢竟是何宗旨？

首初一節，牒經之義云：乃至無有少法可得，是名阿耨菩提也。次一節，引宗合教，以從上佛祖，不立文字，卽心是佛，所以僧問德義禪師曰：「向上一路，千聖不傳，和尚還傳也無？」答云：「鐵丸驀口塞，難得解吞人。」頌曰：「擧體露堂堂，十方無罣礙；千聖不能傳，萬靈咸頂戴。擬欲共商量，開口百撥碎。」此即是直指涅槃妙心，金剛正眼也。只如得而無得者，黃龍南禪師云：大覺於然燈佛所，無一法可得，方證菩提，而得受記作佛，故云「得而無得」也。傳而不傳者，昔阿難請問迦葉尊者，世尊傳金襴袈裟外，別傳個什麼？迦葉召云：「阿難！」阿難應諾，迦葉云：「倒却門前刹竿著。」阿難於言下大悟，方知此道，只在當人分上，本無傳受，故迦葉云：「昔如來將般涅槃，以正法眼，付囑於我，我今將隱，於雞足山入定，以待彌勒，復將此法，付囑與汝，汝善傳持，勿使斷絕。」而說偈曰：「法法本來法，無法無非法；何於一法中，有法有不法。」阿難作禮，故云「傳而不傳」也。畢竟是何宗旨者，此是科家徵問之義，既是無得無傳，畢竟是何宗旨，下文伸答是也。

三賢尚未明斯旨，　十聖那能達此宗。

此二句，答上問義，以上無得無傳之道，縱使三賢十聖，不能明了通達也。三賢者，即住行向，謂之三賢位也。十聖者，即十地菩薩，謂之十聖位也。今言未明未達此宗者，以顯教外別傳之旨，深奧難知，地上菩薩，尚然未達，其他小聖轉更茫然也。所以積行菩薩，曝腮鱗於龍門；上德聲聞，杜視聽於嘉會也。

從來無說亦無傳，　　纔涉思惟便隔關；
語默離微俱掃盡，　　寥寥獨坐古靈山。
前二句，牒經之義，經云：無有少法可得，此無得中豈有所說？既是無說，豈有所傳？所以云：千聖不傳，諸祖不說，故云「無說無傳」也。纔涉思惟者，科家意云：此無說無傳之道，汝等諸人，若是擬議思惟云：既言無說，今三藏之教，豈非說乎，歷代諸祖聯芳續焰，豈非傳乎？若如此見解，便於此道，隔千山萬水，遠之遠矣，故云隔關也。後二句言，語默離微者，乃肇公，離微體妙品之義，卽是出微入離二門，以此道，語則涉於微，默則涉於離也。科家意云：若於此道不涉思惟，超出語默離微之外，方是無說無傳之道。故云：語默離微俱掃盡矣。寥寥獨坐者，若於語默離微處掃盡，自然純清絕點，纖塵不立，毫髮不容，淨盡無餘，全歸威音那畔，空劫已前，更有何法可說可傳乎？故云「寥寥獨坐古靈山」。昔僧問明辯禪師曰：「語默涉離微，如何通不犯？」師曰：「橫身三界外，獨脫萬機前。」是也。
爐中梟梟試拈香，　　普請天龍降道場；
功德無邊應有報，　　莊嚴淨土事難量。

前二句，事也。科家意云：欲求淨土，必須建立壇場，前來嚴淨之中，已設供養，祈禱三寶，伸請了畢，今復設爐然香，其煙氣旋轉裊繞，即柁曳貌，以再拈香普請者，所謂行人，晝夜六時，懺悔發願回向淨土，燒種種香，設種種供，普請八部天龍，俱降道場，祈求加護，欲使外魔不入，內道可成也。後二句，理也。言行人，種種行道，所獲功德，無量無邊，應報佛祖之恩，莊嚴諸佛淨土，其事實難可校量也。

六欲諸天具五衰，　三禪尚自有風災；
直饒修到非非想，　也則不如歸去來。

六欲諸天者，此諸天人，未離貪欲，古德云：「四王切近忉利抱，夜摩把手兜率笑；他化自在眼相視，此是六欲諸天報。」故曰六欲也。婆沙論云：總是十善八齋，故得生天，六欲諸天，六種不同：一者、若持不殺之戒，生四王天。二者、持不殺不盜之戒，生忉利天。三者、持不殺、不盜、不邪淫，生夜摩天。四者、持不殺、不盜、不邪淫，不妄語，不兩舌，不惡口，不綺語、生兜率天。五者、不殺、盜、邪淫、妄言、兩舌、惡口、綺語，兼持八戒，生化樂天及他化自在天也。六天受福，各各不同，福盡之時，而有五種衰相現前，謂一、諸天嚴身具中，出五種音聲，善奏曲樂，人所不及；其命終時，樂音不奏。二、諸天身光赫奕，晝夜相照，身無有影；其命終時，光昧影現。三、諸天膚體細滑，入香池浴，纔出水時，水不著體，猶蓮華葉，命將終時，水便著體。四、諸天種種境界，悉皆殊妙，漂脫諸根，如旋火輪不得暫住；其命終時，專著一境，不能捨離。五、諸天身力強盛，眼不瞬動，其命終時，身體虛弱眼便數動，此是諸天五種衰相現前。則知福盡，墮落入於惡道，故云「六欲諸天具五衰」也。三禪有風災者，長阿含經云：此世界，至壞劫時，三災欲起，此世間人，皆行正法，正見不倒，悉修十善，上求梵世，地獄、餓鬼、畜生，三途業盡，來生人間，聞此火災，無有師法教之，皆自然而修十善，亦求上昇梵世，修羅亦求上昇，東西二洲，例此皆然。北洲聞知，求生欲界天中，修離欲故，方生梵世，若五逆十惡，謗方等般若，毀滅三寶，墮阿鼻獄中，罪未畢者，以此娑婆地獄已壞，轉置他方阿鼻獄中受罪，此四大洲有情盡已，萬億四天下，皆同名為有情世間壞已，如是亦經十九中劫，次壞器世間，然後四洲有七日出現，天久不雨，萬物枯竭，泉源乾涸，衆生業力盛故，生大黑風，吹令海水，兩皆披分，至於海底，攝取阿鼻獄中，日宮殿出，人間草木凋落枯死，萬物不生。復生大黑風攝取第二日出時，小小溝坑河渠泉源，盡皆乾竭，海水漸下七百由旬。大黑風力攝取第三日出時，四大河及阿耨達池，悉皆乾竭，海水漸漸下千由旬。大黑風力，攝取第四日出時，四大海水下六千由旬。大黑風力，攝取第五日出時，四大海水下七千由旬，悉皆乾盡。大黑風力，攝取第六日出時，地厚十六萬八千由旬，悉皆煙出。須彌及七金十寶等山，上至六欲天，下及諸大地獄，皆悉盡滅。大黑風力，攝取第七日出時，四天下六欲天，盡是大火，直至梵天，以火燒壞，經一中劫，此一四天下如此，則萬億四天下皆悉是火，壞劫，總經二十中劫，此世界壞，有其三種，即水火風也。壞者亦如前說，如是七次火災後，世界復成。又被水壞至二禪天，從極光天，即生大雲，降注大雨，其器世界，如水化鹽，消鎔皆盡，彼水自竭為一水災，次復七火災；度七火災，還有一水災。如是火災，共經四十九翻。水災滿至七次；復經七火災後，世界復成。又被風災壞至三禪天，其風之力，吹散妙高須彌，何況餘小山也。第四禪天，雖無外災，此等有情，生與殿生，命盡殿隱。如是器情世界，而有成壞，故云「三禪尚自有風災」也。非非想者，昔鬱頭藍弗，是舍利弗之先師，於山林中坐禪，有鳥鵲聲鳴，不得入定，移恒河邊坐禪，魚鱉弄藻，跳水作聲，亦難入定，遂生惡心，嗔言發願云：「於未來世，身入水中食於汝等，身飛空中噉於汝等。」後得滅受想定，生於非非想，壽命八萬四千大劫，禪定亦同。受八萬四千劫，定與壽命，福報俱盡，命終之後，墮飛貍身，身同狐貍，傍生兩翅，入水吞魚鱉蝦蟹，飛噉空中鳥鵲之類，此之禪定，不出三界，未免輪迴。可謂：「一念嗔心起，八萬障門開」也。不如歸去來者，若生淨土，尚不聞婦女之聲名，豈有三惡道之苦報？壽命無量，一生補處，即證無生，不受輪迴。故云：「也則不如歸去來」也。

銷釋金剛科儀會要註解卷第六（終）

銷釋金剛科儀會要註解卷第七

姚秦三藏法師　鳩摩羅什　譯
隆興府百福院　宗鏡禪師　述
曹洞正宗嗣祖沙門　覺連　重集

淨心行善，休教點污，此法離凡愚，是法平等，萬法皆如。

此科昭明太子判此一段經文，為淨心行善分第二十三。蓋以無我人等四相，修一切善法，即得菩提，故以為名也。休教點污者，既無四相點污，名為淨心。所修之行自然清淨，方得菩提也。此法離凡愚者，以明此經，是離凡夫小乘愚法聲聞之教，以此聲聞，雖無我執之情，愚於法執之病，故教離也。是法平等者，此科是法平等，無有高下，是名菩提，以此真理，在聖不增，故曰無高，在凡不減，故曰無下，所以平等也。萬法皆如者，既云凡聖平等，高下不分，一切萬法皆如如理，故云萬法皆如也。

青山綠水，與我何殊？金生麗水，蟾光滿太虛。

此是科家，發明前來，萬法皆如之義，故指青山綠水是無情法，於我自性，本來不殊。所以云：情與無情共一體，處處皆同真法界。昔僧問慧濟和尚曰：「如何是祖師西來意？」濟云：「青山綠水。」僧曰：「未來時還有意也無？」濟云：「高底高，低底低。」頌曰：「迷悟親疎總不干，絲毫動處便多端，烏鴉綠綠原非染，白牯馴馴豈用看？得理任從骸骨碎，窮源須到骷髏乾；青山綠水無窮意，多少禪流被境瞞。」金生麗水者，在益州永昌郡，其水出金也。蟾有傳云：「蟾蜍似蝦蟆，而衹三足也。」張衡云：「羿妻請西王母不死藥，竊之奔月中為蟾蜍，壽八千歲，頭上有角，頷下有硃，丹書八字。」科家借此二事，以顯情與無情，雖是一體，不可瞞頇混濫，喻如麗水一星金，流沙混不得，又譬此理，不混分明，如蟾光月色，塞滿太虛，無有留礙，任運而轉。古德云：「夜半金烏昇碧漢，天明玉兔上青峰；欲窮一點靈明處，力在隨緣不住中。」

淨心平等行，　無下亦無高；　善法非善法，　何須口叨叨。

前二句，牒經之義也，心無四相故名淨心，是法平等無有高下，修一切善法，即得阿耨菩提，故云平等行，無下亦無高也。後二句，既離四相而修，故名善法也。復遣執著，故曰即非善法也。法既無法，說亦無說，故云何須口叨叨矣。

○淨心行善分第二十三

經「復次須菩提！是法平等，」至「卽非善法是名善法。」

註曰：此節經文，名淨心行善分也。佛於此重復，次第招告須菩提言，是法平等無有高下，是名阿耨菩提者，意云：明此法身菩提，在六道意內，亦不曾減下，在諸佛心中，亦不曾增高，是名平等無上菩提也。以無我、無人、無衆生、無壽者。佛意云：所以名為菩提者，以真性中本來平等，故無我人四相，是名菩提也。修一切善法者，若離四相而修善法，於一切事無染無著，於一切境不動不搖，於一切法無取無捨，於一切時常行方便，隨順衆生普令歡喜，皆悟菩提真性，此卽名為修一切善法，卽得阿耨菩提也。佛又呼須菩提云：所言善法者，牒上修一切善法，卽俗諦也。如來說卽非善法者，佛欲遣去執著善法之跡，卽真諦也。是名善法者，以真俗無礙卽菩提無漏之法，乃中道也。此答前今問義，菩提無得，今以正助修善，乃成正覺答之，正謂離四相成正覺，卽正因佛性也。助謂修善法成正覺，卽緣因佛性也。達妄卽真，亦名助道也。傅大士頌曰：「水陸同真際，飛行體一如；法中何彼此，理上豈親疎。自他分別遣，高下執情除，了斯平等性，咸共入無餘。」法無高下，故諸佛心內衆生，時時成道，相離我人，故衆生心內諸佛。念念證真所以道：「念佛不礙參禪，參禪不礙念佛。」至於念而無念，參而不參，洞明本地風光，了達唯心淨土，溪山雖異，雲月皆同，那裏不是平等之法？要知縱橫無礙處麼！」

法無高下者，牒經之義也。下文解釋，以諸佛所證菩提之心，凡聖平等，無有高下，悉皆具足，所以九法界衆生，總在諸佛心內所含，以衆生所具之心，與諸佛所證菩提，本來無別，諸佛成道，卽衆生成道，以衆生不曾在諸佛心外，故時時成道，此乃心佛衆生，同一體也。相離我人者，亦牒經義，以衆生旣離我人四相，卽得阿耨菩提，所以下文解釋，衆生所證之心，卽是諸佛所證法界真心，此心四聖六凡，均秉同賦，故諸佛總在衆生，所證心內所含，以衆生心諸佛心，本來無別，諸佛證真卽衆生證真，以諸佛不在衆生所證心外，故云念念證真，此乃衆生所證之心，與諸佛之心同一體也。清涼曰：「諸佛心內衆生，新新作佛衆生，心內諸佛念念證真也。」所以道：念佛不礙參禪者，以念佛法門，開十六種觀門而修，卽思惟修，要在行人，收視返聽專注一境，觀佛相好不得雜想，方契唯心淨土，自性彌陀也。參禪者，梵語禪那，此云靜慮，以此心寧靜能除思慮，亦思惟修，要令行人，單提一念屏却諸緣，外不見山河，內不執五蘊，十方世界獨顯一真心也。以此念佛參禪，名雖有殊，校其用心，皆是一也。故云：念佛不礙參禪，參禪不礙念佛。優曇頌曰：「參禪念佛本來同，看破分明總是空；功到自然全體現，春來依舊百花紅。」至於念而無念，參而不參者，呈前參禪念佛，只要除妄妄盡卽真，雖終日念佛，此真何曾有念？雖終日參禪，此理何曾有參？以此真心，離於參念也。

古德云：「念佛先須念自心，自心無念絶追尋；若言有佛有心念，笑倒南無觀世音。」洞明本地風光者，呈前不念不參之義，若是參禪，洞明本地風光，得見本來面目，卽是參而不參之効驗，所謂「渡河須用筏，到岸不須船」也。若是念佛了達唯心淨土，得見自性彌陀，卽是念而無念之効驗，可謂自家一箇彌陀佛，見了何須用念頭也。溪山雖異者，以溪水有湖海江河淮濟之異，山有五嶽泰嶺之別，雖山水各異，雲月皆同，但有水處悉皆現月，但有山處無不起雲。所以道：「有水曾含月，無山不帶雲。」以此溪山，喻如參禪念佛，名雖有異，雲月喻如念佛參禪，見理皆同也。那裏不是平等之法者，乃科家總結上文，參禪念佛不相妨礙之義。既是雲月皆同，處處普現此理，凡聖平等，有情無情，法法皆具。故云：「那裏不是平等之法？」古人道：「教演三乘佛所宣，禪分五派祖師傳；教明性海歸真理，禪唱宗風達本源。會得禪宗須合教，但明教旨自通禪，禪教兩般都拈却，萬里無雲一樣天。」要知縱橫不礙處者，是科家徵問，要人著眼，知道參禪念佛，見理不礙，性於諸法平等，下文伸答顯露也。

處處綠楊堪繫馬，　家家有路透長安。

此二句，答上文不礙之義，分明指出隨流得妙如「處處綠楊堪可繫馬，家家有路皆透長安。」此喻一切諸法，普彰此理，古德云：「月到梧桐上，風來楊柳邊，夜深人復靜，此境與誰言？」可謂：頭頭顯現，物物全彰，東西南北，豈用思量？所以道：「處處菩提路，門門古佛家。」

山華似錦水如藍，　莫問前三與後三；

心境廓然忘彼此，　大千沙界總包含。

前二句引宗，喻如是法平等，無有高下，此言法身真理，如山花似錦，湛水如藍，皆是顯揚此道，可謂：「山河豈木揚真諦，風月樓臺演妙音」也。莫問前三與後三者，科家分明指示，既是諸法顯理，何必更問前三後三之義？昔無著禪師，遊五臺至中臺之下，荒僻野處，文殊化一古寺，接他歇息。文殊便問：「近離甚處？」著云：「南方」。殊曰：「南方佛法如何住持？」著云：「末法比丘，少奉戒律。」殊曰：「有多少衆？」著云：「或三百，或五百。」無著却問文殊「此間佛法，如何住持？」文殊曰：「凡聖同居龍蛇混雜。」著云：「有多少衆？」殊曰：「前三三後三三。」無著不契，却坐喫茶。文殊擧起玻璃盞子曰：「南方還有這箇否？」著云：「無」。殊曰：「尋常將什麼喫茶？」著無語，至天明辭去。文殊令均提童子，送出門首，無著問童子云：「適來汝師道，前三三後三三，是多少數？」童子召云：「大德。」著應諾，童子云：「是多少數？」著罔措。又問此是何寺？童子指金剛窟後面，著回首視，化寺童子，悉隱不見，唯存空谷。所以雪竇頌曰：「千峰盤屈色如藍，誰謂文殊是對談；堪笑清涼多少衆，前三三與後三三。」科家意謂：旣是山花似錦，一草一木，無非文殊。無著又問：前三三後三三是多少？蓋不明凡聖同居，龍蛇混雜之道。故云：「莫問前三三與後三三。」此責無著，錯過文殊也。後二句，顯此法身，無有高下之義。心境廓然者，若了此心平等，心無凡聖之執，境無高下之見，所以忘彼忘此，事理圓融能所俱泯，方知心色太虛，量周沙界。故云：「大千沙界總包含。」

口裏叨叨念彌陀，　心頭人我似干戈；

其心若不從頭改，　　磕破骷髏當得麼？

前二句，科家意謂：如今目前之人，雖是喫齋念佛，其實人我之心未除，雖終日念佛，不明念佛之性，然有念佛之名，而無念道之實。外相雖善，內心實惡。故云：「心頭人我似干戈。」佛告獅子吼菩薩云：「念佛參禪，有身寂靜。」心不寂靜者，或有比丘靜處坐禪，遠離四衆，心常積習貪、嗔、癡，是名身寂靜，心不寂靜也。心寂靜身不寂靜者，或有比丘，親近四衆，國王、大臣，而常斷絶貪嗔癡，是名心寂靜，身不寂靜也。身心寂靜者，卽諸佛菩薩也。身心俱不寂靜者，卽一切凡夫也。雖然口裏念佛，其心之內，人我干戈而不息也。後二句，科家誡勉學人，雖是念佛，須要斷妄明真，其心若不從頭改惡遷善，掃除人我，縱然磕破骷髏，禮佛念佛，終不得見性，亦有我人之心也。

世上愚人無智慧，　　唯知愛欲及貪財；
何如一筆都鉤斷，　　好念彌陀歸去來。

始初二句，言衆生愚迷無有智慧，唯知愛欲貪財，心上不生智曰愚，意內不發慧曰癡，情染五欲曰愛，執著財寶曰貪。故云：「唯知愛欲及貪財」也。末後二句，科家誡勉離貪，若是念佛行人，而看不破財欲二事，現世皆為枷鎖纏縛，過去必入三途受苦，故教將此惡業因緣，一筆鉤斷，專心念佛，願生淨土歸去來也。

福智無比，二法周圓，塵沙結良緣，功行累劫，果滿因圓。

此科昭明太子判此一段經文，名為福智無比分第二十四。蓋以三千世界七寶布施為福，不及持經四句之福，此福無比，以持經顯般若之智，成就佛果，斯智無比故立名也。二法周圓者，以福智二法周圓，成兩足尊，此名自利也。塵沙結良緣者，既是二法周圓自利，得成佛果，然後分身百億，入於塵沙世界，教化衆生，廣結良緣，此名利他也。功行累劫者，呈前福智既已周圓，而又自他俱利，則知功行同佛，三祇劫盡果滿因圓，卽同佛之用也。

智燭普照，一月當天，圓明朗朗，無心鑒大千。

智燭普照者，既具福智二法，卽同佛用教化衆生，如智燭之明，能除黑暗，似月當天，高低普照，此是平等之義，卽平等性智也。一月者，能除諸暗，為世光明，卽成所作智也。圓明者，明之又明，故名圓明，卽妙觀察智也。無心鑒大千者，此是佛果已證三身四智，無功用地，以無心利物，卽大圓鏡智也。

般若真空性，　福慧兩雙修，　四句無為法，　持念片時周。

前二句，牒經之義。般若者，即智也。性即理也，以如理智能斷煩惱，得證法身，即慧也。其餘五度行檀，即福也。若復有人，以七寶布施為福，能持此經為慧，若人福慧雙修，受持四句無為之法，直下明了自性，即得成佛。故云：「持念片時周」。以總持般若一念，即具足三身也。

○福智無比分第二十四

經「須菩提！若三千大千，」至「乃至算數譬喻，所不能及。」

註曰：此節經文，名福智無比分，因須菩提，前來聞佛所說，修一切善法，即得阿耨菩提。故起疑云：今佛所說善法，是無記性，豈得菩提耶？佛恐有疑，故乃斷之云：若復有人，以三千大千世界中，諸須彌山，皆七寶聚，以用布施，校之持說四句之福，勝前七寶布施，百千萬億分所不能及，故其福無比也。又諸佛所說法，雖屬名句文身，似無記性而以四句般若之智了名句文身，皆悉體空，即無漏善法非無記性，成菩提因，其福德勝此智無比也。慈民偈曰：「雖言無記法，而說是彼因，是故一法寶，勝無量真寶。」此說之義，非唯是菩提因，亦由前來諸義勝故，所以四句倍勝也。又以七寶布施，所得功德皆為住相，不出有為，終須退墮，不如受持般若四句之偈，所得功德無有住相，得證無為成就佛果，故勝前功德百千萬億，乃至不可以算數譬喻所及也。傅大士頌曰：「施寶如沙數，唯成有漏因；不如無我觀，了妄乃名真。欲證無生忍，要假離貪嗔，人法知無我，逍遙出六塵。」

福等三千，施須彌之七寶，經持四句，耀智海之明珠，能令識浪澄清，頓使義天開朗，弘慈普濟，廣利無邊，夜半正明，還在何處？

福等三千者，牒經之義。經云：「若人以三千大千世界，諸須彌山，七寶之聚布施，所得之福。」故云：「福等三千」也。經持四句者，亦牒經義。經云：「若人以此般若，乃至四句受持，為他人說，勝前之福。」如耀海之明珠，以般若大智，猶如大海，廣無不容，深無不納，世出世法，無不包羅。又如明珠，十方俱照，般若之光，亦復如是。一切諸法，無不照明。故云：「受持四句功德勝」也。能令識浪澄清者，呈前受持般若四句功驗，喻如明珠，能清濁水也。若是行人，以般若智現前，能令八識心海，波浪澄清，頓使第一義天，普現開朗映徹。所以云：「浩浩三藏不可窮，淵深七浪境為風。」此言第八識為海，前七識為浪，被無始以來習氣境風，鼓動心海，故有波浪。今此般若神珠，投人心海，變濁為清，了妄即真，方成智海，亦名薩婆若海。此第八識至八地菩薩，方捨此識，始得澄清。所以轉八識，成四智，可謂：「大圓無垢同時發，普照十方塵刹中。」復以般若智珠，照諸法空，第一義天，朗然開現也。弘慈普濟者，前是自利，此是利他。復以弘慈運四無量心，酬四弘誓願，普濟衆生。故云：「廣利無邊」也。夜半正明者，玄中銘云：「夜半者，子時也，彼時黑白未分，借為正位。正明者，即子時，正午月明，表正不坐正，夜裏虛明，借為偏也。」科家意謂：「夜半正明，還在何處」者？欲顯入鄽垂手，曲為今時，下文伸答露也。

三身四智體中圓，　八解六通心地印。

此二句，是答上文之辭。三身者，即法、報、化三身也。四智者，即成所作智、妙觀察智、平等性智、大圓鏡智也。體中圓者，以法相宗中所說，轉八識為四智，束四智為三身，轉前五識為成所作智，轉第六識心王，為妙觀察智，轉第七識為平等性智，轉第八識為大圓鏡智也。束四智為三身者，以成所作智，為報身。以妙觀察、平等性二智，為化身。以大圓鏡智，為法身。此三身，雖有三名，體中無異。故云：體中圓，即一體之中，圓具三身四智，如摩尼寶有圓滿相，有光明用，隨方現色相也。八解者，即八解脫也。六通者，即六神通也。雖有八解六通，不離一心顯現，皆從法界真心，一體印出也。

寶聚山王算莫窮，　還如仰箭射虛空；
洞明四句超三際，　絶勝僧祇萬倍功。

前二句，牒經義以須彌山王，七寶布施，得福雖是無窮，未離三界。故「住相布施生天福，猶如仰箭射虛空，勢力盡，箭還墜，招得來生不如意。」以天福盡，還入三途也。後二句，以持經四句，洞明般若，一念頓超，過去未來，現在三際。又勝過三大阿僧祇劫，修證萬倍之功也。所以道：「一念頓超空劫外，元來不許老胡知。」

一毛頭上為拈花，　笑倒傍邊老作家；
要問相逢端的意，　摩尼達哩吽發吒。

前二句，是科家手眼，把住說話。昔古德示衆云：「世尊於靈山會上，拈金色優波羅花示衆，唯迦葉破顔微笑，老僧於一毛頭上，拈出一朶，金色優波羅華，汝等諸人，還見得麼！」故云：「一毛頭上為拈華」也。笑倒傍邊老作家者，科家意謂：似你這等示衆，喚作承機接嚮，倣效成風，爭柰知音者哂。故云：「笑倒傍邊老作家」也。後二句，科家拈轉話頭，別行一路，我不向世尊拈花處作活計，你要問賓主相逢端的之理，我只將一箇寶樓閣真言答之：「摩尼達哩吽發吒。」豈不是相逢處？所顯端的之意宗門所說，不貴語親只圖眼正，所以拈來無不是，用處莫生疑也。佛言：「我於無量俱胝百千劫，雖行苦行，不得菩提，纔聞此陀羅尼，故加行相應，便成正覺，決定無疑。」善住陀羅尼經云：「若人聞此呪受持，乃至聞名，或手觸之，或身佩之，或眼見，或書寫於紙帛壁上者，五逆四重，謗佛毀法，乃至屠膾，盲聾貧窮，魔、外、邪見、惡心，悉皆殄滅。若聞名字受持者，定證無上菩提、世間國王大臣等，皆悉歡喜供養。見世具衆功德，離世衆苦，毒藥刀杖，水火惡獸，不能為害。無諸惡病，睡安覺安，臨命終時，心不散亂，諸佛現前，隨意往生，諸佛國土。每於晨朝，念百八遍，若至十萬遍，見十方一切如來。二十萬遍，見一切佛土，一百萬遍，見一切佛，灌頂成就菩提。」此乃教中，所說之義也。

我憶彌陀如父母，　彌陀觀我似嬰孩；
心心念念常無間，　父子相隨歸去來。

大勢至菩薩云：「我憶往昔恒沙劫中，有佛名無量光，十二如來相繼一劫，最後佛名超日月光，彼佛教我念佛三昧，十方如來，憐念衆生，如母憶子。若子迯逝，雖憶何為？子若憶母，如母憶時，母子歷生，不相違遠。若衆生心，憶佛念佛，現前當來，必定見佛，去佛不遠，不假方便，自得心開。我本因地，以念佛心，入無生忍。」古德云：「佛憶衆生勝母親，衆生憶佛合天真」子無迯逝歸來也，兩個分明是一人也。心心念念常無間者，優曇曰：「若復有人，決欲往生，專持一念，歷歷明明，祇此一念，是我本師。祇此一念，卽是化佛。祇此一念，是破地獄之猛將。祇此一念，是斬羣邪之寶劍。祇此一念，是開黑暗之明燈。祇此一念，是渡苦海之大船。祇此一念，是出生死之良方。祇此一念，是超三界之徑路。祇此一念，是本性之彌陀。祇此一念，是唯心之淨土。安樂也如此念，病苦也如此念，生也如是念，死也如是念。」故云：「心心念念常無間斷，父子相隨同歸淨土。」蓋以彌陀如父，衆生似子，若父子同體，決定往生也。

化無所化，機分小大，空生莫疑猜，四生六道，去住還來。

梁昭明判此一段經文，為化無所化分第二十五。以佛無能度之心，亦不見有可度之機。如經云：「實無衆生如來度者。」故立此名，為化無所化也。機分小大者，以心有二執，卽名小乘。如經云：「凡夫之人，以為有我。」卽我執也。以心無二執，卽名大乘。如經云：「如來說有我者，卽是真我。」故云：「機分小大」也。空生莫疑猜者，此科佛招「須菩提！汝等勿謂如來作是念，我當度衆生，須菩提！莫作是念，實無衆生如來度者。」此言於真法界中，平等無二，凡聖一如，無能度所度。故云：「空生莫疑猜」也。四生六道去住還來者，以因有我，故起惑造業，所以妄分四生、六道衆生，假名五陰實法，去來不住，輪迴不息，如車碾道，似蟻循環者也。

回光返照，面目明白，疑心頓歇，紅霞遍九垓。

此文呈前之義，前云：四生六道，雖有去來之動作，皆不離法界真心，行人若能一念，回光返照，不逐相見，不隨境轉，心無能所，所以得見本來面目，卽真我也。又以疑心頓絕，能所兩忘，一道神光普天匝地，十方法界唯心所現。故云：「紅霞遍九垓」也。

大乘深奧理，　解悟有多般，　實我實無我，　仔細好生觀。

初句，言一真法界，凡聖平等，四聖六凡，均稟同賦，故云深奧也。次句，言凡聖雖是平等，爭奈解悟，而有多種不同，六凡迷之不解，故流轉六道。二乘悟之，執著偏空，菩薩深悟中道，執著中道。已上之人，同悟一箇真空實相，各見所解，階級不等。如三獸渡河，深淺各異。故云：「解悟有多般」也。後二句，言實我者，卽如來真我也。實無我者，卽凡夫妄我也。仔細好生觀者，乃是科家叮嚀之意，要人於二我之中，仔細叅詳觀看，不可錯過也。

○化無所化分第二十五

經「須菩提！於意云何？」至「如來說則非凡夫，是名凡夫。」

註曰：此分名化無所化，佛恐須菩提起疑，聞佛前云：「是法平等無有高下，云何如來却度衆生？」此是錯解。故佛止云：「汝等勿謂如來作是念，我當度衆生，實無有衆生如來度者。」慈氏偈云：「平等真法界，佛不度衆生，以名共彼陰，不離於法界。」論釋曰：「名卽衆生假名，陰卽五陰實法」也。此假名實法，皆卽法界。故云：「不離於法界。」既卽法界，凡聖一如，豈有衆生可度？故云：佛不度衆生，以一切衆生，本來是佛。所以「心佛及衆生，是三無差別」故也。若有衆生如來度者，如來則有我人衆生壽者。意云：如來若謂：我為能度之佛，衆生為所度之機，此則著於四相也。反顯如來，心無能所，永離四相，非度而度，度而非度也。佛又云：如來說有我者，卽佛之真我也。則非有我者，以佛無有妄我也。而凡夫之人，以為有我者，以凡夫之我，是我執也。佛復云：凡夫者，如來說則非凡夫。論釋云：非凡夫者，卽非生也。謂卽不生聖人之法也。魏釋經云：卽毛道凡夫也，謂行人之心不定，猶如輕毛，隨風東西，故名毛道。無著云：小兒凡夫也，以癡如小兒故也。天台智者頌曰：「衆生修因果，果熟自然圓；法船自然渡，何必要人牽？恰似捕魚者，得魚忘却筌；若道如來度，從來度幾船？」

無我無人，衆生自成正覺，不生不滅，如來說非凡夫。雖然箇事分明，爭柰當機蹉過。

此明如來，心無我人四相，卽無能度也。以衆生自成正覺，本來是佛，卽無所度也。不生不滅者，言此理亘古常存，本不生滅，故如來說非凡夫，卽不生聖法，故言其卽心是佛，本來具足。故云：「非凡夫」也。雖然箇事分明者，科家意謂：雖然上文，說的此箇道理，真妄分明，聖凡平等，皆具一真法界，爭奈衆生，迷真逐妄，背覺合塵，於日用動靜之中，當機錯過，猶如持珠乞丐，懷寶迷邦也。

昔有僧問翠巖云：「還丹一粒，點鐵成金，至理一言，轉凡成聖，學人上來，請師一點。」師云：「不點。」僧云：「為什麽不點？」師云：「恐汝落凡聖，且道不落凡聖底人，具什麼眼？」

此僧問處，乃借事顯理，謂之倘不發問，先家履踐，無期得入，所以借道門之義而問也。昔真人謂道光曰：「金丹者，乃先天真一之氣，非後天渣滓也。」此之一氣，恍惚杳冥，視之不見，聽之不聞，摶之不得，謂之一氣。蓋最初仙家，用九還七返之工夫，煉就金丹之大藥，此謂之內丹，若人服得一粒，卽抽胎換骨，飛身輕擧，白晝昇天，可為仙也。借此以喻禪門佛祖，所說至理之言，微妙心體行人於言下會得，卽能轉凡為聖，立地成佛，如瓶中養鵝，一呼便出。壁上高僧，一呼便應，皆是至理一言，轉凡成聖之樣子也。此僧又問：學人上來請師一點，乞望指教開示！可謂：自無安身處，未免告他人。師云：不點者，此是不答而答，分明指示，無言之道，不容開口也。僧云：為什麼不點者，此僧當頭錯過，不領其旨，所以「夜來丹鳳冲霄漢，失曉樵人逐鴈羣。」師云：恐汝落凡聖者，此是落草之談，重重指示也。且道不落凡聖底人，具什麼眼者，乃科家發明上義，審問行人，於斯著眼，下文伸答是也。

直饒聖解凡情盡，　開眼依前在夢中。

此二句，答上之辭，要行人超出凡聖，別作生涯。意云：直饒聖解凡情俱盡，依舊夢中作夢，大概要人不許住著凡聖，復將不住之心，亦須掃除，方得脫灑自在。可謂：「迷悟到頭俱莫戀，眼中金屑亦難留。」

到岸從來不用船，　坦然大道透長安；
了知元不因他悟，　面目分明總一般。

此四句，頌上經義「實無有衆生如來度」者，以衆生本來具足，天真之理，踞涅槃岸，入不死鄉，豈假如來度之。故云：「到岸從來不用船」也。次句，以大道坦然無修無證，人人有分箇箇圓成。故云：「大道透長安。」可謂：「處處長安道，門門古佛家。」三句，衆生既具此道，了知元來，不因佛出，而悟此理也。結句，以佛於衆生，本來一體。故云：「面目分明總一般。」所以道：「心佛及衆生，是三無差別。」

前三三與後三三，　擬議思量總不堪；
饒汝識情俱絕斷，　三生九劫更重參。

初句，前三三後三三者，上文已載，昔無著文，入五臺山，華嚴寺金剛窟，遇一老翁，牽牛而行，邀文入寺。翁喚，均提童子應聲而出迎翁，縱牛引文陞堂，文見堂宇，皆耀金色，翁乃踞床，指繡墩命無著坐。翁問曰：「近離甚處？

」文曰：「南方來。」曰：「南方佛法，如何住持？」文曰：「末法比丘，少奉戒律。」曰：「多少衆。」文曰：「或三百，或五百。」文却問此間佛法如何住持？曰：「龍蛇混雜，凡聖同居。」文曰：「多少衆？」曰：「前三三，後三三。」翁喚童子，致茶并酥酪。文納其味，心意豁然。翁拈起玻璃盞問：「南方還有這箇麼？」文曰：「無。」曰：「將甚麼喫茶？」文無對，見日色晚遂問翁言：「投一宿得否？」翁曰：「汝有執心在，不得宿。」文曰：「某甲無執心。」翁曰：「汝曾受戒否？」文曰：「受戒久矣。」曰：「汝無執心，何用受戒？」文辭退，翁令童子相送。文問童子：「前三三後三三，是多少？」童子召「大德。」文應。子曰：「是多少？」文復問：「此為何處？」曰：「金剛窟般若寺」也。文「悽然悟彼叟，卽文殊」也。不可再見，卽稽首童子，願乞一言為別。子云：「面上無嗔是供養，口裏無嗔吐妙香；心裏無嗔是真寶，無垢無染是真常。」童子言訖，與寺俱隱，但見五色雲中，文殊乘金色獅子，雲中往來，忽然白雲從東來，覆之不見也。明昭頌曰：「廓周沙界勝伽藍，滿目文殊是對談；言下不知開佛眼，回頭只見翠山巖。」科家引此問答，發明此中，不落凡聖之義。昔文殊道：「前三三後三三。」與無著，分明指出，當人分上，一箇道理要人不落心思言議，直下會得，但涉思量擬度，於理卽不堪也。縱汝離心意識，情量俱絕，於聲前領旨，句外明宗，亦不許認著，更須三生九劫再參，始得相應也。

白髮雙親齒漸衰，勤供甘旨莫遲迴；
試學昔日能仁氏，奉事尊堂歸去來。

前二句，乃科家勸人奉孝行，容老年之相，其間所用，老年之飲食衣服為子者，或在家出家，則勤供甘美之食，出外則卽迴早轉。所以論語云：「父母在堂不可遠遊，遊必有方。」欲至某處，不可過了時限，若過限迴來則遲，恐致父母生憂。故菩薩勸孝偈曰：「堂上有佛二尊，懊惱時人不識；不用金彩莊成，非是檀香雕刻。祇看現世爹娘，便是釋迦彌勒；若能供養得他，何用別作功德？不因父母所生，且道你身何得？母娘十月懷胎，多少辛勤勞役。及其坐草之時，性命懸絲危厄；須臾子母相見，慚愧冤家解釋。不論是男是女，明珠寶珍怜惜；何期長大成人？全無孝義禮節。問著瞋目努睛，應對如同抵敵；父母彈指嗟吁，惆悵雙雙淚滴。君還如此為人，休問前程消息；我見不孝之人，虛空雷公霹靂。折罰現世貧窮，伶俜不度朝夕；勸君省定晨昏，竭力和顏悅色。若要鳳髓龍肝，須得為他求覓；有無欸曲披陳？不可言前阻逆。在世甘旨無虧，死後不須追憶；君能如此用心，天地神明佑翼。若不富起有家，定須高官顯職。」後二句，指示行人，效佛行孝，故乃試學昔日能仁者。昔佛因地中，在於雪山為鸚鵡鳥，父母皆盲，常取好果，先奉父母。時有一田主，初種穀時，而發願言，所種之穀，要與一切衆生共噉，鸚鵡子，已知田主先有施心，故常取之，以供父母。餘諸衆鳥，揄穗滿地，主見如斯，瞋心生惱，設羅捕之，鸚鵡被網。語主言：「主先發好心，故敢來取，今何見捕？」主曰：「取穀為誰？」鳥曰：「有盲父母，以穀奉之。」主聞憐曰：「自今已後，常於此取，畜生尚爾，孝養父母，豈況人耶？」佛言：「鳥者，我身是也。主者，舍利弗是也。父母梵王，摩耶是也。由曠劫以來，孝養父母，故今成佛，知恩報恩，得大涅槃，非但人道中，報父母之恩，於禽獸內，亦報其恩也。」末句，奉事尊堂者，乃科家勉勵後人，如佛奉事尊堂，亦得成佛。故云：「歸去來」也。

法身非相，不在心懷，絕中間與內外，聲色見我，未出輪胎。

昭明太子判此一段經文，為法身非相分第二十六。以佛說：「若以色見我，以音聲求我，是人行邪道，不能見如來。」卽不能見法身如來，故立此名法身非相也。不在心懷者，此科引「須菩提白佛言：如我解佛所說義，不應以三十二相觀如來。」悟此法身，不屬眼見耳聞，亦乃心不可思，言不可議。故云：「不在心懷」也。絕中間與內外者，既悟法身，絕其中間六識，而內六根，外六塵，亦皆體空。故云：「絕中間與內外。」所以論引偈云：「惟見色聞聲，是人不知佛。」以真如法界，非是識境故也。聲色見我，未出輪胎者，若以音聲色相見佛，此相卽是應身，不是法身，無為之理，未免輪迴生死，以有相有為者，是輪迴生死之胚胎。故云：「未出輪胎」也。

若離聲色，難見如來，徒勞遠覓，文殊在五臺。

此是科家手眼，顯出己見，恐人離聲色處認著，若離音聲色相，難見如來法身，要人卽聲色，就是法身，所以相好，亦從法身中流出。若見相好，卽見法身如來，長水曰：此一分，約假成真，故以不離相好，而見法身也。徒勞遠覓者，此顯文殊大智，卽聞聲見色者是，不必遠覓五臺，日用之中何曾離却。昔無著問善財曰：「我欲見文殊，何者卽是？」財曰：「汝纔發一念清淨心，卽是。」著曰：「我發一念心清淨，為甚麼不見文殊？」財曰：「汝一念心清淨，就是文殊，何須更覓文殊？」故云：「徒勞遠覓」也。

有相卽無相，　無相亦非真；　兩處俱不立，　一體是方親。

前二句，以須菩提領佛問義，卽答云：「如是如是！以三十二相，觀如來法身。」意云：「若見相好，卽見法身。」故云：「有相卽無相」也。次句，無相亦非真者，以須菩提，次答佛問：「如我解佛所說義，不應以三十二相，觀如來法身。」悟法身非相可見。故云：「無相亦非真。」也。後二句，以真法界中，有相及無相，二法俱不可立，唯如如之體，方是親切處。故云：「一體是方親。」可謂：「二邊俱不立，中道坦然平。」

○法身非相分第二十六

經「須菩提！於意云何？」至「是人行邪道，不能見如來。」

註曰：此分之義，以須菩提，聞前第十七疑中云：法身不應以色身諸相見之。佛恐有疑故發此問云：「可以三十二相觀如來不？」佛意謂：三十二相者，卽應身也。觀如來者，卽法身如來也。此明佛之問義，可於應身相好中，觀見如來法身否？以此而問也。須菩提，領解問義，故答云：「如是！如是！以三十二相觀如來。」意云：見三十二相，卽見法身。故云：「如是！如是！」可謂法身徧在一切處，一切衆生及國土也。佛恐須菩提，於應身中取著，而不達法體虛玄，故復以輪王，卽如來遣疑。以輪王，與佛相好皆同，然以王相，因福而生，煩惱未斷，佛相從法身所現，無明永除，故凡聖不同，心體各異也。須菩提深解法體，於是白佛云：「如我解佛所說義，不應以三十二相觀如來。」意云：不可以相觀法身，悟法身非相見也。

爾時世尊，見須菩提深契法體，故說偈證之，若以色見我者，色卽三十二相，我卽法身真我，汝不可以眼，見我之法身。何以故？法身無色相！故不可以色見也。以音聲求我者，卽佛說法之音，故佛法身，不可以耳聞也。聲色者，卽識心所緣之塵境，若以聲色，見聞我之法身者，是人行邪道，不能見如來。以如來法身者，非色非聲，無形無狀，不可以智知，不可以識識，在凡不減，在聖不增，看時不見，悟時全彰。傅大士頌曰：「涅槃含四德，唯我契真常；齊名八自在，獨我最靈長。非聲非色相，必識豈能量；看時不可見，悟理卽形彰。」

妙相莊嚴，聖王相卽如來相，法身周徧，如來身異聖王身，若向這裏，見得徹去，鷺倚雪巢，兔棲月殿，其或未然。

此文牒經義，略釋如來報應之身，卽三十二種妙相，萬德莊嚴也。轉輪聖王，外貌端嚴，亦具三十二相，所以即如來相，與佛則同也。若論佛之法身，周徧十方世界而不離此座，身徧塵剎，佛身充滿於法界，普現一切衆生前，所以異於聖王。然以輪王，不明佛性，未出生死，但享禎福，有時而盡。故長水云：「佛相從法身所現，王相以福因而出。凡聖雲泥，相同體異」也。若向這裏見得徹去者，此是科家審問行人，若向如來身，與聖王身，或同或異，見得明白，通徹而去，如鷺倚雪巢，兔棲月殿，即遠觀似同，近覩則異。以鷺雪兔殿則同，動靜而有差別。喻輪王與佛相好雖同，而輪王與佛體用各異。可謂：「雪裏鷺鷥飛起見，柳中鸚鵡語方知。」其或未然者，科家意謂：果能於如來，聖王處，分辨不出，未能見徹。故云：「其或未然」也。

石火已揮天外去，　　癡人猶看月邊星。

此二句，是科家，答上未然之義，迷理逐事，認妄為真，無擇法眼，其實點他，不能分辨。輪王與佛，色相雖同，其佛法身妙用，與輪王實異。故喻石火已揮天外去，而癡人不知，猶看月邊星是火。此罰錯認聖王相，為如來相。故云：「癡人猶看月邊星。」可謂：「三級浪高魚化龍，癡人猶戽夜塘水。」

公案現成重審問，　　愛情翻欵錯承當；

不應聲色行邪道，　　結罪無因見法王。

此頌牒上經義，略釋前二句。公案者，普應國師云：「所謂公案者，乃喻乎公府案，牘法之所在，而王道之亂治焉，實係公府也。言公者，即聖賢一轍，天下同途之至理也。案者，乃記聖賢為理之正文也。所以有天下者，未嘗無公府，有公府者，未嘗無案牘書文。」蓋欲取以為法，而斷天下之不正也。公案行，則理法用。理法用，則天下正。天下正，則王道治矣！夫佛之教法，祖之機緣，亦目之曰公案。蓋非一人之臆見，乃會諸聖靈源，契合妙旨，三世十方，百千開士，同稟之至理也，故謂之公案。今言現成公案者，即經文：「佛告須菩提！於意云何？可以三十二相觀如來不？須菩提言：如是如是！以三十二相觀如來。」此之答者，即相好中觀如來法身，所謂之現成公案也。重審問者：「佛言：須菩提！若以三十二相觀如來者，轉輪聖王則是如來。」此謂之重審問也。愛情翻欸錯承當者，初須菩提愛情執著，應身相好即是法身，而被如來以輪王喻之而難問，是須菩提翻其前欸，自謂錯解承當相好以為法身。而却云：「不以三十二相觀如來。」蓋自招呈錯認。故云：「愛情翻欸錯承當」也。後二句，不應聲色行邪道者。即經文佛說偈言：「若以色見我，以音聲求我，是人行邪道，不能見如來。」結罪無因見法王者，科家意謂：若以色相音聲，見佛法身者，卽是邪見行於邪道，招結煩惱罪業之因，無由見佛法身。故云：「結罪無因見法王」也。

九年面壁自知非，不若抽身隻履歸；
莫道少林消息斷，白雲依舊擁柴扉。

前二句，明達磨九年面壁，顯示無言之道，獨露真常之旨，尚自知非，不若抽身西歸為妙，正如須菩提，翻欵自招錯認相好，以為法身一般。故云：「不若抽身隻履歸」也。後二句，莫道少林消息斷者，科家誡勉行人，莫道達磨隻履西歸，此土少林斷絕消息，無有斯道，但看白雲靉靆，淥水彎環，獨掩柴扉，達磨宴坐，何曾去也。若論這箇消息，自古至今，山河大地，情與無情，皆無間斷。微妙之理，故天寧楷禪師頌曰：「一法元無萬法空，箇中那許悟圓通，將謂少林消息斷，桃花依舊笑春風。」

三界忙忙何日省，六塵擾擾幾時休；
西方一路超生死，齊念彌陀到地頭。

前二句，歎此娑婆，有三界六道，一切衆生，於斯往來不息，輪迴生死，何日省悟？復被六塵，色香味觸之法煩擾，造罪無邊，何時休息？所以道：「朝也忙來暮也忙，心猿意馬甚顛狂，六門深鎖牢拴閑，烈焰光中便得涼。」後二句，讚美西方世界，乃出三界六道，輪迴生死之大路，故云：「西方一路超生死」也。汝諸人但肯齊心，念此一聲阿彌陀佛，皆得到於地頭，同生西方淨土，蓮胎化生也。

無斷無滅，自古長存，不滅更不生，山河成壞，這箇安寧。

昭明太子判此一段經文，為無斷無滅分第二十七。蓋佛說：發阿耨多羅三藐三菩提心者，於法不說斷滅相。佛意不以相好觀如來者，但令行人離取著之相，不同小乘斷滅之見，非謂諸佛菩薩，不從相好福德而成，欲以應身而修福德，故云無斷。欲以智慧而證真身，故云無滅，故立名為無斷無滅也。自古長存者，既是此理，無有斷滅，可謂自古長存也。不滅更不生者，上明如來所證菩提，不從福德而致，是則菩薩所修福德，欲成菩提之因，亦不能克果耳！佛意為斷此疑告曰：莫作是念，如來不以具足相，而得菩提，具足相耶？福德相也。蓋大乘所修福德之因，所得福德之果，但離取著之心。大乘方便經云：「佛言一實境界者，謂衆生心體，從本已來，不生不滅，乃至諸佛心，菩薩心，二乘心，凡夫心，皆不生不滅，真如相故，是名常作心。」故云：「不滅更不生」也。下文引喻證之，山河成壞者，此顯不滅不生之理，世界有成住壞空，此菩提真心，本無生無滅，無成無壞。故云：這箇安寧。法華經云：「衆生見劫盡，大火所燒時；我此土安隱，天人常充滿。」又云：「常在靈鷲山，及餘諸住處。」溫陵曰：安隱者，卽實報莊嚴土，亦云法性土也。靈山者，卽己靈也，非形非器，故劫火莫能燒，亘古亘今，常住不滅，於斯明得，而穢土卽淨土也。

無來無去，耀古騰今，人人本具，鍮石不換金。

此義，呈前不生不滅之理，非但無有成壞，亦無過去、未來、現在三世之易，雖無三世之易，亦不曾離却三世。故云：「耀古騰今」也。所以大方等大集經云：「於一法不生二相，是名不來不去不住，以不住故，乃至無有作者，無有愛者。」故云：「無來無去」也。人人本具者，結上不生不滅之理，雖人人本具此道，在當人分上，與佛無二，若不以相好而修福德，則所發菩提心，卽成斷滅，此似鍮石也。若用相好而修福德，但不取著，卽是真智，喻如真金，若執本具，不修相好福德，終不得證，如來法身。故云：「鍮石不換金」也。

不生亦不滅，　無斷亦無常；　常樂幷我淨，　非不好商量。

此四句，顯無生無滅之理也。前二句，科家意謂生滅斷常，亦名四相生滅，屬凡夫見，斷常屬外道見，四皆本空，即離四相也。華嚴疏云：「生之無生真性湛然，無生之生業果宛然。」是知，若即念存有念，即是常見，離生求無生，即是斷見，皆是不達實相，無生無滅之理，若證了無生，則無生無不生也。豈定執有生無生之二見乎？若悟此無生之理，四相皆除也。後二句，常樂幷我淨者，既離上來四相，正好商量涅槃四德。所謂：凡夫迷自法身，徧計五蘊，是常、是樂、是我、是淨。故佛令衆生，修無常、苦、空、無我、不淨以破之，而衆生依佛修無常、苦、空等，以證二乘，尚迷真常、真樂、真我、真淨，故佛破其所執云：「常計無常，樂計無樂，我計無我，淨計不淨。」故又破其二乘，四倒之見而復示云：「常是法身義，樂是涅槃義，我是佛義，淨是法義。」然諸佛世尊，實有無量無邊之德，唯此四德，盡皆該之也。

○無斷無滅分第二十七

經「須菩提！汝若作是念，」至「於法不說斷滅相。」

註曰：此分名無斷無滅之義也。以須菩提，聞佛前來不以三十二相，觀如來法身，恐有此疑，所以就疑問之云：「汝若作是念，如來不以具足相故，得阿耨多羅三藐三菩提者。」此敘須菩提之疑念云：不以具足相得菩提，正是所毀之相也。佛又招告須菩提！莫作是念，如來不以具足相故，得菩提者，誡其勿疑，重牒所毀之相也。佛復謂須菩提云：「汝若作是念，發阿耨菩提心者，說諸法斷滅。」汝意謂：既不以具足相，而修福德，則所發菩提之心，卽成斷滅之過，故佛乃言：莫作是念，此是重重誡勉，勿疑也。佛又云：何以故者，佛自徵問上義，以何意故？莫作是念。下文出其所以云，發阿耨菩提心者，於法不說斷滅相。蓋大乘菩薩，所修福德之因，所得福德之果，皆用具足相，而修福德，以證佛果，但不取著相好故，卽真智慧也。有智慧故，卽是真身，有福德故，卽是應身，所以於法，不說斷滅相也。智者禪師頌曰：「相相非有相，具足相無憑；法法生妙法，空空體不同。斷滅不斷滅，知覺悟深宗；若無人我念，方知是至公。」

相非具而本具，常自莊嚴，法雖傳而不傳，何曾斷滅？昔世尊，於靈山會上，人天衆前云：吾有清淨法眼，涅槃妙心，付囑飲光，廣令傳化，且道當時傳箇甚麼？

初一節，謂相非具者，因前云：相好非法身，故須菩提一向執著，不以具足相得菩提。故云相非具足，此卽斷滅之謂也。而本具者，如來用具足相，而修福德，但不取著相好，卽真智慧方證菩提，故不屬斷滅也。華嚴經云：「雖知諸佛法身，本性無身，而以相好莊嚴其身也。」而本具者，智慧真身也。莊嚴者福德應身也。論云：具足福德莊嚴者，應身也。智慧莊嚴者，真身也。法雖傳而不傳者，以佛佛授受，祖祖相傳，然於實際理中，本無一法所傳，其理雖無所傳，然以性分之中，聖凡均禀，皆悉具足。故云：「何曾斷滅」也。下文伸出，無傳之義。昔世尊，於靈山會上等者，此明佛在靈山，末後拈花之事，文出梵天王請問佛決疑經，此中多說帝王之事，隱而不載，因梵天王獻金色優波羅華，世尊拈起示衆，人天罔知，唯有迦葉，破顏微笑，深悟此理，出於言外，故佛付囑。曰：「吾有清淨法眼，涅槃妙心，實相無相，微妙正法，今付飲光，汝善護持，廣令傳化。」者，科家引此，證明上來法無斷滅，亘古長存，無有所傳也。且道當時傳箇甚麼者，乃是徵問前義，佛與迦葉，有何所傳？向下伸答是也。

青蓮目顧人天衆，　金色頭陀獨破顏。

此二句，答上之義也。顯示不傳而傳，豈有斷滅？所以拈花微笑之處，默識心通，何曾斷滅也。

一燈能續百千燈，　心印光通法令行；
千聖不傳吹不滅，　聯輝列焰轉分明。

始初一句，以喻明「教外別傳」之旨，猶如「一燈續百千燈」燈燈相續，然之不盡也。次句，心印光通者，正顯「教外別傳」之道，以「西天四七，東土二三。」至五派已來，佛祖相承，以心印心，代代相傳，偏十方國，流布無窮，此法門名無盡燈。若一菩薩開導百千衆生，令發菩提之心，於菩薩道亦不滅盡，隨所説法，而自增益一切善法，是名無盡燈，謂之法令能行也。昔黃龍南親行此令，十方諸佛無敢違者，歷代祖師，一切聖賢，無敢越者，無量法門，一切妙義，天下老和尚舌頭，始終一印，無敢異者。異則且置，印在甚麼處？非僧非俗，無偏無黨，兵隨印轉，將逐符行。所謂世尊拈花，迦葉微笑，達磨面壁，二祖安心，見花靈雲，疑情盡淨，擊竹香嚴，頓忘所知。盤山，肉案頭豁悟。彌勒，魚市裏接人。誠所謂：顛沛造次必於是，經行坐臥在其中。既有如是奇特，更有如是光輝，既有如是廣大，亦有如是周偏。汝等諸人！因甚却有迷悟，還知麼？幸無偏照處，剛有不明時。後二句，呈前之義，顯此道千聖不傳，諸祖不説，喻如：「一燈然百千燈，其光無有盡。」故云：「吹不滅，以無傳之傳，至今不盡，所以聯芳列焰，轉更分明。可謂：「自從少室聯芳後，五葉花開直至今。」

一點靈光塞太虛，　也非禪教也非儒；
打成一片誰人會，　具眼還他大丈夫。

起句，明一點靈光，塞滿太虛，輝天鑑地。大安曰：「汝等諸人，各各自有無價大寶，一點靈光，從眼門放光，照見山河大地，耳門放光，領采一切音聲，如是六門，晝夜常放光明，亦名放光三昧，汝等不少，各自珍重。」故云：「塞太虛。」次句，也非禪教也非儒者，明斯一點靈光，三教無別，同稟一心。傅大士曰：「道冠儒履釋袈裟，合會三家作一家；識得箇中消息意，優曇元是白蓮華。」可謂：「多生悟覺非千衲，一點靈明不在燈。」後二句，雖具靈光打成一片，不分三教，能有幾人會得？須是具眼高流，行得之者，方到不分之地。古德云：「也要看經也讀書，尊僧尊道亦尊儒；徽宗敬道心偏向，武帝欽僧性見殊。秦始坑儒儒豈滅？昌黎謗佛佛何除？」

大明治世仁慈

主「三教同歸總一如」故云：「具眼還他大丈夫」也。

天樂簫韶花雨飛，　他方遊歷聖初回；

如雲海衆相迎接，　目擊金容歸去來。

前二句，顯示西方境繳，天樂常響，天花常雨。彌陀經云：「彼佛國土，常作天樂，黃金為地，晝夜六時，雨天曼陀羅華」也。他方遊歷者，以彼國菩薩，欲以上妙之物，供養十方無央數佛，於一刹那頃，徧禮十方諸佛聖賢，自然在於佛前供養，而供養畢，回來還似初時。故云：「初回」也。經云：「其土衆生，常以清旦，各以衣裓，盛衆妙花，供養他方，十萬億佛，卽於食時，還到本國，飯食經行」也。後二句，言此土念佛之人，發三種心，修三種行，臨命終時，正念直往，彌陀、觀音、勢至，無數化佛，百千聲聞，無量諸天，清淨海衆，如雲而至，迎接行人，坐金剛臺，如彈指頃，往生彼國，得生上品，親見彌陀，授記作佛。故云：「目擊金容歸去來。」

銷釋金剛科儀會要註解卷第八

姚秦三藏法師　鳩摩羅什　譯
隆興府百福院　宗鏡禪師　述
曹洞正宗嗣祖沙門　覺連　重集

不受不貪，知足常足，無罪亦無福，隨緣過日，切忌分訴。

昭明太子判此一段經文，為不受不貪分第二十八。蓋佛說以菩薩不受福德，乃三界有漏果報，則不應受，故云不受。又以所作福德，不應貪著，乃是出世無漏果報，雖受而不貪著，故云不貪。故立此名，為不受不貪也。知足常足者，既不受有漏福德，即是知足，既不貪著無漏果報，即是常足。佛告獅子吼言：少欲者，不求不取。知足者，得少之時，心不悔恨，故云知足常足也。無罪亦無福者，明此菩薩，知一切法無我，得成於忍，所作福德，不應貪著，即無福德可受，既是無福可受，即無罪可受，以了人法二執，罪福性空也。隨緣過日者，釋呈上文，知足常足，以此菩薩不受福德。又不貪著，只是隨緣過日，龍潭信曰：任性逍遙，隨緣放曠，但盡凡情，別無聖解。所以道：飲啄隨緣過便休，知身倘寄若浮漚，自從識破娘生面，水牯元來却是牛，切忌分訴者，亦是釋呈，無罪亦無福，而此菩薩，既不貪著，於罪福之中，無有分別取捨之心，則所修功德，卽成無漏清淨果報，故云：「切忌分訴」也。

千家一鉢，衲子活路，雖無一物，與衆生增福。

千家一鉢者，釋呈上文，隨緣過日之衲僧家，除三衣一鉢之外，分寸不蓄。著糞掃衣，餐腐爛食，不立烟爨，依法求乞。可謂：「一鉢千家飯，孤身萬里遊。」卽衲子之活路也。故佛成道，至於涅槃，皆依樹下，三衣一鉢，隨緣乞食。古德云：「有箇安樂法，傳從諸聖賢；但能依佛訓，何用置庄田？饑則托鉢乞，困來伸脚眠；絲毫念不起，受用福無邊。」雖無一物者，美上隨緣過日之衲僧，雖是身貧無有一物，能與有情衆生，而為福田。所以淨名曰：「施者無一物可施，受者無一物可受。」而為福田。謂此真空妙道，施受與物，皆不可得。溫陵曰：「普門之中，本無施受。」所謂：三輪體空也。

不覺塵緣起，　貪愛轉見深；　若得迴光照，　當生卽不生。

前二句，顯示無明最初生起之相，此屬生門也。因無明，熟習晦昧，故名不覺也。塵卽所緣之六塵，緣卽能緣之六根，以第六意識，能緣三世獨影境，故起能緣之識，塵即所緣之父母，為現量境，於六根發起六識，了別成種無明為根，後起染著，便要貪取，因貪生愛，潤業受生，故於貪愛為生死根本，以此相續無有窮盡。故云：「貪愛轉見深」也。後二句，若得迴光照者，此名不受不貪，即還滅門也。顯此無明，非實有體，如夢中人，夢時非無，及至於醒，了無所得，但能不逐六塵外境，其餘十一支，悉皆空寂，而迴光返照，本來面目，無欠無餘，故於當生，即是不生也。所以般若經，最勝天王白佛言：「菩薩於無生法，而見有生。佛言：諸法無滅，是故無生，若行深般若，實知無明生十一支法。若斷無明，十一支皆盡，如人身若斷，命則隨滅。」邪見外道，為求解脫，斷欲斷死，不知斷生也。生即無明妄念，若法無生，即無有滅。譬如有人，塊擲獅子，獅逐人，而塊自滅。菩薩亦爾，但斷其生，而死自滅，若塊擲犬，犬惟逐塊，不知逐人，塊終不息。外道亦爾，不知斷生，終不離死。以菩薩深知諸法生滅，故無生死也。

○不受不貪分第二十八

經「須菩提！若菩薩以滿恒河沙，」至「是故說不受福德。」

註曰：此分名為不受不貪也。因前分中菩薩行施，雖了福德性空，尚有所受之義。故佛告云：「若菩薩以滿恒河沙等世界七寶，持用布施。」此述前分中菩薩，卽第八分善現云：「菩薩了福德性空，如來說福德多。」至第十九分善現亦云：「以福德無故，如來說福德多。」此二布施，是菩薩功德。蓋了有為布施，性空故也。佛又云：「若復有人，知一切法無我得成於忍」等者，顯此中菩薩，以有漏果報，則不應受無漏果報，雖受而不取著，又知一切法空，亦無我執，故獲無生法忍，所以勝前菩薩也。反顯菩薩，心有所著，所感之福，則成有漏，心若離著，卽成無漏。故云：「若復有人，知一切法無我，得成於忍，以法中無我人，二執俱空，故獲無生法忍。」所以勝前菩薩，所得功德也。佛復再告須菩提言：何故此中菩薩，勝前菩薩，以諸菩薩不受福德故，不受有漏福報，所以勝前菩薩也。於是須菩提，復白佛言：世尊！云何菩薩不受福德？以須菩提又疑云：菩薩既不受福報，云何能獲無生法忍也？佛答須菩提言：菩薩所作福德，不應貪著，是故說不受福德。意云：不受福德者，以有漏果報，則不應受無漏果報，雖受而不取著，故得法忍。故云：「菩薩所作福德，不應貪著」也。天台智者頌曰：「布施有為相，三生却被呑；七寶多行慧，那知捨六根。但離諸有欲，旋棄愛情恩；若得無貪相，應到法王門。」

有求有苦，八風五欲交煎，無著無貪，三明六通自在。便恁麼去！水邊林下月冷風清，不恁麼去！橋斷路窮，別通消息，還委悉麼？
有求有苦者，牒經中，以恒河沙七寶，持用布施，惟求福報，雖獲福報，而報盡還入三途，故有苦也。而現世被八風五欲交煎，亦是苦也。八風者，即：利、衰、毀、譽、稱、譏、苦、樂也。五欲者，即：財、色、名、食、睡，謂之五愛欲也。因八風五欲交煎逼迫，溺愛不明，泛濫營求也。十誦律云：「盜心有九，一者，乞憐狀取。二者，現威儀取。三者，稱善知識取。四者，以法伏人取。五者，設巧計取。六者，以錢出息取。七者，軟語取。八者，不與強取。九者，與而復取。皆犯盜心，必入三途。」豈非苦也。無著無貪者，牒經中，若復有人，知一切法無我，得成於忍，雖作無漏果報，亦不貪著，故得法忍，即不著相，乃得三明六通，不被生死所繫，得大自在也。佛告獅子吼言：「著能相生癡，癡故能生愛，愛故繫縛，繫縛故受生，生故有死，死故無常」也。不著相者，則不生癡，不生癡故，則無有愛，無有愛故，則無繫縛，無繫縛故，則不受生，不受生故，則無有死，無有死故，則名涅槃真常也。如是則豈非三明六通自在耶？

三明者：一、天眼智明，三乘諸佛，於天勝妙，得彼天眼也。二、宿命智明，佛於三世境界，無有不知，不同二乘也。三、漏盡智明，證見道時，遠離四漏，不同二乘所證也。

六通者：一神境通，震動十方，變一為多，變多為一等，此即身如意通也。二、天耳通，過人天耳，如實能聞種種音聲也。三、他心通，能知十方諸有情類，心心所法也。四、宿命通，能知十方有情心，日年一切處，名姓死生，自他等事也。五、天眼通，能見十方有情非情，色係死生，善惡等報也。六、漏盡通，能知十方有情，自他漏盡不盡等也。故云：「三明六通自在」也。便恁麼去者，呈上之義，於無著無貪處，便恁麼去，則向水邊林下優游自在，凡聖情忘，不可住著，此是無作無為境界。可謂：「觀月色以逍遙，聽泉聲而自在。」所以佛慈云：「參禪之法，別無奇特，祇要命根斷絕，疑情頓脫，屏却諸緣，痛著精彩，七穿八穴，百了千當，向水邊林下長養聖胎，然後出世利生，猶未出建化玄門之事也。」不恁麼去者，此是科家手眼，別行一路，於無著無貪處，更進一步。故云：「不恁麼去。」不守無為境界，謂之向上一路，千聖不遊，所以橋斷路窮，不容履踐也。橋者，乃江河渡人之方便也。路者，乃入王城之徑路也。以喻教中進道之方，有大小乘，從初發心，至成正覺，始以五品觀行，三種資糧，四加行，各有通途，津濟之橋梁。路即五十五位，真菩提路也。今科家意謂，不恁麼去者，以此理本來現成，不因修得，故不用此資糧之行，不行此菩提之路，所以橋斷路窮也。別通消息者，此理「不從千聖借，豈向萬機求？」在聖不增，在凡不減，祇要行人，於行住坐臥，出不隨應，入不居空，外不尋枝，內不住定，撤開金鎖，打破玄關也。還委悉麼者，乃科家徵問之義，我前來如此說話，你還知麼？下文伸答是也。

老僧笑指猿啼處，　更有靈蹤在上方。

此二句，答上橋斷路窮，別通消息之義也。言此理，既是本來現成，不假修證，所以橋斷路窮超出方便，別有一段奇特處。今科家要人，向人境交參，猿啼之處領會，但能於聞聲見色，當人不昧，返聞自性，返見真理，即聲色上顯露真心。故云：「更有靈蹤在上方。」所以永明曰：「孤猿叫落中秋月，野客吟殘半夜燈；此境此時誰會得，白雲深處坐禪僧。」

數行梵字雲中鴈，　一曲無生澗底琴；
德勝河沙渾不用，　清風明月是知音。

前二句，是科家顯露無字真經，不落紙墨。故云：「數行梵字，如雲中鴻鴈。」次序排空，無有造作，以喻大乘圓融境界，雲騰鳥飛，塵說剎說，無不宣演此經。可謂：「風柯月渚盡演真如，烟靄雲林咸宣妙法。」又以一曲無生，如澗水之聲，皆為琴韻，水流風動，悉演摩訶，白雲為蓋，流泉作琴也。後二句，科家意謂：此金剛般若，若有受持讀誦，為人解說者，只以四句功德，勝過恒河沙數寶施之功德，若以無字真經，無生之曲，雲鳥飛騰，水流風動，情與無情，皆悉共演。所以受持功德雖勝，於此法界理中，渾然不用也。唯有清風明月，始是知音之者，於無情說法，無生琴韻，方堪聽受，知音賞鑒也。

春來秋去幾時休，　　堪嘆衆生又白頭；

東廓郊中多古墓，　　北邙山下有骷髏。

前二句，嘆光陰似箭，日月如梭，春去秋來，催人易老。故云：「堪嘆衆生又白頭。」慈明禪師云：「昨日作嬰孩，今朝年已老；浮生夢幻身，人命久難保。天堂幷地獄，皆由心所造；南山北嶺松，北嶺南山草。一雨潤無邊，根苗壯枯槁；五湖參學人，但問虛空討。死脫夏天衫，生著冬月襖；分明無事人，特地生煩惱。」

後二句，嘆死亡也。有子孫者，新墳古墓，無子孫者，野棄屍骸。梵天琦云：「富謂無貧日，貪思有富年，由來人作鬼，枉用紙為錢。白骨深泥下，青苔古墓前；虛空猶可料，生死莫知邊。」

白侍文章世間稀，　尚求兜率厭輪迴；
我今奉勸文章士，　念佛西方歸去來。

前二句，引古為例，侍郎姓白，名居易，乃唐時人，贈尚書左僕射。善文章，晚節向佛，施所居宅，為香山寺，自號香山居士。經月不食葷，嘗述讚曰：「十方世界，天上天下；我今盡知，無如佛者。巍巍堂堂，為天人師；故我禮足，讚嘆歸依。」由是會昌初，有客舟遭風，漂至一大山，有一道士曰：「此蓬萊山一院，鎖鑰甚固，曰此白樂天所居，在中國未來耳！」樂天聞之，為詩曰：「吾學真空不學仙，恐君此語是虛傳；海山不是吾歸處，歸即須歸兜率天。」嘗立願曰：「吾勸一百八人，同為一志結上生會，行念慈氏名，坐想慈氏容，願當來世必生兜率。」晚歲風痺，捨俸祿三十萬，命工人杜宗鏡，畫西方極樂世界一部，高九尺，廣丈三尺。中彌陀，左觀音，右勢至。人天瞻仰，眷屬圍遶，花鳥池樹，栴檀莊嚴。弟子居易，焚香稽首，跪於佛前發願云：「願此禮念功德，回施一切衆生，一切衆生，有如我老者，如我病者，離苦得樂，斷惡修善，隨願往生，青蓮華上。」重說偈曰：「極樂世界清淨土，無諸惡道及衆苦；願如我身老病者，同生無量壽佛所。」卽儼然而化。故云：「尚求兜率厭輪迴」也。後二句，是科家擧例，勸今文章之士，皆效白侍郎，厭世念佛，同歸西方淨土也。

威儀寂靜，塔丈心路，不用巧分訴，行住坐臥，無盡無餘。

此科昭明太子判此一段經文，為威儀寂靜分。言威儀者，卽行住坐臥，四威儀中，是佛應身也。寂靜者，卽佛法身也。以如來法身，無所從來，亦無所去，故立此名也。塔丈心路者，釋呈上義，或塔丈二字，恐書者悞之，應作曷仗。然有疑惑者，謂如來昔行菩薩道時，不受福報，云何至果有去來相，使諸衆生供養獲福？如此疑惑，正是心路意識分別，故佛告之云：如來威儀應用，示有動作，而法身之體，如如不動，故云寂靜。蓋如來法、應之身，隱顯度生，非三乘聖賢，而可測量。故云：「曷仗心路。」可謂：非思量處，識情難測，真如法界，無自無他也。不用巧分訴者，既法身之理，在威儀之中，豈仗心路測量，不用分別去來之相。故云：「不用巧分訴」也。行住坐臥，無盡無餘者，以行住坐臥，釋下威儀也。無盡無餘者，釋上寂靜也。以法身之理，既不仗心路分別，於四威儀中無欠無餘，可謂：「放去虛空包不住，收來不見一毫蹤；無邊妙用神通事，盡在尋常動用中。」

無所從來，亦無所去，若人會得，全不費工夫。

無所從來，亦無所去者，此科佛謂：「須菩提！若有人言，如來若來若去，若坐若臥，是人不解我所說義。何以故？如來者，無所從來，亦無所去，故名如來。」此明法身無去來之相也。若人會得者，總結前來如此說話，若是行人，會得法身，無去無來，只在威儀動靜之中彰顯，其實省力。可謂：「卽石名山真省力，離波求水實應難。」蓋離色身外無法身，離法身外無色身。永嘉云：「無明實性卽佛性，幻化空身卽法身。」故云：「全不費工夫」也。

人人具四大，　我見萬法空；　行住幷坐臥，　來去與真同。

初句，明一切衆生，各有身相，乃是地水火風四大，以受想行識五蘊，假合而成，與如來三十二相，八十種好應身，四大名同。故云：「人人具四大。」次句，明如來雖具四大，有行住坐臥，與衆生應用不同。故云：「我見萬法空。」我見者，卽執著義，以能見者是我，所見者是萬法，能見之我既無，所見萬法自空，人法既空，法身寂靜也。末二句，明如來既了萬法皆空，證法身理，雖有應身相好，但為度生而現，故於行住坐臥，四威儀中，或來或去，無不與真皆同。若明此旨，洞達其源，方知動靜施為，經行坐臥，頭頭合道，念念歸宗，那裏不是平等一真法界？故云：「來去與真同」也。

○威儀寂靜分第二十九

經「須菩提！若有人言，」至「亦無所去，故名如來。」

註曰：此分佛乃招告須菩提，以三稱如來者，皆顯法身真性佛也。佛云：「若有人言：如來若來若去，若坐若臥，是人不解我所說義」者。意云：若以來去坐臥，行容法身者，則是有相，故不解如來所說義也。以真佛無相，常住寂滅，本無來去動態可以行容，今佛現有「來去坐臥」者，乃如來應身，為化眾生故。所以慈氏云：「是福德應報，為化諸眾生，自然如是業，諸佛現十方」故也。何以故者，佛自徵問，何故不解我所說義乎？乃自答云：我所謂如來者，顯法性真佛也。以真佛無相，亦無來去，法身普徧，如如不動。偈云：「去來化身佛，如如常不動。」故無所從來，亦無所去，故名如來也。放光般若經云：「如者，一無有二，以謂法性空故。如來者，法空義也，以法空故，而無有來，亦無有去。」智者禪師頌曰：「如來何所來，修因幾劫功；斷除人我見，方用達真宗。見相不求相，身空法亦空；往來無所著，來去盡皆通。」

坐臥經行，本自無來無去，威儀不動，寂然非靜非搖。

初一節文，牒經義也。如來應身，有來去之相，為化衆生，其法身無為，本無來去。所以肇法師云：「解極會如，體無方所。」明卽應之真也。從真界起，水月頓呈，明卽真之應也。次一節文，亦牒經義。威儀者，顯應身，若來若去，若坐若臥，卽俗諦也。不動者，顯法身，無所從來，亦無所去，卽真諦也。寂然非動非搖者，雙遮二邊，顯中道者也。

要解如來，所說義否？

此一句，是科家著力為人處，審問行人，解佛深義，而下文答出也。

隨緣赴感靡不周，　而恒處此菩提座。

此二句，答上問義也。此文出「華嚴經」如來現相品，一切勝音菩薩，而說頌曰：「佛身充滿於法界，普現一切如來前；隨緣赴感靡不周，而恒處此菩提座。」科家借後二句，顯如來應身，隨緣赴感，無處不周，其法身寂然，未離本座。可謂：「處一座而十方俱現，演一音而沙界齊聞」也。

巍巍不動法中王，　那有獼猴跳六窓；
笑指真空無面目，　連雲推月下千江。

前二句，頌經義也。明如來者，無所從來，亦無所去，顯法身不動，那逐根塵，故喻獼猴不跳六窓也。今言法中王者，起信論云：「法身者，自體有大智慧光明，徧照法界，真實識知，自性清淨心，常樂我淨，清涼不變，自在不動，是明如來法身，於諸法中得大自在，故名法中王。」行人若悟此理，六根門頭，放光動地，獼猴安然，六窓闃寂也。後二句，科家直指，法身無相，至理無形，有何面目？古德云：「通身無向背，徧界絕形踪。」科家末後，盡力提持，所以連雲推月，齊下千江，境智不分，人法一體。可謂：「混淪無內外，和融上下平。」

蘆花影裏一骷髏，　半臥黃沙半土丘；
骷髏但有心頭氣，　爭名奪利幾時休？

初二句，嘆人死屍骸送於郊外，骷髏遍地縱橫，日炙風吹，狼籍穢惡，醜不可觀。盡大地人，悉皆如此。所謂：「昔時要笑紅顏，翻成灰燼，今日荒園白骨，變作泥堆」也。末二句，歎此骷髏，今朝如此零落，昔年三寸氣在，自恃豪強，爭名奪利，無有休息。丹霞先生詩云：「自待烟霞物外求，何須谷口傲扁舟；三皇社稷今何在？五帝山河總是休。無限豪傑埋土塚，幾多文武臥荒丘，在生祇管爭名利，更不回頭向早修。」

漢末殘唐甚苦哉，人心上下極相乖；

貪婪虛偽那堪說，亂世如麻歸去來。

此四句，科家歎時世澆薄，人心乖戾。言漢末者，即吳魏劉三國，後有五胡，及十六國，各霸為王也。殘唐者，有十國十王，皆僭偽之主。今言甚苦哉者，悲夫！時者澆漓之世，人者浮薄之流。所謂：「貪婪虛偽不可稱說。」乃是科主痛切之言，故深嗟之。末句，亂世如麻者，言說主多則亂，兵戈遍地，男罷耕鋤，女罷機織，率土之民，十亡八九。古詩云：「世亂兵荒殺氣紛，美人抱子入宮門；寧干壯士揮戈手，不負男兒結髮恩。玉貌花顏何處是？形骸血跡至今存，吾來傷感前朝事，為吊禾川烈女魂。」歸去來者，科家意云：似此世亂如麻，不如念佛歸去，早離穢土，徑達淨邦。若是五逆十惡之人，臨命終時，勸令念佛，承佛願力，生於下品，華中受樂，猶若天宮，故乃相勸，亂世如麻歸去來也。

一合相理不在分別，處處任宣說，九年面壁，斬釘截鐵。

此科昭明太子判此一段經文，為一合相理分。以須菩提答佛，若是微塵衆實有者，若世界實有者。此二節文，以顯界塵無性，以喻法應，無有一異之性，以顯圓融一合相理，故立斯名也。不在分別者，上所謂一合相理，塵界一異，不可分別，故須菩提答云，非微塵，非世界，非一合相者，名為一合相，遣除一合相理。故云：「不在分別」也。處處任宣說者，以一合相理，豈有言說，世俗諦中，為化衆生故，有分別言說，所以處處任宣說也。九年面壁者，此一節，釋呈上文，不在分別，言謂達磨九年面壁，大有逕挺，不近人情，不涉言詮，單明真性，直顯第一義諦，實具斬釘截鐵之手段。

神光三拜，花開時節，分明點破，秤錘原是鐵。

此一節，呈前不在分別之義。昔達磨初祖，在少林面壁，一日謂門人曰：時將至矣！吾欲返西竺，汝各言所得。時道副云：「如我所見，不執文字相，不離文字相，而為道用。」祖曰：「汝得吾皮也。」尼總持云：「如我所見，如慶喜見阿閦佛國，一見更不再見。」祖曰：「汝得吾肉也。」道育云：「四大本空，五蘊非有，而我見處，無一法可得。」祖曰：「汝得吾骨也。」慧可禮拜，依位而立。祖曰：「汝得吾髓也。」復曰：「昔如來正法眼藏，涅槃妙心，付與迦葉，展轉至吾，今付與汝。」偈曰：「吾本來茲土，傳法度迷情；一花開五葉，結果自然成。」今科家言：神光三拜，領言外旨，是他時節因緣，正與一合相理，無二無別也。分明點破者，此節呈前達磨面壁，神光三拜，分明顯露不言之道，恰似秤錘，原來是鐵也。

三千界微塵，　俱來一念心；　如來一合相，　推倒大虛空。

前二句，牒經之義也。以三千界微塵者，舉能喻之界塵，兼所喻之法塵也。長水謂：界塵法塵，皆是我法所緣之境，此境俱不離能緣一念之心，所以三界唯心，萬法唯識。故云：「俱來一念心」也。如來一合相者，此二句，亦牒經義，結歸圓融不二之理。既云一合相理，卽是不見虛空，唯見真如，所謂：除真心外，無片事可得。故云：「推倒太虛空」也。

○一合相理分第三十

經「須菩提！若善男子，善女人，」至「須菩提言：甚多世尊！」

註曰：此一分文義，因前來二十九分中，應身有去來是異，法身無去來是一，佛恐善現有一異之見，故此分中設喻問之。先舉世界微塵一異斷疑，次舉言說我法離見，且初釋文，總有三科：一、操界塵一異，以顯無性。二、釋微塵，以喻應身無有異性。三、釋世界，以喻法身無有一性。今且先標塵界為喻，故佛問云：「以三千界碎為微塵，是微塵衆寧為多否？」此喻界塵一異，以顯無性。今言世界者，喻法身也。微塵者，喻應身也。世界是一也，微塵是異也，碎界為塵，界無一性，以喻從法起應，法無一性，卽異破一也。聚塵為界塵無異性，以喻應空，卽法應無異性，卽一破異也。此互破者，雙遮顯中，卽非一非異也。故偈云：「去來化身佛，法身常不動；於是法界中，非一亦非異。」

經「何以故？若是微塵衆，」至「則非微塵衆，是名微塵衆。」

此節經義，卽第二科，釋微塵，喻應身無異性也。何以故者，徵前甚多微塵之義，若是微塵衆實有者，佛則不說是微塵衆，此言佛不說者，意顯塵體本空，故以喻如來應身，雖具足相好，而體實非真。故偈曰：「應化非真佛，亦非說法者」是也。所以者何者，徵釋前文界塵也，佛說微塵衆者，牒前佛說，碎為微塵也。若知碎世界作微塵，微塵全是世界，則塵無實性。故云：「則非微塵」也。以離性計而說微塵，故曰：「是名微塵」也。

經「世尊！如來所說三千大千，」至「則非世界，是名世界。」

此節經義，言如來所說三千世界者，牒前以三千世界也。若知合塵為世界，世界全是微塵，則世界無實性。故曰：「則非世界」也。以離性計而說世界，故曰：「是名世界」也。所以塵無別塵，全界為塵，以喻應無別應，全法起應也。界無別界，聚塵成界，以喻法無別法，全應即法，此是雙照顯中道也。

經「何以故？若世界實有者，」至「非一合相，是名一合相。」

此節經義，即第三科，釋世界以喻法身，無一性也。何以故者，徵前世界也。若世界實有者，則是一合相，此以一合相理，返顯世界非是實有，則知一合相理，乃是界塵法應，圓融無礙之理，明矣！故偈云：「世界作微塵。」此喻是彼義也，如來說一合相者，以界塵法應，皆具足名相，即俗諦也。則非一合相者，以界塵法應，雖具名相，其性本空，即真諦也。是名一合相者，以法身，能一能異，非一非異，圓融無礙，即中諦也。

經「須菩提！一合相者，」至「但凡夫之人貪著其事。」

此節經義，言一合相理，不可說者，意云：若言法身是一，恐聞者定執為一，則不可說，若說應身是異，而聞者便執為異，則不可說。若謂法身非一，聞之者又執為非一，則不可說。若言應身非異，而聞者又執為非異，則不可說，此一合相理，亦不可思議，但凡夫不了，自生貪著耳！傅大士頌曰：「界塵何一異，報應亦同然；非因亦非果，誰後復誰先。事中通一合，理上兩俱捐；欲達無生路，應當識本源。」

以世界碎如微塵，慈尊喻巧於玄要；立權名談其實相，凡夫意絕於貪求。

初一節，牒經義，明如來設教，為化眾生說種種法，恐諸眾生，未得通曉圓融之道，故引種種譬喻，令人易解。今此經中，以界塵喻法應者，故云巧也。所以聚塵成界，碎界為塵，喻全法起應，全應卽法，巧之甚也。玄要者，玄妙總要也。然此一喻，總該世出世之八義也。能喻界塵，有非一，非異，能一，能異之四義。法應亦有非一，非異，能一，能異之四義。如此八義，一喻明矣。豈非玄妙總要者乎？次一節，亦牒經義，明佛說四十九年法，有三乘五敎，正眼觀來，都是權也。只是談其一乘實相，真空實際之中，道箇能一能異，非一非異者，皆世數而矣。真空之中，皆無此說。淨名曰：「法身無為，不墮諸數，使諸凡夫，悉知如來，法應之身。」尚是權立之假名，而實不可得，況我凡夫色身識心，及所有諸法，豈是實乎？故使凡夫貪著之心，自然息矣！

與麼會得，返本還源，背塵合覺，不與麼會！慈同諸佛，悲合眾生，總不與麼?!

此是科家，誡勉行人也。始一節文，謂與麼會得者，意云：法應之身，既屬名數，尚不可得，況我色身識心，及所緣諸法，皆卽虛妄實不可得，故使凡夫意絕貪求，自然還本還源，背塵合覺也。次一節文，謂不與麼會者，乃科家拈情，要行人不在返本還源，背塵合覺處著脚，須要入纏垂手，和光同塵也。正同觀音大士，初獲圓通，得二種殊勝。一者，上與諸佛，同一慈力。二者，下與衆生，同一悲仰，而入十法界，現三十二應，說法利生也。總不與麼者，斯一節文，是科家將上二法，一齊掃除，與麼不與麼？總拈向一邊，直顯頓宗卽心之道：「上不見諸佛可成，下不見衆生可度。」而向下伸答是也。

巨靈擡手無多子，　分破華山千萬重。

此二句，答上總不與麼之義也。謂不住一真法界，諸佛衆生了無所有，如巨靈神，大用現前，以斧劈開華嶽也。言巨靈者，乃太華山之神，巨靈卽乃名也。因母昔有染緣之業，受罪於斯山底，巨靈欲救母罪，力所不能，後入華山西，恭禮鏡月峰光照禪師處。拜告曰：「吾母受罪於此山未出，今欲請師求救，師卽書一「唵」字，與神斧上，於是持斧于山頂，用斧一劈，山卽兩開，其母承斯總持神呪之力，卽生忉利生。巨靈求道三年，立化於華山之頂，後為金剛密跡大神也。所以云：「劈開華嶽連天色，放出黃河至海聲。」

一段生涯六不收，　從前萬法盡非傳；
輕輕劈破三千界，　直得恒河水逆流。

前二句，謂一段生涯，指般若真空而言也。六不收者，此理以六根，六塵六識，收他不得，卽我空之義也。從前萬法者，科家意謂：此般若真空，就是從前第二分中，至此三十分，以文字總持，雖説無量玄妙之法，到此行容不出，比類不及。故云：「非傳。」卽法空之義也。後二句牒經義，以法身之妙用，輕輕劈破，三千世界碎為微塵，直得塵塵卽毗盧境界，法法具常住真心，所以法應不分，界塵無礙，同歸圓融廣大之理也。直得黃河水逆流者，既是碎界作塵，聚塵成界，以喻法身卽應，全應卽法，直得大地平沉，虛空粉碎，心外無法，獨顯真空。故云：「水逆流」也。

九曲黃河直指君，　分明全不涉途程；
不知白日青天裏，　開眼許多迷路人。

始二句，明昔有僧問石霜圓曰：「如何是南源境？」霜云：「黃河九曲，水出崑崙。」僧又問曰：「如何是境中人？」霜云：「流水人不顧，斫手望扶桑。」乃科家引古人，以九曲黃河直指於君，分明說出水之源頭，出自崑崙。此喻世尊大慈，雖設種種言教，方便譬喻，如黃河九曲，大意直指般若真源，澤機潤物，故不涉途程，當央顯露也。末二句，科家嗟嘆，錯過者多，明世尊雖是分明直指，般若真源，長安大道，爭奈衆生不能履踐，如白日青天，開眼迷路也。

東晉遠公曾結社，　遺民房翥總奇才；

淵明入會多耽飲，　今晚休盃歸去來。

此四句，科家誡人，識破幻境，同歸淨土也。東晉遠公者，師諱慧遠，鴈門樓煩人，今河東代州是也。姓賈氏，生於石趙，二十四歲，聽道安法師講般若經，大悟。於孝武帝大元九年，至廬山，以杖卓地曰：有泉則住，起杖水隨杖出，遂居之。所居之處有潭，一日忽水涸，遂成平地，無何雷電風雨，天地陡暗，山川震動，久而暗霽，其地四方平坦潔淨，並無草木。又一日如前，雷電風雨俱作，次日忽見，棟梁椽柱斧鑿皆淨，已成規矩，積而成積。師與江東太守，奏準建寺畢，請題曰東林寺，殿名神運，於中立彌陀像，建白蓮社，共集十八大賢，同脩淨業。師三十年，跡不下山，初十一年間，三覩聖像，而不令人知，後十九年七月晦夕從定起，忽見阿彌陀佛身滿虛空，圓光之中，有諸化佛，觀音、勢至，侍立左右。佛言：「我以本願力故，來安慰汝，汝七日後，當生我國。」又見佛陀耶舍、慧持、曇順，在佛之側。前揖曰：「師志在吾前，何來之遲也？」既知時至，謂其徒曰：吾始居此，三覩聖像，今復再見，吾生淨土決矣！於義熙十二年八月六日示衆曰：「遺屍於松林下。」言訖而逝。

晉時劉程之，字仲思，號遺民，彭城人。楚莊王之後，妙善老莊，通百氏，少孤，事母以孝聞。自負其志，不干時俗，初解褐為參軍，謝安、劉裕嘉其賢相推薦，皆力辭，性好佛理，乃與雷次宗、周續之、宗炳、張銓、畢之等，同來廬山。遠公謂曰：諸君之來，豈宜忘淨土之遊乎？程之乃鐫石為誓文，以志其事，遂於西林澗北，別立禪房，養道安貧，精研玄理，兼持禁戒。宗張等，咸仰嘆之，嘗貽書關中，與什肇揚確經義，著念佛三昧詩，以見專誦坐禪之意，始涉半載，即於定中，見佛光照地，皆作金色，居十五年，於正念佛中，見阿彌陀佛，玉毫光照垂手慰接。程之曰：安得如來，為我摩頂，覆我以衣。俄爾，佛為摩頂，引袈裟以披之，他日念佛，又見人入七寶池，蓮華青白，其水湛湛，有人項有圓光，胸出卍字。指池水曰：「八功德水，汝可飲之。」程之飲水甘美，及覺異香發於毛孔。乃自謂曰：「吾淨土之緣至矣！」復請僧轉法華經，近數百遍，後時廬阜，請僧畢集。程之對像焚香再拜，祝之曰：「我以釋迦遺教，知有阿彌陀佛，此香先當供養釋迦牟尼如來，次供阿彌陀佛，復以妙法蓮華經，所以得生淨土。由此經功德，願令一切有情，俱生淨土。」卽與衆別，臥床上面西，合掌而化矣！晉時房翥，暴死入冥府見王，王曰：「據汝簿中，曾勸一人念佛，已得生淨土，君承斯福，亦令得生淨土。」翥曰；「尚誦金剛經萬卷，併禮五臺，故未欲往生。」王曰：「誦經禮拜，故為好事，不如且生淨土。」翥良久，王知其志不可奪，乃放還人間。所謂：「三軍可奪其帥也，匹夫不可奪其志也。」

晉時陶潛，字淵明，事如前已引，居士居柴桑時，與廬山相近，同陸脩靜，常來訪遠公，遠愛其曠達，招之入社，潛性嗜酒，謂若許飲則往。遠許之，潛入山，久而無酒，攢眉而去，曾著搜神記，多載佛靈驗事也。

知見不生，返照還源，本性離言詮，見聞覺知，無正無偏，無垢無淨，無缺無圓。

此科昭明太子判此一段經文，為知見不生分。蓋須菩提下以四相見，佛乃許之，於一切法，如是知，如是見，如是信解，不生法相，故立斯名，為知見不生也。返照還源者，此明奢摩陀，定也。以定力故，能除人法二執，雙顯人法二空理。故云：「返照還源」也。本性離言詮者，此明毗婆舍那，慧也。以慧力故，能開演藏乘，說出種種法門，導利群生，雖演諸法，了文性空，得真解脫。故云：「本性離言詮」也。見聞覺知等者，明三摩鉢提，卽中道觀也。前文，單明定慧，此中，定慧雙融。見聞者，卽如是見，乃慧也。覺知者，卽如是知，乃定也。總言見聞覺知者，雙照顯中道也。無正無偏等者，雙遮顯中道也。今科家，教令行人不可偏局，尋常日用之中，於見聞覺知處，不可執著根塵境上，不可離了根塵而別有性，所以無正，卽不住寂寂之中。無偏，卽不住惺惺之上。無垢，卽不隨掉擧。無淨，卽不沉無記。無缺無圓者，出三諦之外，三觀圓融也。無缺，卽三觀一心，三諦一境也。無圓，卽一體圓融無礙，三諦歷然，乃是一乘深入之法門也。

靈光浩浩，杲日正當天。

此二句，法喻雙明，三諦圓融之處也。乃至釋迦出世，達摩西來，都顯此一段靈光。如杲日麗天，無處不照。所以玄沙云：盡大地情與無情，森羅萬象，一切諸法，悉在我這光明裏，自在受用。故云：「靈光浩浩，杲日正當天」也。知見度衆生，衆生亦復盲；如來非法相，方到涅槃城。

上二句牒經義，謂地前菩薩，加行方便位中，有能所分別，知見度生，非但菩薩著相，則所度衆生亦著四相也。如云：「若菩薩有我相、人相、衆生相、壽者相，卽非菩薩。」斯言能度菩薩既有四相，所度衆生亦有四相。故云：「衆生亦復盲」也。下二句，亦牒經義，明如來斷分別見，不著法相，謂非法相者，不生法相也。此非法相，卽勝諦中，不容他物，離性離相，不屬因緣，乃寂滅坦實之體。故云：「方到涅槃城」也。

○知見不生分第三十一

經「須菩提！若人言佛說，」至「我見、人見、衆生見、壽者見。」

註曰：此分經文，明離我法二見，因前三十分中，界塵法應皆是我法所緣之境，今知不實。今破能緣我法見心，見心乃是凡夫，所起虛妄分別，玆今拈却令忘分別，卽入聖位也。且初離我見者，有真我之見，有妄我之見，妄我之見者，乃虛妄分別，衆生見也。真我之見者，遠離執著，卽如來見也。既離執著，示有我見、人見、衆生見、壽者見者，此不見中，而示有見也。在迷衆生，以為如來實有四見，故云：「不解如來所說義」也。是故佛以四見審問善現，是人解我所說義否？善現解佛問義。答云：「是人不解如來所說義」也。何以故者，善現自徵前義，是人何故，不解如來所說義，以善現既解如來所說之義，卽知四見，皆非虛妄分別，是真我之見。故云：「是名我見、人見、衆生見、壽者見」也。長水曰：「佛說我見等，非實我人等見，是假名我人等見，衆生不解，謂之實有也。」

經「須菩提！發阿耨多羅三藐」至「卽非法相，是名法相。」

上文已離我見，此文却離法見，亦是總結降伏，安住正行也。前第二分中，善現初問發菩提心者，云何應住？云何降伏其心？如來答：「應如是住，如是降伏其心。」故今結云：「發菩提心者，於一切法，應如是知見信解。」此結前應如是住，大乘知見也。不生法相者，卽不於諸法取著，此結前降伏其妄心也。此明如來說，要令衆生發菩提心，修行契理，是故善現，聞佛所說之法，卽解其義，故佛叮嚀發菩提心者，於一切法，應如是知見信解，不生法相也。須菩提所言法相等者，佛乃招告善現，重徵上義，謂所言法相者，知見信解，皆是法相，既有法相數量之名，卽屬俗諦也。如來說卽非法相者，以三方便中，無分別之心。故云：「卽非法相。」卽真諦也。是名法相者，以三方便中，分別心空，入無分別之理，非俗非真，雜性離相。故云：「是名法相」。卽中道諦也。

若著知見信解，難契如來妙義，悟無我人壽命，還同陽焰空花。楞嚴云：「知見立知，卽無明本，知見無見，斯卽涅槃。」祇如法相不生時，還信解麼？若著知見信解等者，此一節，謂發菩提心者，於一切法，取著知見信解，則有分別，旣有分別，則成法見。旣有法見，則不能證無分別之理，所以難契如來妙義也。本科中言，若著見聞覺知，恐謄刻者，悞矣！悟無我人壽命等者，此一節，明善現悟佛問義，世尊雖說我人等四見，是如來真我也。非同凡夫，實有妄我也。旣非凡夫我見，則知佛之示現假名我也。如同陽焰空花，皆不可得也。楞嚴云：「知見」等者，此引經文，釋呈上義，若著知見信解，難契如來妙義，此明法見存，而迷理也。知見無見等者，亦呈上文，悟無我人壽命，還同陽焰空花，此明我見空而不實也，祇如法相不生等者，乃是科家手眼，徵問行人，明前發菩提心人，於一切法上，不起分別之念。佛印云：「如是知見信解，卽今法相不生，還信解麼？」科家要人，於知見信解，無分別之智，此三皆空，且道還信解麼？下文出其所以也。

大千世界海中漚，　一切聖賢如電拂。

此二句，明法相不生之義也。依報正報，了不可得，此明人境，如漚如電，誰起知見分別，所謂百千世界，猶如空華亂起亂滅。故云：「大千沙界海中漚」

也。一切聖賢者，上明法見已空，此明人見不存，於實相中，非唯三賢十聖皆空，縱是佛之境界亦空。故云：「一切聖賢如電拂」也。

法空非我道非親，　樹倒藤枯笑轉新；
風掃止啼黃葉盡，　千林全體露天真。

首句牒經義，卽經中一離法見也。然有三種發菩提心者，不分別也。二於一切法，亦不分別也。三於方便門，知見信解，故離於法見，卽法空也。非我者，卽第一義，離我見也。此之我見，卽能緣我法之見心，此之見心，乃是所起分別之念，此念亦空。故云：「非我」也。道非親者，卽經中不生法相，此法不生，是無分別之理，比理亦遣。故云：「非親」。乃破執情也。次句引宗證明，此世尊道，應如是知，如是見，如是信解，不生法相，於樹倒藤枯，笑轉新一般也。昔疎山，到潙山便問，「承師之言，有句無句，如藤倚樹，忽然樹倒藤枯，句歸何處？」潙山呵呵大笑，疎山曰：「某甲四千里，賣布單來參和尚，何得相弄？」潙喚侍者，取錢還這上座，遂囑云：「向後有獨眼龍，為子點破去在。」後到明昭，舉前話，昭云：「潙山可謂，頭正尾正，祇是不遇知音。」疎便問：「樹倒藤枯，句歸何處？」昭云：「更使潙山笑轉新。」疎於言下有省，乃云：「溈山元來笑裏有刀」也。末二句，明佛說三藏十二部，諸祖千七百葛藤，盡是止啼黃葉，為化衆生，暫止其妄念，及到理極玄微之處，皆用不著。所以世尊祇得拈花，迦葉祇得微笑。今此經中，謂發菩提心者，於一切法，應如是知見信解，不生法相，正是「風掃止啼黃葉盡處，千林全體獨露天真。」可謂：「皮膚脫落盡，唯有一真實。」

朝日忙忙暮日忙，　衆生何不早思量？
人如春夢終須短，　命若風燈豈久長。

前二句，嗟嘆世事無窮，奔忙不定，勸人省悟，急早修行也。後二句，喻人命不能長久，今日雖安，明朝未保。如春夢而短，似風燈無常。故石屋詩云：「風檣來往塞官塘，站馬如飛日夜忙；冒寵貪榮謀仕宦，爭名奪利作經商。人間富貴一時樂，地獄辛酸萬劫長；古往今來無藥治，如何不早去修行。」春夢短者，如黃梁一夢。古云：「珊瑚枕上片時間，遊盡江南數千里。」

淨土緣生稱本懷，　一靈更不墮胞胎；
法身解脫俱齊等，　瞥地回頭歸去來。

初句，謂淨土所生之緣，隨心所欲，九品池中，即得稱心而生。既生，欲往十方國土供佛，隨心卽往，或衣或食，卽得隨心而至，故曰稱本懷也。淨土詩云：「一朵蓮含一聖胎，一生功就一華開；稱身瓔珞隨心現，盈器酥酡逐念來。金殿有光吞日月，玉樓無地著塵埃；法王為我談真諦，直得虛空笑滿腮。」次句，言此土衆生，所生之緣，有三緣會合，十月懷胎，種種之苦，不得隨心。所以科家誡勉行人，一靈真性，直往蓮胎托質，休更入母胞胎也。末二句，謂此土行人，果能生在淨土，卽得三德俱備。故云：「法身解脫俱齊等。」與佛無殊，既是如斯妙處，此土衆生，何不瞥然急早回頭，萬緣一齊放下，晝夜專念南無阿彌陀佛，歸淨土去也。

應化非真，如露如電。有為法，不牢堅，住相布施，果報人天。

此科昭明太子判此一段經文，為應化非真分。蓋不取於相，又一切有為，如夢如幻，故立此名，為應化非真也。如露如電者，明佛現應化之身，示同生滅，亦屬有為無常之法，虛假不實，故以六喻而譬之。如露者，以喻妄身，念念遷謝，生滅無常，似草上之露，日出則晞也。如電者，以喻現在所念之法，剎那不住，猶如電光，既屬有為，豈有牢堅？了此不堅，方證真常也。住相布施者，此明經中，以滿無量阿僧祇世界七寶，持用布施。蓋是有為果報，只在人間天上受福而已也。

持經四句，入聖超凡，頻頻轉念，金剛體最堅。

上二句，明持經，卽無為福而得成佛。謂四句者，卽「一切有為法，如夢幻泡影；如露亦如電，應作如是觀。」以此經，卽化身佛所說。盖化身佛說法，離言說相，而無取著，弘經行人亦能離著，故功德無量，所以入聖超凡，故演說之福，勝彼無量阿僧祇布施也。下二句，乃科家誡勉後學，但凡持誦，須要以圓融妙觀，專住一心，觀三諦理，不可循行數墨，轉益見知，其猶春禽晝啼，秋蟲夜鳴，風氣所使，終無意謂也。今言頻頻轉念者，要人孜孜切切，正念不忘，一念萬年，萬年一念，斯一念非紙墨文字，而可詮註，乃無字真經，金剛妙體，水火難壞。故云：「最堅」也。昔東印土國王，請二十七祖般若多羅齋，王問云：「何不看經？」祖曰：「貧道入息不居陰界，出息不涉衆緣，常轉如是經，百千萬億卷。」此卽頻頻轉念之意也。玄沙亦云：「仁者在甚麼處？汝今欲得出他五蘊身田，但識汝秘密金剛體。」古人道：「圓成正徧，徧周沙界，乃至大地山河，十方國土，明暗色空等，無非是汝金剛體也。」

演說四句偈，　六度已為初；　**縱橫無罣礙，**　般若自如如。

初一句，即是為人宣演解說，一切有為法等，四句之偈也。次句，言六度者，即布施、持戒、忍辱、精進、禪定、智慧。以布施度慳貪；以持戒度破戒；以忍辱度嗔恚；以精進度懈怠；以禪定度散亂；以智慧度愚癡；故云六度也。已為初者，以布施為五度之首，布施有二種：一、財施。二、法施。今科家言，為人演說四句偈等，即法施，故云為五度之初也。末二句，科家意，要為人演說四句偈，以為法施，欲令行人，均脩萬行，成就四心，六度圓融縱橫無礙，了一切法體空，不可得者，獨顯般若如如理也。

○應化非真分第三十二

經「須菩提！若有人」至「如露亦如電，應作如是觀。」

註曰：此分之義，由前十七分中，佛告善現，發菩提心者，然能度所度之念，至二十六分，二十七分，重誡執著，相好俱空，則成斷滅，及二十八分，但以相好修福德故，而不取著即證法身，謂有漏不受，無漏受而不著也。二十九分，應身有去來，法身無去來。乃至三十分，如來以碎界作塵，喻法應二身，能一能異，非一非異。三十一分，於一切法不生法相。故此分經文，而有三節：初節、以無量阿僧祇世界七寶，持用布施，此是假喻校量。二節、若有善男子善女人！發菩提心者，乃至其福勝彼，此明持說福勝。三節、從云何為人演說等，此釋福勝所以也。前以七寶布施，但得有漏因果，人天受福而已！福盡還墜，此以發菩提心者，持於此經四句偈等，直下明了般若真智，卽得見性成佛，復兼受持讀誦，為人演說，亦令見性，所以功德轉勝。又況此經，乃是化佛所說，以為經教之主，受持演說，是弘經之人，所弘之經。既是化佛，稱性所說離言說相，故功德無量。弘經之人，亦能離言說相，所以其福勝彼也。云何為人演說者，佛自問云：「如何為人演說？」乃自答云：「不取於相，如如不動。」意云：為人演說，若能不以生滅心行，說實相法，則稱真理不取於相，唯顯真如故，此卽心如境如，故曰如如。蓋以心境皆真，如是法身不動也。何以故者，佛自徵起上文，何故為人演說不取於相，如如不動？佛恐或者疑云：「既言為人演說，則諸佛如來，常在世間，為衆生說法，何故言如來入般涅槃耶？」以涅槃卽是不動無為之義。今涅槃寂靜，與說法喧動，動靜相返，云何兩存？恐有此疑，故說偈以釋其疑也。此偈謂一切有為法者，卽一切世間，依正染淨，生滅之法，以佛生人中，示同生滅，亦屬有為無常之法。無常之法虛假不實，故以「夢、幻、泡、影、露、電」六喻而喻之。既知無常虛假不實，無非真常之道也。應作如是觀者，觀卽般若妙智。蓋般若具空、假、中三觀也。以斯妙智，觀一切有為法，有依正染淨等，無量差別，此卽假觀，觀俗諦也。以斯妙智，觀一切有為法，皆生滅無常，如夢、幻、泡、影、露、電，此卽空觀，觀真諦也。以斯妙智觀一切有為法，卽真卽俗，非空非有，此卽中觀，觀第一義諦也。能如此觀一切有為法，具足圓融三觀三諦者，以能觀既是妙智，卽一心三觀也。所觀無非妙境，卽一境三諦也。能達此義，而如來法身，常在世間，豈有滅也。言入滅者，乃應身耳！故舉喻以顯無常，令人易曉。故曰：「應作如是觀」也。亦云：一經始末，皆稱如是者，始云應如是住，如是降伏其心，中間節節云如是，至此又云如是觀者，論乃釋云：「妙智正觀，故知妙智，實一經之宗也。」從第三分至此，正宗分已竟。

經「佛說是經已，長老須菩提，」至「皆大歡喜，信受奉行！」

此節經文，卽流通分也。流通者，如水之不壅塞，喻流通般若，利益群生，使聞經而出離苦海，令聽法而必證菩提。天親偈曰：「佛說希有總持法，不可稱量深句義；從尊者聞及廣說，回此福德施群生。」經初但言與大比丘眾，今經末，兼言四眾八部，顯前說經之始，此八部亦在會也。聞佛所說，皆大歡喜者，文殊請問經云：「歡喜奉行，有三種義：一、說者清淨，不為取著利養所染故。二、所說法清淨，以如實知法體，說理如理，說事如事故。三、得果清淨，起信解行，得無漏果故。」三種既皆清淨，孰不歡喜奉行者哉？傅大士頌曰：「如星翳燈幻，皆為喻無常；漏識修因果，誰言得久長？危脆同泡露，如雲影電光，饒經八萬劫，終是落空亡。」

施七寶滿僧祇，福有求而卽妄；持此經演四句，德雖勝而非真。晏坐水月道場，成就空華佛事；度幻化之含識，證寂滅之菩提。凡情聖解俱空，生死涅槃如夢。初節，施七寶等者，牒經中喻以七寶布施，惟在人天受福，卽屬有求而卽是妄，未離有為，故須遣也。二節，持此經等者，乃是科家拈情，以受持演說四句之偈，福德雖勝，而福德非真，以執著無為，亦須遣矣。所以云：「真不立，妄本空，有無俱遣不空空。」是也。宴坐水月道場等者，此文呈前非真之義，指示行人，以般若真空之中，受持演說皆是不真，所以宴坐道場，卽同水中之月持經演說。成就佛事，猶如空裏之華。總言不實之義也。永明壽云：「建立水月道場，莊嚴性空世界；羅列幻化供具，禮拜影現法會。施為谷響度門，修習空華萬行。」是也。度幻化之含識等者，此文亦呈前非真之義，以為人演說，只要度脫衆生，既是幻化不實，云何度之？所證菩提既是寂滅，寂滅理中無取證故。佛告清淨慧言：「於實相中，實無菩薩，及與衆生，何以故？菩薩衆生皆是幻化，幻化滅故，無取證者。」永明壽曰：「常遊如幻法門，出入無礙觀門；降伏鏡像魔軍，大作夢中佛事。廣度如化含識，同證寂滅菩提。」也。凡情聖解俱空等者，乃是科家手眼，拈人執情，我前來如此說話，將凡情聖解，俱要拈了，以生死涅槃，猶如夢事。所以封慧上堂曰：「未陞座前，大地人成佛已畢，更有何法可說？更有何生可利？況菩提煩惱本自寂然，生死涅槃猶如作夢，施設門庭，誑惑初機，方便門開，羅紋結角，於衲僧面前，皆成幻惑。且道衲僧有甚長處？」卓杖一下曰：「孤根自有擎天勢，不比尋常曲彔枝。」真如元云：「凡見聖見，春雲掣電，真說妄說，空華水月。翻憶長髭見石頭，解道紅爐一點雪。」

銷釋金剛科儀會要註解卷第八（終）

銷釋金剛科儀會要註解卷第九

姚秦三藏法師　鳩摩羅什　譯
隆興府百福院　宗鏡禪師　述
曹洞正宗嗣祖沙門　覺連　重集

昔梁武帝，請傅大士講經，大士揮案一聲，便乃下座。如斯洪範，千古分明，不悋弘慈，當機辨著。噫！大士揮尺講經，猶是曲垂方便，美則甚美，了則未了。若論最上頓宗，直是不通凡聖，以金剛王寶劍，盡情掃蕩無餘。一任渠明來暗來，四方八面來，普教他休去歇去，一念萬年去。雖然如是，且道末後一句，誰堪奉行？咄！

此一節，科家引證，真空實相中，凡聖皆空。梁大通五年，有義烏雙林大士者，姓傅氏，名翕，法號善惠，年十六，納劉氏女妙光為室，生二子，名普建、普願。嘗有西域沙門嵩頭陀者，見大士曰：「吾與汝，毗婆尸佛所，同發誓願，今兜率宮衣鉢現在，何日當歸？」因命臨水觀其影，見圓光寶蓋，大士笑謂之曰：「爐鞴之所多鈍鐵，良醫之門足病人。」度生為急，何思彼樂乎？居無幾，常見釋迦、金粟、定光三如來，放光襲其身。大士喜曰：「吾得首楞嚴三昧。」即捨田宅，及賣妻子，得錢五萬，以設法會，遂於松山之頂，因雙檮樹，剏寺而居，故名雙林。日則營作，夜則行道。一日梁武帝，請誌公講金剛經，公曰：「貧道不能講，市中有賣魚翁，號傅大士，能講此經。」帝詔大士於壽光殿，講金剛經。大士陞座，即於案上揮桉一聲，便乃下座。誌公曰：「陛下會麼？」帝曰：「不會。」公曰：「大士講經已竟。」此即凡聖情忘離言之道也。如斯洪範等者，指大士揮案處，可為千古規範，分明顯示不言之道，乃是不悋弘慈，悲心太甚。正是當機覿面，與人辨出一著子真理也。噫者，乃科家歎辭，有縱奪之意，似大士前來揮尺講經，雖是不涉言詮，當面顯理，猶是今時門頭曲垂方便。如唐宣宗問弘辯法師曰：「何為方便？」對曰：「隱實覆相，權巧門戶，被接中下之人，曲施誘進，謂之方便。設為上根利智言之。所謂：正直捨方便，但說無上道，乃至祖師門中，玄言密語，正案傍提，忘功絕謂，亦是方便之跡。」帝乃然也。美則甚美者，乃科家先縱後奪之意，似大士如此揮案，直顯無言之道，甚是美妙，於理恰好，爭奈陞座揮案，乃是起模畫樣，未出建化之門，而未了也。故芙蓉楷上堂曰：「纔陞此座，已涉塵勞，更乃凝眸，自影瑕玷，別傳一句，勾賊破家，不失本宗，狐狸戀窟。」所以道：「真如凡聖皆是夢言，佛及衆生並為剩語。」到這裏，回光返照，撒手承當，未免寒蟬抱枯枝，泣盡不回頭也。若論最上頓宗等者，乃科家顯示，最上一乘圓頓宗旨，直是不通凡聖。古德云：「威音王未曉，彌勒豈惺惺。」以金剛王寶劍者，寶劍喻理中，凡聖絲毫之情不容。故云：「盡情掃蕩無餘。」以般若真心外，了無片事可得也。故紹隆語曰：「最初一步，十方世界現全身。最後一言，一微塵中深鎖斷。有時拈起，如倚天長劍光耀乾坤。有時放下，似大冶紅爐飛過片雪。乃至即此涅槃妙心，金剛王寶劍！敢問大衆，作麼生得到這般田地？如人上山各自努力也。」盡情掃蕩無餘者，古頌：「金剛寶劍最威雄，一喝能摧萬仞峰；偏界乾坤皆失色，須彌倒卓半空中。」一任渠明來暗來等者，乃科家伸出掃蕩之義。昔鎮州普化和尚，於州中行化，或城市，或塚間，振鈴一聲曰：「明頭來明頭打，暗頭來暗頭打，四方八面來旋風打，虛空來連架打。」一日，臨濟令僧捉住曰：「不恁麼來時如何？」師拓開云：「明日大悲院裏赴齋。」似此說話，豈不是明暗相參？通身顯露也。普教他休去歇去等者，此正明金剛王寶劍，掃蕩無餘之義，乃是忘功罷業，一了百當，以斯前來金剛寶劍，譬最上頓宗，掃蕩無餘，喻不通凡聖。所以科家普教行人，凡聖之念一齊休去歇去。所謂：「不慕諸聖，不重己靈，上無諸佛可成，下無衆生可度，直得一念卽是萬年，萬年卽是一念。」可謂十世古今，始終不離於當念，無邊刹海，自他不隔於毫端，明斯一箇真心，含裹十虛也。雖然如是者，結前之義，既云休去歇去，掃除凡聖，且道此經末後佛說，不取於相，如如不動言句，誰堪奉行？乃是重審之意。咄者，科家要人於末後一句上，直下承當向下伸答露也。

直得虛空悉消殞，　天龍八部遍流通。

此二句，答上末後一句流通之義，既是不取於相，如如不動，總是一箇真理，更無虛空可得，所以悉皆消殞。楞嚴經云：「一人發真歸源，十方虛空悉皆消殞」也。流通者，有二種：一、理。二、事。理者，卽末一句，如如不動之理。勝天王所問般若經云：「若能發明般若真理，如來與天王授記，而流通斯道。」須菩提岩中晏坐，帝釋天雨花讚歎！尊者問曰：「何故雨花讚歎？」帝云：「我聞尊者善說般若。」尊者曰：「吾於般若無說。」帝云：「尊者無說，我亦無聞，無說無聞，乃真般若。」事者，以此金剛般若經，功德甚深，讀者獲益，所以天上人間，龍宮海藏，在在處處，八部守護，鬼神欽崇，是故流通天上人間，普遍微塵刹海也。

空生疊疊窮迷妄，　　大覺重重說偈言；

末後了然超百億，　　明如杲日耀乾坤。

初句，明善現疊疊請問，始從第二分中，總問菩薩，云何發阿耨多羅三藐三菩提心，應云何住，云何降伏其心？乃至經末而有九重請問，祇是深窮迷妄根源。故云：「窮迷妄」也。次句，明大覺世尊，答須菩提而重重徵問，展轉召告，總有三十重問答，然而說偈者，共有七處。卽佛說：「若有人受持四句偈等」之言。自第八分中，說四句偈；第十一分中，說四句偈；第十二分中，說四句偈；第十三分中，說四句偈；第二十四分中，說四句偈；第二十六分中，說四句偈；第三十二分中，說四句偈。除十二分中四句偈，此偈在處尊如佛塔，除二十六分中，四句偈，以頌執著相好，卽成邪見，其餘五處四句之偈，正是校量持經功德，倍勝之義。故云：「大覺重重說偈」也。後二句，言末後了然超百億者，牒經中義，明佛末後，道箇不取於相，如如不動。若人如此受持讀誦，為人演說，其福則超過無量阿僧祇，三千世界七寶布施功德。故云：「超百億」也。後總結云：此一卷金剛經，世尊與須菩提，如此問答，單顯實相真空，我今又以科文解釋，分明顯示其理，猶如杲日當天，乾坤普照。故云：「明如杲日耀乾坤」也。

直截根源說與君，　　了無些子涉情塵；
奈何蹉過西來意，　　猶道休將境示人。

前二句，明世尊末後所說之法，只此不取於相，如如不動，可謂直截根源，不曾牽枝引蔓囊藏被蓋。分明與諸人說出，併無絲毫涉於情塵也。後二句，引證，佛與汝等直指，甚是分明，汝善不會，蹉過如來妙意，正如猶道休將境示人相似。昔僧問趙州曰：「如何是祖師西來意？」州云：「庭前栢樹子。」僧曰：「和尚莫將境示人。」州云：「吾不將境示人。」僧復曰：「如何是西來意？」州云：「庭前柏樹子。」此僧不會，却問廣教曰：「某甲問西來意，趙州道：「庭前栢樹子，他只將境示某甲。」教云：「我不辭與汝道，汝還信得及麼？」僧曰：「爭敢不信。」教云：「汝試問我。」僧曰：「如何是西來意？」教云：「簷頭水滴聲歷。」其僧悟入，遂述偈曰：「簷頭水滴，分明歷歷；打破乾坤，當下心息。」更不疑也。

極樂家鄉甚妙哉，　　無諸憂苦樂常諧；

因該果海圓音徹，　　時禮金容歸去來。

前二句，言西方極樂世界，境妙無諸衆苦，所以楊無為曰：「唯是淨邦，更無諸苦，蓮苞托質，無生苦也。寒暑不侵，無老苦也。身離分段，無病苦也。壽命無量，無死苦也。無父母妻子，無愛別離苦也。上善人聚，無怨憎苦也。華祴香食，珍寶受用，無求不得苦也。無諸憂苦，可謂真樂也。」後二句，言西方人，勝此士凡夫，既生彼國，時時見佛聞法，即證無生，遂得補處。因該果海者，即彌陀因中，發四十八種願，果上不捨因門，而接引凡夫往生，即得聞法，瞻禮金容，可謂圓修圓證之行人也。

金剛般若，六度根源，內外最牢堅，三千大千，萬古流傳。

此科金剛般若經後題，以金剛般若之智，為六度之根源，乃至一切萬行，皆因般若真智成立，故五度如盲，般若如導。所以布施無般若，惟得一世榮，後受餘殃。持戒無般若，暫生上欲界，還墮泥犁中。忍辱無般若，報得端正形，不證寂滅忍。精進無般若，徒興生滅功，不趣真常果。禪定無般若，但行欲界禪，不如金剛定。萬善無般若，空成有漏因，不契無為果也。內外牢堅者，以此般若，既為六度根源，則內之六根，外之六塵，無非般若智用。故云：「內外最堅」也。三千大千等者，以斯金剛般若經，非為此土流通，而萬億四天下，皆悉流通。故云：「萬古流傳」也。

雙林默語，祖祖重宣，開六悟入，衆生大有緣。

雙林默語等者，以此道，唯可以心傳，不立於文字，故世尊拈華，而妙心，傳與迦葉，謂之默契真心。自迦葉以來，祖祖相傳，重宣此道；至於一花五葉，千花競秀，潛通後進，直接上根。故有瞬目揚眉，擎拳竪指。或行棒喝，竪拂拈搥，或持叉張弓，輥裘舞笏，或拽石搬土，打鼓吹毛。或一默一言，一呼一笑，乃至種種方便，皆是親切為人，於動靜中，顯示無言之道也。開示悟入等者，以宗教隱顯雖殊，同一開示其理，而行人各各悟入之處，皆不異也。溫陵曰：「開者，破無明之封蔀；示者，指所迷之真體；悟者，豁然洞視；入者，深造自得也。」又曰：「開卽道慧智，示卽道種智，悟卽一切智，入卽一切種智也。」衆生既悟此智，豈非大有因緣也。

說破無生話，決定往西方；彌陀極樂國，常聞般若香。

前二句，科家意云：我以此經科儀，如斯開示，講演分明。可謂：「說破無生之話」也。若有行人，信解受持，讀誦演說，見聞隨喜，永除四相，獨顯一真，決定往生西方極樂世界也。後二句，言彌陀國中，受用境界，既見彌陀，常聞般若微妙之法，故般若是諸佛母，出生自性彌陀，所以生淨土者，祇聞佛功德香，不聞二乘之香，入薝蔔林，惟聞薝蔔香，不聞餘香。故優曇曰：「一句彌陀自主張，更無一法可思量；明明徑指歸家路，優鉢華開徧界香。」

觀之為言，內心覺照，其在般若心經。則首云：「觀自在菩薩，行深般若波羅蜜多時，照見五蘊皆空。」在此經，則終以如是觀，如發菩提心者，印證諸法空義，學者勿以肉眼觀之而會之，則為親參黃面矣！凡諸聞者，莫不頓然開悟，無量歡喜，信而受之，奉而行之！且道：「信受奉行」箇甚麼？

此科經中，應作如是觀之義，故觀之為言者，即訓釋之言也。觀之一字，訓為內心覺照之義，此之覺照，即今經末云：「應作如是觀。」即是圓融三觀也。其在般若心經者，其者指法之辭，指此觀之一字，即在般若心經，甚詳。所言心者，玄奘大師云：「若歷事備陳，言過二十萬頌，若撮其樞要，理盡一十四行。」心顯要妙所歸者，六百卷之中心，故云歸也。蓋以彼心經，例此金剛經，亦六百卷之中心也。則首云：「觀自在菩薩」者，即指能觀之行人。觀者，即觀照之智慧也。自在者，即無拘無滯，謂之自在。以菩薩運權實無礙之智，照空色融通之境，冥神心於真空，所不能滯，及耳目於聲色所不能礙。故云：「自在菩薩」也。行深般若波羅蜜多時者，明菩薩所觀之境，所行之行也。深即簡別義，非二乘之淺行，即菩薩甚深之般若，能觀之觀智。時者，即菩薩超觀之時也。照見五蘊皆空者，此菩薩以深般若，能觀之智，照見五蘊，所觀之境也。色蘊者，即五根六塵最粗，受想行者，此三蘊為心所，識蘊為心王，此之四蘊，最極微細，難斷難空，今言五蘊皆空，即法空也。然大乘菩薩，先觀法空，而能依之我，任運自空，即人空也。在此經等者，明所修之觀智，以此金剛經中之妙觀，例彼心經中之覺照也。如發菩提心者，明菩薩所發之大心也。此金剛經中發菩提心者，即彼心經中觀自在菩薩。乃至云：「依般若故得阿耨菩提」是也。印證諸法空義者，明所空諸法也。謂此二經，皆是大般若經所攝之部分，以斯二經校之，既部分同則觀照亦同，發大心亦同，所空諸法亦同，所以印證諸法皆同，然法空義者。宗鏡云：「一者，三輪體空，檀波羅蜜實相也。二者，罪性本空，尸波羅蜜實相也。三者，三心安忍，羼波羅蜜實相也。四者，勤修善法，精波羅蜜實相也。五者，心不亂味禪波羅蜜實相也。六者，非境非智，智波羅蜜實相也。以擴而充之，萬法無非實相真空。故云：「印證諸法空義」也。學者勿以肉眼觀之等者，乃科家誡行人，不可以肉眼觀之，凡意會之。謂：「隔紙膜不能見外物，隔皮膚不能見五臟。」既有此礙，豈能照見諸法皆空也。似前二經之中，菩薩皆以般若智慧為眼，亦名爍迦羅金剛堅固正眼，照窮諸法無非真空，學者若能如斯觀之，則為親參黃面世尊，以法空卽是見佛也。凡諸聞者莫不頓然開悟等者，凡一切行人，若以智眼觀諸法空，則頓然明了自性，便能信受奉行，方是親見如來，親聞法要，親自流通，天上人間利澤羣生也。且道信受奉行箇甚麼者，此是科家手眼，徵問行人，如前來要人信受奉行，端的奉行個甚麼道理，而下文伸答也。

觸目對揚真般若，　山河全露法王身。

此二句，答上之辭，若解信受奉行，卽是般若真心信之，故觸目見色，對揚般若，所以青青翠竹總是真如，鬱鬱黃花無非般若，大地山河全露法王之身，此明諸法依真而起，法法全是真心。可謂：「溪聲常瀉空王偈，山色全彰古佛心。」

五千來字妙難量，　八百餘家解謾詳；
珍重諸人休外覓，　回光直下自承當。

前二句，明金剛經始末經題，三十二分字數，共計五千一百七十五字，及昭明科目，二百五十七字，總該五千四百三十二字。故云：「五千來字妙難量」者，以此金經，深含妙理，人難測量也。八百餘家者，當時譯經潤文，雖有八百之人，不曾詳細解明，與人指出，故云解謾詳也。後二句，指出妙難量之義，所以珍重諸人，須要消歸自己，故休外覓，要人回光返照，見自本心，直下承當，不離動靜，於一切見聞覺知處，明了無疑，是為直下承當也。

鬼神稽首聽經聲，　妙悟圓通萬法明；
從此諸人如會得，　這迴更不問前程。

前二句，以此經獨顯真空，頓除色相，故鬼神稽首聽之，無不獲益，悉得妙悟圓通，萬法皆明也。後二句，科家指示行人，若於此經，直下會得般若真智，勝過鬼神異類，而得直成佛果。故云：「這迴不必問前程」也。

人身得處最為難，　莫把浮生過等閒；
須藉金剛三昧力，　直教打破死生關。

前二句，歎人身難得，如須彌山，輥芥投針相似，故最為難也。既知人身難得，今已得之，須要生難遭想，不可虛度光陰，空延歲月也。後二句，科家指示行人，須借金剛三昧定力，斷除無始以來，俱生無明，一切煩惱，方得出離生死。古德云：「百年只在暫時間，莫把光陰當等閒；努力修行成佛易，今生錯過出頭難。無常忽到敎誰替，有債元來用自還；若要不經閻老案，祇須參透祖師關。」

三十二分，分分全真，言下好惺惺，四流浪息，六國安寧。

此科三十二分之文言，此一部金剛經，從正宗中第二分善現請問：「云何應住？云何降伏其心？」佛答發菩提心者，應如是住，如是降伏其心。第三分中住中降伏，第四方中修中降伏，從第五分至末，唯一降伏，而斷二十七疑，以該安住修行。盖二十七種疑妄已空，真空妙道，於斯明矣！故分分皆是真如妙理，至於字字皆是真如，十方法界色色皆真。故云：「分分全真」也。科家恐人，於斯錯過，故指示云：雖是分分全真，須要行人，言下惺悟，句前知歸，便得四流浪息，六國安寧。言四流者，卽欲流、有流、無明流、見流也。六國者，迷時於六根境內，各有一類心心所法，心識於自境中取捨未休，如國有賊，不得安靜。今則因經證理，達妄全真，生死之流，於是則息，六根之賊，於是則滅，故得心王安寧也。

朝看暮轉，拔楔抽釘，春雷震響，推倒望州亭。

此一節明此經，雖是分分皆真，須要行人，二六時中，孜孜切切，常在於此，得義忘言，朝看暮轉，方得分明。了諸法空人空，自殞二執，自絕二障，亦忘二空，真如於斯明矣！故喻拔楔抽釘也。春雷震響等者，前云：言下惺惺不昧，卽得四流浪息，六國安寧。此又喻春雷震響推倒州亭，以古誌書云：十里一亭，百里一跕，今或七十里、八十里亦為一跕也。而行路之人，一程望一程，一跕望一跕，而進之，以此而比於修行人，進道階級也。所言推倒者，欲使行人，忘却階級，不歷修證，不涉途程，歸家穩坐。所謂：「眼中撥盡黃金屑，觸處縱橫鳥道玄。」

見色非干色，　聞聲不是聲；　色聲不礙處，　親到法王城。

前二句，要令行人，於聲色中，返聞自性，返見真理，眼雖見色，心非干色，耳雖聽聲，意不著聲。古德云：「祇此見聞非見聞，更無聲色可呈君；箇中若了全無事，體用何妨分不分」。後二句，果能聲色不礙，卽得親到法王之城，深入真如之理，六根門頭縱橫自在。所謂：「回光返照便歸來，廓達靈光無向背。」

○般若無盡藏真言

經「納謨薄伽伐帝，鉢剌若」至「三蜜栗知佛社曳娑訶。」

佛言：如是真言，是諸佛母，能誦持者，一切罪滅，常見諸佛，得宿命智，所聞正法總持不忘，疾證無上正等菩提。

今同善衆，共閱最上乘經，慶幸今辰佛事，時當滿散，普集良因，莊嚴會首之福田，成就無窮之善果，此事且止。試問諸人，這一場公案，作麼生施行，還會得麼。拈起則佛覷不破，展開則法界難藏，若能直下承當，管取本來具足，雖然如是，猶涉途程，且道卽今兩手，分付又作麼生。

首一節，乃科主，撫安在會衆善人等，同臨眼見耳聞，共閱金經般若，乃最上大乘教。如來為發大乘者說也。次節，慶幸今辰佛事等者，科家意云：此金剛經，千生罕遇，萬劫難逢，今建道場，同共披閱。科判講演，豈非慶幸？今辰佛事時當滿散等者，乃是科判此經之時，正當圓滿將散，所以普集良因，普令見聞隨喜，受持讀誦講演開示，俱獲良因，無盡功德也。莊嚴會首等者，以前來科判講演，無盡功德，先當回向會首之福田。言會首者，如來說法三百餘會，皆有會首，華嚴七處九會，各有會首。今經以善現為會首，而以般若轉教菩薩，各各授記作佛，而善現蒙佛授記，號名相如來，自他皆成菩提，利莫大馬！故云：「成就無窮之善果。」今之會首，因果亦然。此事且止等者，科家意云：上來科判回向等事且止，向下自彰手眼，審問大衆這二場公案，作麼生施行，試問此理如何施設，還會得麼，要人急須著眼。下文發明此理，拈起則佛覷不破者，以此理，沒蹤跡斷消息，三光猶未照，五眼尚難窺，展開則法界難藏者。以此理，逼塞乾坤，充滿法界。所謂：「法法不隱藏，古今常顯露；山河及大地，全露法王身。」若能直下承當等者，科家誡勉行人，我今拈此公案，當面直指，汝等諸人，若能直下承當此理，管取本來具足，人人本有，個個不無，在聖不增，在凡不滅，不從千聖借，豈向萬機求？是汝本有之道也。雖然如是等者，乃科家拈情，吾今拈提公案，猶涉途程。所以洞山守初曰：「若論此事，放行則曹溪路上月白風清，把住則少室峰前雲收霧倦。」如斯話會，已涉言詮。六祖云：「祗此不立兩字，早是文墨，道個單傳直指，已落曲垂。」經云：「但凡言說，皆屬方便。」且道卽今兩手分付等者，卽今「兩手分付」恐抄錄者悞之，應是「不涉途程」一句，又作麼生？此是科家徵問，向下伸答是也。

言言見諦言非有，　　句句超宗句本無。

此二句，答上不涉途程之義，此明道本無言，借言顯道，行人若能言言見諦，則不見有言，而唯見真理，可謂得義忘言，得魚忘筌也。下句，理借文句發明，行人若能句句超宗，於理無住，不見有句無句，而唯見中和之道也。川老頌曰：「有相有求皆是妄，無形無見墮偏枯；堂堂密密何曾問，一道寒光爍太虛。」超字恐錄者而訛，當作「朝」字，智者再詳。

金剛本體湛然虛，　　把斷牢關一物無；

若要山僧通線路，　　諸人收取護身符。

上二句，頌金剛經後題，言此經中所詮之理，乃是真如本體，清淨妙性，湛然空虛也。既是湛然空虛，於真如體上，了無一物，所以把斷牢關不通凡聖，故般若如太阿劍，觸之則喪身失命，似大火聚，燎之則燒破面門，十方無壁落，四面亦無門，初自五蘊，終至無上菩提，中間無有一法不空。故云：「一物無」也。下二句，科家意云：我如斯頌，若有人問，把斷牢關一物無處，請師通一線路。我向他道：若要山僧通達一線之路，汝等諸人，當收護身之符，即指金剛經中，所詮真理，若能會得，乃是脫生死法，出世之良方也。

閻王本是平等君，　不愛民財祇取人；
陰司若用錢打當，　貧者先亡富者存。

此四句，明地府十王，乃是菩薩化現，所以至公無私，外現威惡之相，內懷慈愍之心，既是菩薩，豈愛錢財打當？故稱平等君也。觀佛三昧經云：「化閻羅大王，告勅獄中癡人，昔造五逆十惡，命終生此阿鼻。汝今應當發菩提心，歸投三寶，將諸鬼等，稱南無佛。承佛恩力，尋卽命終，生四天中，生彼天已，發菩提心。」故知閻羅王等皆大菩薩，所以教化地獄。既是菩薩，豈愛財耶？夫論作罪之人，命終之後，牛頭獄卒錄其精神，在閻羅王前，辯覈是非。當爾之時，一切冤對皆來證據，不可以錢財寶貨，囑託求脫。杳杳冥冥，恩赦無期於是閻羅王，切齒訶責，將付地獄，歷無窮劫，求出莫由。此事不遠不關他人，正是我身自作自受，父子雖親，一旦對至，無代受者。可謂：「明明公道終難隱，暗暗私情到了知。」古德云：「盡說修行不在遲，今生還有後生期；三途一報五千劫，出得頭來是幾時？」

西方極樂景幽深，　寶網光騰百萬尋；
菩薩為鄰談妙旨，　聲聞作伴演圓音。

前二句，言西方景致幽深，佛言阿彌陀佛刹中，復有無量寶網彌覆其刹，皆以金銀珍珠，百千雜寶，奇妙莊嚴，周匝四面垂以寶鈴，光色晃耀，有百萬尋，盡極嚴麗。亦有自然德風徐動，不寒不暑，柔輭溫和，不遠不遲。吹諸寶樹，及諸寶鈴，演發無量微妙法音，流布萬種清雅德香。其有聞者，塵勞垢習自然不生，風觸其身皆得快樂也。後二句，謂西方世界，諸大菩薩，聲聞之衆，既皆浴已，或在地上。講經者，誦經者，說經者，授經者。或虛空中，講經者，誦經者，說經者，授經者。有得須陀洹者，乃至阿羅漢者，得不退地菩薩，莫不欣然適意而悅。得與諸上善人，俱會一處，與菩薩為鄰，聲聞作伴，同談妙旨，共演圓音。

良緣衆等，聊聽些箇，般若大摩訶，行住坐臥，不離這箇。

此科，大摩訶般若經題言，良者善也。緣者，指講演聽受之緣也。衆者，即在會四衆之行人也。聊聽些箇者，科家誡勉衆等，諦實而聽，此大摩訶般若，即真空大智慧，自性分中本有真經，一向塵埋，迷而不知，吾今勸汝諦實聽信也。行住坐臥等者，此大般若真如妙性，只在諸人，行住坐臥四威儀中，動靜不離也。大人云：「一切心中有法王，行住坐臥露堂堂；聲求色見空勞攘，笑倒東村孟八郎。」

人人本具，非我非他，諸人薦取，今生休蹉過。

此一節，呈前般若大智，既是坐臥不離，豈非人人本具？自性圓明，故非我非他也。古德云：「無相家風本現成，人人心地發光明；豁開自己神通藏，受用無窮出世人。」諸人薦取者，科家要人，不可蹉過此理，既是當人本具，應須直下薦取。故云：「今生休蹉過。」可謂：「此身不向今生度，更待何時度此身。」

摩訶空最大，　最大是摩訶；　般若波羅蜜，　撒手見彌陀。

此節，明摩訶般若心經之題。上二句，明摩訶最大，以此摩訶真空最大者，言心真如門中，示摩訶衍體，即是體大，乃諸佛衆生之心也。即此最大是摩訶者，牒上最大之義，言心生滅門中，示摩訶衍相，於自體相用中體大也。然於一心法中，兩言其體大者，蓋以般若智之大，彌綸法界細入微塵，縱脫凡證聖而妙體凝常，雖入死出生而真心不變，大包無外細入無內。故云：「空最大」也。下二句，明般若最大功能，以此大般若是能空之大智，世出世間，是所空之相法，故色相無邊，般若無際，此中祇言般若，而不云相者何耶？舉能空顯所空也，卽生滅門中，三大之相大也。斯般若大智若有行人，於四威儀中，頓在目前，卽得超出生死愛河，直到菩提彼岸，撒手見自性彌陀，舉步遊寂光淨土，此是生滅門中，三大之用大也。今言彌陀者，卽本覺清淨真如，乃自性佛也。優曇頌曰：「高超淨土勝娑婆，一步歸來快活多；常寂光中都坐斷，塵塵剎剎見彌陀。」

摩訶般若波羅蜜多心經

此經，大般若經分所攝，故玄奘嘗云：「若歷事備陳，言過二十萬頌，若撮其樞要，理盡一十四行，心顯要妙所歸者，乃六百卷之中心，故云『心經』也。」

夫欲了最上大乘，須具金剛正眼，看釋迦老與須菩提，顯大機，施大用，聚須彌山王等七寶，碎大千沙界若微塵，盡僧祇劫布施將來，獨最上乘無法可得，直得人天膽喪魔外心寒，俱能捨命承當，依舊白雲萬里。

此是科家，開示行人。夫欲了最上大乘，金剛經者，此經乃大乘終實之敎，卽般若大慧也。須具金剛堅固爍迦羅之正眼，照窮諸法體空，盡其底蘊，無不明了，方纔了此大乘之道也。看釋迦老與須菩提等者，明善現有九重請問，而如來以三十重問答，以斷二十七疑，皆是顯大機大用也。聚須彌山王等七寶者，牒前二十四分中，若三千大千世界，所有諸須彌山王，如是等七寶聚，有人持用布施，不如此經四句偈，為人演說，其福勝彼也。碎大千沙界若微塵者，牒前三十分中，若善男子，善女人！以三千大千世界，碎為微塵，是微塵衆寧為多否也。盡僧祇刼布施將來者，牒前三十二分中，若有人以滿無量阿僧祇世界七寶持用布施，不如為人演說四句之功也。獨最上乘無法可得者，牒前如來與善現問答，顯出大機大用，以世界七寶布施，祇得有為之福，未離生死，獨最上乘無法可得者，牒前發菩提心菩薩，為人演說四句之偈，不取於相，如如不動，即是無法可得，心無所染，故勝前功德無量也。

直得人天膽喪等者，此明無法可得之理，勝前布施之功，乃是最上大乘之道，非人天小機，天魔外道所及，故云：「膽喪心寒」也。俱能捨命承當者，科家教人，與最上一乘，捨命承當也。

昔鄧隱峰，推車次，馬祖搌兩足，在路上坐。峰云：「請祖收足。」祖曰：「已搌不縮。」峰云：「已進不退。」峰乃推車，輾損祖脚。祖歸法堂，手執斧曰：「適來輾損老僧脚底僧出來。」峰便出來於祖前，引頸受刃。祖擲斧子，如此捨命承當，真大丈夫也。依舊白雲萬里者，乃科家先縱後奪，若能於此大乘之道，捨命承當，還有個承當底心在，所以科主，道個白雲萬里。以此理，但有執著遠之遠矣！古人云：「白丈有三訣，喫茶珍重歇；直下便承當，敢保君未徹。」

所以解此經者，八百餘家，頌此經者，不滿屈指。蓋古人錯答一字，尚墮野狐，謬誦此經，應入地獄。宗鏡自惟不入地獄，何由拯濟羣生？既能為法忘軀，豈避彌天逆罪？橫按寶劍，重說偈言，摧涅槃心，滅正法眼，掃除知見，截斷命根，堪報不報之恩，用酬難酬之德。

所以者，呈前起後之辭。科家意云：於最上乘直下承當，尚是於理轉遠，況今解此經者，譯人有八百餘家，皆是循行數墨逐句尋言，豈非遠乎？頌此經者不滿屈指者，言此般若經，當時翻譯場中，有八百人，解會其義者雖多，若論著書成頌者少，故不滿屈指者也。以滿其指者有五，不滿者三人而已！卽傳大士、川老、科主是也。蓋古人錯答一字等者，乃科家設問難之辭。古人者，指百丈前，有僧錯答學人一字，墮「野狐身」五百生。蓋以道眼未明，證性未圓見處偏枯，依文解義，而謬執邪解僻說聖意，故於問答之時，不免有錯也。謬頌此經等者，有等之人，自恃天性明敏，善通文義，採取佛祖宗教語言，加以文彩效顰而作，緝成部卷，安置名題，流傳於世。若無道德戒行，發明見諦之處，皆成謬說壞亂正法，謂之誑談般若，瞎衆生眼，入阿鼻獄，吞噉鐵丸，無有出期也。我今科判此經，只恐凡情淺識，以思惟心，測度如來不思議智，有所差訛，招罪於己，故引錯答謬頌，而問焉！宗鏡自惟不入地獄等者，此是科主，自答難辭，我若不入地獄，何由拯濟羣生。涅槃經云：「佛告迦葉菩薩，復入三途，拔其苦惱，一切趣中，脫未脫者，度未度者。」也。既能為法忘軀等者，科家意云：我今既弘大法，必然不顧形軀，豈避彌天五逆之罪也。昔提婆達多，推山壓佛，出佛身血，拳打華色比丘尼眼出，破和合僧，三逆重罪，入無間獄。佛告阿難言！提婆與汝，性均天倫，汝應問安。阿難承命，向阿鼻獄問訊云：「汝安樂否？」答曰：「我雖在地獄，如三禪天樂。」佛又令問：「還出地獄否？」答曰：「我待世尊來此獄中，我便出獄。」阿難云：「佛是三界大師，豈有入地獄分？」提曰：「佛既無入地獄分，我豈有出地獄時？」蓋謂提婆大權示現，為化衆生也。橫按寶劍重說偈言者，科家權衡在手，顯大機大用，以寶劍喻般若大智，能空聖解執情，重為說偈，此下文即偈也。推涅槃心滅正法眼者，科家以金剛寶劍，將如來所傳涅槃妙心，正法眼藏，盡情摧滅。又言如來知見信解，亦併掃除，祇得截斷命根，不存凡聖。六祖謂智常偈曰：「不見一法存無見，大似浮雲遮日面；不知一法守空知，還如太虛生閃電。此之知見瞥然興，錯認何曾解方便；汝當一念忽知非，自己靈光常顯現。」堪報不報之恩等者，科家意謂，我以無切用智，掃除聖解之情，堪報我佛未報之恩，用酬佛祖難酬之德。所以說法度生者，滿佛之願報佛之恩也。

四十九年成露布，　五千餘卷盡言詮；

妙明一句威音外，　折角泥牛雪裏眠。

前二句，明佛出世說法四十九年，談經三百餘會，而有三乘五教，皆是隨機所說，故成露布。如天子不封之書也。共有五千餘卷，其中盡是言詮，以文字是能詮之教體，真如是所詮之理性。故云：「言詮」也。後二句，顯妙明真心一句，貝葉收不盡超過威音之外，以此心，正如折角泥牛雪裏而眠。此明尊貴人，全居那畔，正位一色也。此四句頌，乃是僧問百岩，如何是教。岩曰：「貝葉收不盡。」所以丹霞，頌此四句也。

阿彌陀佛色光輝，　白毫宛轉五須彌；

頂上旋螺青絲髮，　三十二種相巍巍。

此四句，頌佛相好光明，欲令行人起觀思惟，若能一一觀想分明，即得上品上生，親得見佛。觀經云：「無量壽佛身，如百千萬億，夜魔天金色光明，高六十萬億那由他由旬，白毫右旋，如五須彌山高。然佛青蓮目，如四大海，毛孔光，如一須彌山圓光，如百億三千大千世界大，八萬四千相好具足，勝過一切諸佛相好。」故云：「種相巍巍」也。

銷唱金經滿散緣，　回施今辰福無邊；
合會衆等齊修證，　見聞熏種已周圓。

前二句，科家意云：我今銷釋演唱科判，此一卷金剛經，圓滿將散功德因緣，祇以四句偈，回施今辰衆等，勝過河沙七寶布施，百千萬億倍功德，何況全此一經功德，豈可窮盡？故云：「福無邊」也。後二句，科家普勸合會衆等修進。意云：若有行人欲要脩證者，此一經中，雖有三十二分，二十七疑，而其中唯住修降伏，是脩證之緊要也。果能或念佛，或參禪，祇是先要降伏妄心，而後修無住之行，安住大乘菩提心，故以斯大乘金剛種子，願今見者聞者，熏此種子，納在八識田中，已為成佛之種。故云：「周圓」也。

道場圓滿，不可思議，人人用心機，銷唱金經，佛聖徧知，上祝皇王，聖壽萬歲，法界有情，同生極樂國。

科家以此經，三十二分，次第宣揚，科判演唱已周。故云：「圓滿。」斯金剛般若經，稱性之談。故云：「不可思議。」亦勸進修，人人當可，於不思議法，用心也。機者弩牙也，卽心之妙用。故云：「心機」也。銷唱金經佛聖徧知者，科家望佛證明也。意云：我今銷釋演唱此金剛經，望佛聖徧知，冥加守護。盖以此經，一切諸佛及諸佛阿耨多羅三藐三菩提法，皆從此經出，乃是諸佛守護之經，故銷唱時，佛聖徧知也。上祝皇王聖壽萬歲者，此經有無盡之功德，祝延聖壽無疆，邦畿永固，可謂：「四海謳歌共享殷湯之世，八方鼓腹同歡堯舜之年。」法界有情等者，以此經無盡功德，願十法界中有情，同生極樂淨土也。

南無一乘宗，無量義，真空妙有，金剛般若經。

南無者，歸敬之辭，一乘宗者，前云：「為發最上乘者說。」故知此經，是一乘所攝，科家剖判將終，卽歸依一乘大道也。此一乘者，含無量妙義，恒沙性德。上文云：「一切諸佛，及諸佛阿耨多羅三藐三菩提法，皆從此經出。」故云：「無量義」也。真空妙有者，無量義經云：「顯示一事一理，一動一靜之中，莫不具無量義。」五蘊即涅槃，妙有即真空也。涅槃即五蘊，真空即妙有也。四大六根六塵，乃至無上菩提，例之可知，證一乘道，具無量義，二諦融通，皆是般若智力也。故知此金剛經，能詮之文理，皆是真空妙有也。

伏願經聲琅琅，上徹穹蒼，梵語玲玲，下通幽府。

伏願者，隱伏也。即心中所含之事，願即希慕仰望之辭。經聲琅琅者，荀子曰：「崑崙山有琅玕樹，類瑠璃而五色，擊之聲美。」今願此誦經之聲，上徹於穹蒼，以春為蒼天，其色蒼蒼，然即天之色相也。梵語玲玲者，乃梵天之語，即經聲也。玲玲者，大玄經云：「玲瓏也，擊之聲美。」願此誦經之聲，下通幽府，其中多有罪苦衆生，承斯銷釋良緣，普願經聲至處，同息苦輪，離苦得樂，超登彼岸也。下文伸出息苦之所以也。

一、願刀山落刃。二、願劍樹鋒摧。三、願爐炭收焰。四、願江河浪息。

此四願，願地獄道中，四苦永息也。前二願落刃鋒摧者，慧燈云：「刃力刀山誰人鍛煉，華含德水非彼開敷。」善因終值善緣，惡行難逃惡境。辨果知因，見末識本。施般若脫刀山之苦，寫金經痊劍樹之瘡也。後二句，收焰浪息者，古德云：「陰陽有至，水火無情，行善則焰消爐冷，修德則海宴河清。」由嗔恚心，故遭爐炭之焚燒，因欺瞞意，故陷波濤之沒溺。憑佛力，救鑊湯之沸煮，仗經功，離波浪之漂沉也。

鍼喉餓鬼，永絕饑虛，鱗甲羽毛，莫相食噉，惡星變怪，掃出天門，異獸靈魑，潛藏地穴。

鍼喉餓鬼者，此願鬼道中，有九種餓鬼，霑恩離苦也。此明慳貪者，千生常受飢虛。障施者，萬刧恒遭火焰。慧燈論曰：「蹈雲霞而飲甘露，非他所授，臥烟燄而噉膿血，皆自所招。罪福昇沉，纖毫不忒，慳悋珍饈，易粗食以供僧，報常噉糞，障遮施利，墮鍼喉。」蒙佛力果得生天也。鱗甲羽毛者，此願傍生道中霑恩，離互相食噉之苦也。所以佛印曰：「鱗甲羽毛諸品類，衆生與佛心無二；祇為當初錯用心，致使今生頭角異。」楞嚴經云：「人死為羊，羊死為人。」傳曰：狗死為人，人死為狗。昔趙文若，一念佛名，使所殺生而盡得超昇，令五釘釘體，因思痛苦，當懷恐懼也。惡星變怪者，此願天上，息一切怪異之禎也。楞嚴經云：「此娑婆世界，有八萬四千變怪惡星，作種種形出現世時，能生衆生種種灾疫。」承佛威力，仗經功能，咎徵殄滅也。異獸靈魑者，此願人間，妖怪永息也。昔唐蜀，白衛嶺多虎豹，光化有章秀才，選調巴南宰，常念金剛經，赴任至泥溪，遇一女人挈二子，同秀才登山，行人叫譟，見女子，乃赤色大蟲，二小虎隨後逡巡，與章分路而去，章終不覺。蓋持經之力也。又有隋僧法崇，篤志經論，尤精法華，至湘州鹿山，山精化為夫人，詣寺請戒。因捨所居山為寺，潛處別山而去，此亦持經之力。故感異獸靈魑，潛藏地穴。可謂：念金剛感赤虎，而衛形引路，誦妙法使山精，而捨地移居。

囚徒禁繫願降天恩，疾病纏身早逢良藥，盲者聾者願見願聞，跛者啞者能行能語。懷孕婦人子母團圓，遊客遠行早還家國，貧窮下賤惡業眾生，誤殺故傷一切冤尤。並皆銷釋，金剛威力洗滌身心，般若威光照臨寶座，舉足下足皆是佛地。

此是科家，普願人間，種種苦難，仗此金剛般若威光，利益功德，悉皆消滅。初、囚徒者，昔唐時僧神晏，被人告停劫賊，繫縛獄中，惟精誠誦經月餘，忽於夜間滿獄有金光，枷鎖自脫，遂蒙恩宥。故云：「願降天恩」也。二、疾病者，昔唐時，強伯達世傳惡疾二百年矣，伯達纔冠，便患風癩，父母以為不可療，送入山中，其父裹粮，置伯達於岩下而去，忽有僧過，見傷謂曰：「汝念金剛經內四句偈，或脫此苦。」伯達受教念之數日，其瘡稍乾，前僧復至，授青草一握曰：「可以洗瘡，以煎湯洗浴，身體潔然，皆無瘡瘢。」故云「早逢良藥」也。可謂：「放光照獄，蒙皇恩以免刑；誦偈除災，遇善古而施藥。」三、盲者，昔唐時，江陵，有力昌子，名僧護，因父悞傷聽經神蟒，寃訴陰府，托夢於妻，寫經超度神蟒。無錢寫經，責子與蜀客，母得錢寫經回向，留一卷自誦幾三十年，願求子母重見。母因憶子，雙目失明，隨處乞食，後僧護回至江陵，修齋追薦父母，母因乞食，子母相見，遂焚香云：「果有孝心，舐目雙明。」以水漱口，以舌舐目，母眼雙明，平復如故，故云「盲者得見」也。四、啞者，昔有一人，室內誦金剛經，隔壁有一惡人，憎惡毀謗，後感音啞之報，其人追悔曰：「因我謗經感斯惡報，自今懺過，發善讚經。」夜感須菩提告曰：「汝因毀謗般若，招報如是。」令其出舌，以刀割之，此人卽能言語。次後出家入山修道，故云「啞者能語」也。可謂：「堅志無疲，俾盲目而復得清明；至誠不倦，使失音而還能語話。」五、子母團圓者，昔宋時，有清信女王氏，身懷六甲，二十八箇月不能分娩，恐母子難全，命僧印施金剛經千卷，飯僧千員，至夜夢一金剛，以杵指腹，疼痛覺已忽生二男，王氏既得子母雙全，不勝欣慶，至年六十一歲，無疾而終。故云「子母團圓」。可謂：「金剛神力，令子母以團圓；般若功勛，使兒孃而得見。」六、征夫還家者，昔唐時有褚西倫，因亂被羌，充軍行營一鎮，河北經涉九年，家中莫知消息，其妻為夫，出錢寫金剛經，每寫一字，合掌念一聲佛，其夜夫在陣交戰，忽遇風雨，不知所適，惟見一道大光，猶如火引，尋光信步備涉平川，即得至家，夫妻相見，遂開經函，視經猶濕，故云「早還家國」也。七、唐時，有一富商，常誦金剛經，每以經卷自隨，客販外國，宿於海島，衆商取財害之，以繩而繫，感一大黿，加之巨石，並經卷沉於海。衆商平明，發船而去，其海島，乃有僧院，其夕寺僧，聞念金剛經，在於海底，僧乃異之，命善泅者，入水訪之，見一老人在黿中讀經，乃擡挽而上。僧問其故，老人云：「被殺沉於水，不知是黿中，忽覺身處宮殿，常有人送食，安樂自在。」蓋誦金剛經之靈驗，遂投寺出家，可謂：「征夫九載，得經光而引路還家；商客一誠，感僧力而挽黿出水。」貧窮下賤等者，即前能淨業障分中，若為人輕賤，是人先世罪業，應墮惡道，以今世人輕故，先世罪業，即為消滅，亦得阿耨菩提也。故殺悞傷者，可謂：「承般若之殊勳，復還魂而重增壽算。」又能「仗金剛之妙力，解寃結而遂得重生。」並皆消釋者，總結上文之義也。金剛威力，洗滌身心，般若威光，照臨寶座。此四句，明金剛般若威光，加被在會之衆，身心清淨，無諸病苦，災禍不生。又祈道場法會寶座，勿使外魔侵擾也。舉足下足，皆是佛地者，以金剛般若之力，令諸在會之衆，舉足下足，皆是佛地之受用，所以法華經云：「佛子住此地，則是佛受用；常在於其中，經行及坐臥。」

更願：七祖先亡，離苦生天，地獄罪苦，皆悉解脫。

乃科家，以斯金剛般若之力，普願各人七祖先亡，俱霑利益也。初一節，謂離苦生天者，卽宋時，任觀察，寫能詮之大敎，免錢棒之臨身，夢所生之父母，生忉利之天宮也。次一節，罪苦解脫者，卽宋時，明州王氏，閻羅賜座誦金經，地獄心酸一時停，勑命還魂，精勤念佛，臨終淨土，得親登也。

以此不盡功德，上報四恩，下資三有，法界有情，齊登正覺。

科家意云：我今以此科判，講演金剛般若，不盡功德，上報天地盖載之恩，日月照臨之恩，皇王水土之恩，父母生育之恩，故云四恩也。復以般若不盡功德，下資三有，而欲有色有無色有中，卽三界因果未忘，故屬於有也。法界有情等者，乃總回向，科主欲令十法界有情，承斯般若威光，齊登正覺者也。

川老頌云：「如飢得食渴得漿，病得瘥熱得涼，貧人得寶，嬰兒見孃，飄舟到岸，孤客還鄉，旱逢甘澤，國有忠良；四夷拱手，八表來降；頭頭總是，物物全彰，古今凡聖，地獄天堂，東西南北，不用思量；刹塵沙界諸羣品，盡入金剛大道場。」

此是冶父川老之頌，總二十句，乃明金剛般若大智，世出世法無不周遍。此頌乃是慶幸讚美之辭，我今得遇般若金經，如飢飡香積之美飯，似渴飲甘露之瓊漿。病逢善見藥王，頓然痊瘥；熱遇月愛之光，忽爾清涼。貧人獲如意之神珠，嬰兒見般若之親娘，慈舟載四生而直到彼岸，導師接九品而徑往蓮邦，亦如久旱忽逢甘雨，他鄉偶遇故知，國有忠良，萬邦朝賀。四夷者，乃邊外之夷人也。以中國衣冠正統，代代相承，謂之中國。此中國四望極邊，謂之四夷，上國正統，四夷來貢，故云拱手。八表，卽八方邊國。而臨時歲，皆進表章於中國，謂之來降。可謂：「堯舜有德，四海來賓；湯武施仁，八方拱手。」此喻衆生，得此般若之法，則四弘八正，無不顯揚也。復以「頭頭總是真如智，物物全彰古佛心；古今凡聖皆同體，地獄天堂總一真；東西南北長安道，不用思量見本人。」科家乃發願云：願此一佛刹微塵，恒河數羣品有情，俱明般若金剛智體，故云「同證金剛大道場」也。

三塗永息常時苦，　六趣休隨汨沒因；

恒沙含識悟真如，　一切有情登彼岸。

此四句，科主普同回向，我今科判金剛般若功勳，願地獄中，刀塗火塗血塗，此三塗霑恩，而永息其苦也。復願天趣、人趣、阿脩羅趣、地獄趣、餓鬼趣、畜生趣。最初趣往是因，次趣已到為果，一切眾生而入六趣，受種種身，今願六趣，休隨汨沒也。後二句回向，願此恒沙含識有情，悉悟真如妙果，同入究竟實際，故云登彼岸也。

乃至虛空世界盡，　眾生及業煩惱盡；

如是四法廣無邊，　願今回向亦如是。

此是科家，廣大回向，亦如普賢之行，乃以非喻而喻，廣大回向無盡之義。以虛空界盡，眾生界盡，眾生業盡，眾生煩惱盡，我此回向，無有窮盡，念念相續無有間斷，身語意業無有疲厭。如是四法，若無窮盡，願今道場之中，所有功德回向，亦無有窮盡也。

銷釋金剛科儀會要註解卷第九（終）

銷釋金剛科儀會要註解後跋

於戲！我教金剛科儀者，卽宗鏡禪師所作也。以般若迺大乘教，為菩薩說，顯一乘之奧旨，為萬法之淵源。論不空之真空，見無相之實相。了明虛妄，卽夢玄泡影而可知；推其根原，於我人衆壽而可見。誠佛祖傳心之秘要，實菩薩轉教之真宗也。今宗鏡者，宋時人也，智識雄邁，行解圓融，字該三藏之文，理證一真之妙，依金剛經三十二分之全文，科判一經之大義。提綱要旨，明般若之根原；偈頌宣揚，示真如之妙理。如標月指，見月忘標。了知心月孤圓，方信光含萬像。俾真言而洞徹，令秘義以昭融。智愚皆獲菩提，垢淨通為般若。自宋迨今，見聞受持，家諭戶曉也。予因戊申，而抵南海，遊禮普陀，駐錫吳門，而方外友，敬愚許公，所蓄先師科儀註頌，示予鏤板流行。予謂金臺有達桂二師，註解已刻，辭義玄奥，實起後學膏肓之疾，其奈文義廣略，未得折中，平昔以此為嘆，公欲不忘先師之意，豈可搶卒為之？須請具眼者，校正重集，方為盡善。卽命澹齋張公，齎幣之京，同予禮請少室山，宗主大方連公之重集，及徵賓山吳公，統錄而完畢矣！擬欲鋟梓，用傳永久，欲符先師付囑之願，常寂光中，令生懽喜也。倘諸方學道之士，忽於科註之文，盡心披玩，情妄消除，發生智慧光明，照見本有面目，以斯殊因。祈

舜日與佛日同輝，冀

金輪共法輪並轉也。

時在

皇明嘉靖歲次辛亥中秋望日。

勑賜智化寺，後學沙門，螢菴道燈頓首謹識，跋後。

卍云：卷十銷釋金剛科儀會要，原文會入于註解中，故不再錄。

國家圖書館出版品預行編目資料

銷釋金剛科儀會要註解／（宋）宗鏡禪師著述；（明）覺蓮大師重集. -- 初版. -- 新北市：華夏出版有限公司, 2022.04
面；　公分. -- (Sunny 文庫；207)
ISBN 978-986-0799-74-3(平裝)
1.佛教儀注

224　　110019284

Sunny 文庫 207
銷釋金剛科儀會要註解

著　述　（宋）宗鏡禪師
重　集　（明）覺蓮大師
印　刷　百通科技股份有限公司
電話：02-86926066　傳真：02-86926016
出　版　華夏出版有限公司
220 新北市板橋區縣民大道 3 段 93 巷 30 弄 25 號 1 樓
電話：02-32343788　傳真：02-22234544
E-mail：pftwsdom@ms7.hinet.net
總 經 銷　貿騰發賣股份有限公司
新北市 235 中和區立德街 136 號 6 樓
電話：02-82275988　傳真：02-82275989
網址：www.namode.com
版　次　2022 年 4 月初版一刷
特　價　新台幣 520 元 (缺頁或破損的書，請寄回更換)

ISBN-13：978-986-0799-74-3

《銷釋金剛科儀會要註解》由佛教出版社同意華夏出版有限公司出版繁體字版